자폐아와 아빠

자폐아와 아빠

희망의 작은 발걸음

임기원 지음

소미미디어
Somy Media

머리말

글을 잘 쓰는 재주를 가진 사람을 제외하고는 일반인이 글을 쓴다는 것은 상당히 부담스런 일인데, 나 자신도 예외는 아니어서 여러 가지 걱정이 앞섭니다.

그러나 다행이도 내가 쓰고자 하는 글이 수려한 문장이나 언어적 표현능력을 요구하는 것은 아니기 때문에 있는 그대로 사실적으로 표현하고자 합니다.

내가 글을 쓰는 목적은 일반인들에게 자폐아에 대해서 알리고자 쓴 것은 아니고, 자폐아를 자식으로 둔 부모나 혹은 주위에 자폐아를 두고 있는 자폐아와 관련된 분들을 염두에 두고 글을 썼습니다.

따라서 일반인들에게는 이 책이 별다른 감동이나 이익을 줄 수는 없고, 다만 자폐아와 관련된 분들에게는 나름대로 도움을 줄 수도 있음을 기대합니다.

　다행히 나 자신이 별다른 재주를 가진 것은 없지만, 어떠한 일이나 사건에 대한 원인분석 및 대안제시 등의 인문, 사회과학적 접근에는 약간의 재주가 있어서 조금 더 깊이 보는 재주 하나는 있는 것 같아서, 이러한 것들을 여러 분들과 함께 생각해보고 공유해 보고자 합니다.

　평소에 메모하는 습관이 있었다면 2년여 동안 느꼈던 일들을 좀 더 시기적으로 생생하게 표현할 수 있었겠지만, 하루하루의 생활들을 정리해놓지 못해서 과거에 생각했던 것들을 이제 다시 주워 모으려고 하다 보니 어떤 부분들은 기억나지 않아서 빠진 부분들도 있는 것 같습니다.

　그러나 지금까지 발표된 자폐아에 관련된 글의 대부분이 전문가들과 어머니들의 글이었는데, 전문가들의 글은 주로 자폐에 대한 감별방법이나 가족의 대처등의 글이었고, 어머니들의 글은 주로 부모로서의 느낌이나 자폐아에 대한 감상적인 표현의 글이어서, 대부분의 자폐아 부모들이 바라는 자폐원인규명이나 실증적인 발전을 위한 교육방법에 대해서는 아쉬운 부분이 있어서, 이러한 부분에 대하여 비록 완전하지는 못하지만 나름대로 자폐아의 아버지로서 느끼고 깨달은 사항에 대해서는 공유하여서 부모에게는 조금이라도 도움을 줄 수 있기를 바랍니다.

　자폐아를 연구하는 방법이 여러 아이를 넓고 얕게 연구하는 방법과 한 아이를 깊고 좁게 연구하는 방법의 두가지가 있다면 첫번째의 넓고 얕게 연구하는 방법은 이제 어느 정도 한계에 이르러서 더 이상 자폐아의 발전에 대한 기대를 하기 어려운 상황이고, 결국은 한명의 자폐아에 대한 수년에 걸친 깊고 치열한 연구를 통해서만이 문제의 해결을 기대할 수밖에 없는 상황에 다다른 것 같고, 이러한 연구의 주역은 현실의 여건상 자폐아의 부모만이 실현 가능한 부분인 것 같습니다.

　자폐아를 관찰하고 분석하는 작업은 상당히 오랜 시간이 걸릴 뿐더러 집요하게 한 자폐아에 대해서 문제의식을 가지고 집중적으로 지켜봐야 하는 일이기 때문에 어려운 작업일 뿐더러, 관찰과 분석으로 어떤 특징이나 해결방법을 발견하고 이론화시키더라도 전체적인 흐름에서 모순이 없어야 하는데, 이러한 과정에서 어떤 부분은 추론에 의지할 수밖에 없으며 또 여러 자폐아를 대상으로 교육할 수 없기 때문에 정확한 통계적 수치를 제시하기 어려우며, 그러다 보니까 설령 이론화 시키더라도 이를 전반적인 모든 자폐아에게 적용 가능한지에 대한 확신을 할 수도 없습니다.

　그러나 어차피 자폐아에 대한 연구라는 것이 어느정도 한계를 가질 수밖에 없다고 해서 아예 작업을 시작조차 하지 않는다면 안 되고, 비록 불충분 하더라도 작업은 계속되어야 할 것입니다.

　이 글 역시도 여러 가지로 불충분한 점이 많으며 아직 검증되지 않았기 때문에 절대적인 자폐아 문제의 해결방법이라고 할 수는 없고 아직은 저의 개인적인 경험사항 정도이지만, 그래도 자폐아인 나의 아들 상협이는 다른 사람들이 말하기를 '자폐아의 표준'이라고 말할 정도로 전형적이 자폐아였기 때문에 자폐아 문제 및 해결에 나름대로의 의미가 있을 것이며, 앞으로도 이 글보다 더 완성도 있는 좋은 글이 나오기를 진심으로 바랍니다.

  글이 다소 딱딱하여 읽기에 불편한 점도 있겠지만 천천히 깊이 읽으면 좀 더 의미 파악이 쉬울 것 같습니다.

본인 소개

저는 평범한 가정에서 1960년에 태어나서 자랐으며 속칭 일류 대학교라는 곳을 졸업하고 대기업에 10여년 동안 근무하였으며, 1997년 7월에 회사를 그만 두고 현재는 조그마한 가게를 하나 운영하고 있으며, 자식은 9살된 자폐아인 상협이와 8살된 상빈이가 있으며, 이들 둘은 같이 초등학교 2학년에 다니고 있습니다.

제가 일류대학교를 나왔다느니, 대기업을 다녔다느니 하는 이야기는 저를 자랑하기 위해서가 아니라, 저 자신이 보통의 객관적, 합리적 사고를 가진 보통 사람이기 때문에 최소한 엉터리 글로 자폐아 부모의 마음을 속상하게는 하지 않겠다는 의미에서 소개한 것입니다.

대부분의 자폐아 아버지들이 그렇듯이 저 역시도 지난 수년의 세월동안 하루도 상협이에 대한 걱정에서 헤어나오지 못했으며,

어느 책에서 본대로 늦은 저녁 술 한잔하고 취한 몸으로 집으로 돌아올 때 가슴에 차갑게 느껴지는 싸늘한 느낌을 지금도 지울수 없습니다.

　90년 10월생인 상협이가 97년에 초등학교에 입학하여야 했으나 도저히 학교에 보낼 엄두가 나지 않아 취학을 1년 유예하였으나, 또다시 1년을 유예한다고 해서 상협이가 좀더 나아질 가능성은 당시의 상황으로는 별로 없다고 생각되었으며, 회사에 다니던 나로서는 새벽출근과 밤늦은 퇴근으로 이러한 상황에서 상협이에 대한 어떤 관찰이나 도움을 줄 수 없는 상황이었으며, 여러 가지의 숙고 끝에 최후의 수단으로 내가 직접 상협이를 맡아서 교육시켜 보기로 결심을 하고 회사를 사직하였고, 조그만 가게를 하나 열었으나 나 자신은 98년 가을까지 1년여는 가게에 다니지 않고 상협이와 같이 생활하였으며, 98년 가을부터는 오전에 가게에 나왔다가 오후 5시쯤에 일찍 집으로 돌아와서 상협이와 4시간 정도 같이 공부하는 생활을 지금까지 계속하고 있습니다.

　제가 여기서 쓰고자 하는 내용은 제가 회사를 그만두기 전까지의 내용은 아니고, 상협이와 생활을 같이 한 이후의 생활에서 느꼈던 것인데, 이후에 생각해 보니 제가 회사에 다닐 때 자폐아와 상협이에 대해서 알고 있던 것들은 그야말로 피상적이고 겉핥기식의 지식이었으며, 상협이와 같이 몇 개월을 함께 지낸 이후에야 상협이에 대해서 깨달을 수 있었습니다.

물론 회사에 다닐 때도 자폐에 대해서 약간의 서적을 읽어보기도 하였고 주말이면 가족과 같이 교외나 동물원, 놀이터 같은 곳을 다니기도 했지만 도대체 원인모를 이상한 행동만 하는 상협이를 이해할수 없었으며, 단지 피곤함과 낙담의 연속이었을 뿐이었습니다.

상협이와 같이 생활을 시작한지 2-3개월이 지나면서 전에는 몰랐던 상협이의 문제점을 하나둘씩 발견하기 시작하였으며, 5-6개월이 지나서야 상협이에 대해서 약간 이해를 하기 시작하였으며, 약1년이 지나서 상협이의 변화를 보면서 비로소 상협이에 대한 이해와 함께 문제해결에 대한 확신을 가지게 되었습니다.

이후 제가 발견한 자폐아의 근본적인 문제와 해결방법에 대해서 다른 자폐아 부모들과 공유함으로서 조금이라도 도움이 되기를 바라는 심정으로 글을 쓰기로 하였습니다.

다행히 글을 쓰던 도중에 몇몇의 자폐아 부모들에게 나의 생각과 의견을 말해준 결과 좋은 반응을 얻어서 용기를 내게 되었습니다.

차례

머리말_5

본인 소개_9

Ⅰ. 자폐의 발견과 시각 우선자 교육

상협이의 과거 모습 | 16 · 시각 우선자의 발견 | 23 · 논리적 생각의 틀 | 50 · 세 개의 산 | 63 · 20,000시간 | 69 · 자폐아 이상 행동 원인과 대처 | 76 · 듣고 이해하기 | 90 · 자폐아의 이상 행동 원인 | 104

Ⅱ. 자폐아교육에서 중요한 사항들

살아있는 느낌의 교육 | 112 · 느낌과 감정의 중요성 | 119 · 8시간 | 125 · 1:1 교육 | 129 · 비교개념 | 133 · 학습지 교육 | 137 · 6하 원칙 | 142 · 정공법 | 149 · 역으로(반대로) 가르친다 | 152 · 운동 | 154 · 신체의 느낌 강화 | 160 · 창피해요(자해 행위) | 163 · 식욕이라는 지푸라기 | 167 · 강제 교육 | 170 · 시간 낭비 | 173 · 생활의 정신적 긴장도 | 177 · 육체적 고통의 인

지 | 181・정신 전환 방법 | 188・때늦은 교육 | 195・교육 내용의 뒤섞임 | 199・문어체와 구어체 | 206・가속도(시너지 효과) | 212・자폐아의 작은 행동들 | 214・말짓기 놀이 | 217・구체적 교육 방법 | 220・초기 교육의 어려움 | 229・발전과정의 도표 | 232・자폐아의 성장 후 유형 | 236

III. 자폐아에 대한 오해

행동 수정 | 246・눈 마주침 | 251・자폐아는 마음의 문을 닫은 사람 | 258・우리 아이는 언제나 말을 할까 | 260・명사 교육과 야외 교육 | 263・자폐아와 IQ | 266・그림 교육 | 269・연령적 한계 | 273・라면 끓이는 법 | 276・할아버지 냄새가 고약해요 | 280・이빨 닦는 법 | 284・애완동물, 식물 키우기 | 289・여행 | 293・컴퓨터 | 295

IV. 상협이의 요즘의 모습들

"싫어, 거짓말 하지마" | 300・'ㄹ' 발음 | 303・가위, 바위, 보 | 305・I AM A BOY | 309・어미 변화 | 311・전화기 | 314・표정 | 316・학교 생활의 의미 | 319・친구들의 평가 | 323・롤러 스케이트 | 326・아이 시원해, 아이 추워 | 332・신기하다, 이상하다. | 335・심심해요 | 338・현실과 동화의 구별 | 343・요

즘 상협이가 보여주는 행동들 몇 가지 | 345・상협이의 참모습 | 350・상협이를 다른 사람에게 보여준다면 | 353・상협이의 장래 | 356

V. 자폐아의 주변 관계자

자폐아 관련자의 중요성 | 360・전문가 | 362・어머니 | 376・아버지 | 397・전문가와 어머니 | 404

VI. 기타

가장 어려웠던 시절 | 408・신비의 묘약 | 411・자동차책과 사전과 동화책 | 414・껴앉기 요법에 대해서 | 417・LOVVAS와 TEACCH | 423・저능아보다 자폐아가 나아요 | 430・같은 반 친구들 | 433・12살 CORY | 435・자폐아의 한계 | 438・특수학교 | 441・동생 | 445・국가의 지원 | 448・과거 8세와 지금 8세 | 451・마라톤 | 456・자폐와 IMF | 459・초조기 교육 | 461・공부, 학습, 훈련, 연습 | 464・작품 | 467・교육자료 | 470・자폐아와 성격 | 473・'우연'과 '필연' | 476・'...인 것 같다' | 478

맺음말_481

I.
자폐의 발견과 시각 우선자 교육

상협이의 과거 모습

　처음 상협이와 같이 생활을 시작하던 때에는 상협이가 원인모를 자폐란 병에 걸려서 뇌가 잘못되었을 것이라는 막연한 생각만 했었고 왜 이상한 행동을 하는지, 어떤 방법으로 수정할 수 있을지, 앞으로 얼마나 상협이의 상태가 호전될 수 있을지에 대해서는 전혀 이해할 수도 없었고, 방법을 찾을 생각조차 하지 못하던 때였는데, 그 당시의 상협이의 상태는 다음과 같았다.

　① 나이가 8살이 되어 초등학교 취학연령이 지났으나 상식적으로 그런 상태에서 초등학교 입학은 무리라고 생각되었고

　② 자폐아들이 일반적으로 보여주는 자해행위, 자동차 일렬로 세우기, 침대에서 뛰기, 광고류 집중등의 수십가지의 이상한 행동들을 계속하고 있었으나 그 강도나 빈도는 2-3년 전에 비하면 조금은 줄어든 상태였으며

③ 명사의 계속된 반복훈련으로 몇십개 정도는 말하였으나 문장은 '엄마, 물'이라는 수준 정도의 문장이었으며, '아빠, 물', '엄마, 밥' 등의 기초변화 조차 제대로 되지 않았고

④ 밖에 나갈 때는 언제 차도에 뛰어들거나, 계단으로 올라가서 아래로 뛰어내릴지 몰라서 항상 손을 꽉 잡고 다녀야 하는 등 기초적인 아픔과 고통의 느낌조차 갖추어지지 못했었고

⑤ 미술의 경우 동그라미, 삼각형 등의 형태를 잘 그리지 못하고 아무렇게나 그어대는 경우가 많았으며, 노래는 전혀 하지를 못했고

⑥ 인지가 없어서 상식적인 선에서의 언어에 의한 의사전달이나 통제는 불가능하였고

⑦ 처음 상협이가 자폐라고 안 22개월이후 복지관에서 부모교육을 시작으로 하여 이후 대학 병원에서 1년동안 아이와 엄마가 애착 교육을 실시하였고, 6, 7세까지는 특수교육과 유치원 생활을 병행하면서 교육을 함과 동시에 애엄마 역시도 나름대로 상협이에 대해 애착교육과 인지교육을 열심히 실시하여 왔기 때문에 자폐아 중에서는 약간 상태가 나은 정도였으며 1시간 정도는 책상에 앉아있을 정도의 상태였다.

이런 상협이를 데리고 처음에는 나 자신도 상협이에 대해서 아무것도 모르기 때문에 무작정 아무런 체계없이 이것저것 교육시키기 시작했는데, 아동백과사전, 동화, 아동과학등의 일반 어린이

들이 보는 책을 주로 사용하였으며, 상협이는 3.1절, 안중근, 식목일, 크리스마스 등에 대해서 알고 있었는데 나중에 안 것이지만 이것은 빈 껍데기에 불과한 것이었다.

　상협이는 4-5세 경부터 특별한 교육이 없었는데도 글을 읽을 줄 알게 되어서 자기가 좋아하는 책들을 읽고는 했는데, 문제라면 책의 내용만 읽는 것이 아니고 출판사 이름, 저자, 제작 연월일등 책의 처음부터 쓰여진 글자는 모조리 읽었는데, 그 의미가 상협이가 글의 내용을 읽는 것이 아니라 단순히 '글씨'만을 읽은것이며 글의 내용이 무엇인지는 아예 모르고 있다는 것을 내가 깨닫기까지도 몇 개월이 걸렸으며, 바로 이런 것이 자폐의 핵심문제라는 것도 모르고 당시는 그나마 글을 읽는 것을 다행으로 생각했었는데, 그 이유는, 나자신이 자폐아의 입장이 아닌 정상인의 입장에서 생각해서 글을 읽을 줄 안다는 것이 당연히 글의 내용을 이해하고 있을거라고 추측했기 때문이다.

　이렇게 두서없이 상협이에게 지식을 넓혀주기 위한 설명위주의 교육을 한달정도 시키던 중 나는 작으면서도 아주 크고 중요한 것을 발견했다.

　어느날 상협이와 같이 동화를 읽던중 내용중에 호랑이가 엉금엉금 기어가고 있는 장면이 있었고, 나는 상협이와 같이 잠깐 놀 생각으로 상협이에게 엉금엉금 기어가 보라고 말하였는데 상협이는 엉거주춤한 자세만 취할뿐 기는 자세와 비슷한 자세조차 취하지 못했다.

　이상해서 이번에는 뛰어보라고 했는데 상협이는 역시 전과 같은 엉성한 자세만 취할뿐 뛰는 것과 비슷한 흉내도 내지 못했고, 다음에는 머리를 돌려보라고 했는데 이 역시 전혀 비슷한 동작이 나오지를 못했다.

　당시에 나는 굉장히 큰 충격을 받았는데, 그렇다면 지난 2-3년 동안 소리내어 읽은 책의 의미는 무엇인가에 대한 근본적인 의문을 제기하게 되었고 며칠동안 이 문제를 곰곰히 생각해 보았다.

　이후에 상협이에 대해서 몇가지를 더 확인한 결과 상협이는 행동인지는 고사하고 '좋다', '싫다', '무섭다', '기쁘다', '슬프다' 등의 기초적인 감정에 대해서조차 구체화된 인지를 가지지 못하고 있었으며, '길다', '짧다', '많다', '적다', '무겁다', '가볍다' 등의 기초인지조차 없었고, 또한 '더럽다', '깨끗하다', '보드랍다', '축축하다' 등의 느낌의 인지도 없었다.

　상협이는 글을 이해하지 못하고 단순히 글씨만 읽었는데 그 이유는 기본적으로 이러한 '느낌', '기초인지', '감정'이 전혀 없었기 때문이었는데, 단순히 언어만 모르면 언어장애라고 할 수도 있겠지만 상협이는 언어장애가 아니고, 거의 뇌의 '백지상태'였던 것이다.

　며칠후에 듣고 이해하는 능력에 대해 테스트한 결과 역시도 듣는것에 대해서 아무런 이해를 하지못하였는데, 어쩌면 당연한 일인지도 몰랐고, 상협이에게는 다른사람이 하는 말이 마치 자동차 소리나 짐승의 울음소리 처럼 의미없는 그냥 소리에 불과했던 것이다.

물론 '냉장고에 있는 우유를 가져와'와 같이 몇 년동안 들었던 명사에 대해서는 부분적으로 몇 개정도는 알아들었으나 '가져와'에 대한 의미를 정확히 인지하고 있지 못하기 때문에 냉장고에 가서 우유를 꺼내기는 하지만 우유를 먹어버리거나 식탁 위에 올려놓는 등의 행동이 나왔던 것이다.

이런 상태에서 '저기있는 것은 무엇이지?', '제발 말 좀 해봐' 등의 말은 마치 한국사람이 아프리카 말을 듣는 것처럼 자폐아에게는 아무런 의미없는 소리였을 뿐이고, 대답을 기대하는 자체가 어리석은 일이었다.

자폐아가 전혀 느낌, 인지, 감정이 없고 언어를 이해할 능력이 없는 상황에서 자폐아 특유의 이상한 행동들을 보이는 것은 어쩌면 당연하고 필연적인 행동들이었던 것이다.

당시의 나의 가장 큰 잘못은 상협이가 기본적인 인지는 있는데, 이것이 어떤 종류의 뇌의 이상으로 인한 정신질환이나 아니면 죽은자의 영혼이 하늘나라로 가지 못하고 상협이의 머리로 들어와 있을지도 모른다는 식의 생각으로 상협이에 대해서 오해를 하고 있었던 것이다. 그 동안 상협이가 가지고 있었던 단편적이고 부분적인 지식들은 뿌리없이 허공에 떠 있는 '사상누각'에 불과하였으며, 상협이가 보고 행했던 특수교육, 유치원, 나들이 등의 대부분 역시도 의미없는 몸짓에 불과하였다는 것을 깨달았으며, 상협이에 대한 나의 교육은 원점으로 되돌아가서 처음의 기초부터 다시 시작해야 한다고 생각되었다.

정상아의 경우에는 태어나면서 바로 느낌의 인지가 있어서 배가 고프거나, 무섭거나, 기저귀가 축축할 때는 울음으로 의사표현을 하며 2-3세 경우에는 기초인지가 생겨서 맛있는 것을 보면 적은 쪽보다는 많이 있는 쪽의 것을 선택해서 먹는다든지 하고, 4-5세 경우에는 느낌, 인지, 감정이 적절히 결합되어서 응용까지 하게 되며, 말을 알아 듣고 또 말을 할수 있게 되는데, 자폐아의 경우에는 아예 처음부터 느낌, 인지, 감정이 없으니 그러한 상황에서 무슨 상위개념의 공부를 한들 아무런 소용이 없었던 것이다.

머리속은 아무것도 없이 텅빈 상태에서 육체의 나이만 7세가 되었으니 상협이가 정신적 나이와 육체의 나이의 괴리로 인해서 이상한 자폐아 특유의 행동을 하는 것이 오히려 당연하다고 느끼던 8월 말경에 상협이에게 어떤 교육이 필요한지와, 나의 해야 할 일이 결정되었던 것이다.

그리고 당시에는 상협이에게 이러한 문제점이 있는 것만 깨달았지, 도대체 어떤 이유로 왜 상협이가 이렇게 인간의 가장 근본적인 느낌, 인지, 감정이 형성되지 않았는지는 몰랐으며, 상협이의 이러한 원인이 상협이가 '시각 우선자'이기 때문에 그랬었다는 것을 깨달은 것은 몇 달 뒤 상협이가 자기의 생각을 조금씩 말로 표현할수 있게 된 98년 초순 경이었다.

시각 우선자의 발견

(1) 원인의 발견

처음 상협이와 같이 생활하면서 느꼈던 것은 상협이가 언어의 의미에 대해서 전혀 파악하지 못한다는 것이었으며, 7년이 되도록 이해하지 못한다는 것은 스스로 자율적으로 획득할 능력이 없다는 것이며, 따라서 강제적이라도 우선 이 문제를 해결해야 한다는 것이었다. 당시에는 왜 상협이가 기본적인 인지와 언어를 획득하지 못했는지 그 원인을 찾을 작은 단서도 없는 상태였으며, 그저 막연히 정신병에 관련된 문제이거나 뇌의 이상에 관련된 문제일 거라고 추측했을 뿐이었다. 당시의 상협이는 공부하는 도중에 시도때도 없이 '딴 생각'의 세계로 들어가서 혼자서 이상한 몸동작을 하며 웃기를 계속했는데, 나는 이러한 상협이의 정신을 공부에 집중시키려 무진 애를 썼으며 때로는 같이 놀아주기도 하고,

때로는 뺨을 때리기도 했으며, 때로는 먹는 것에 지나치게 욕심이 많은 상협이에게 먹을 것을 조건으로 정신을 집중시키려 노력했다. 어쩔 때는 통제불능의 상태로 갔는데, 한번은 동네 공원에서 축구를 하는 1시간동안 계속해서 혼자서 정신없이 웃어댄 적도 있었는데, 어떤 방법으로도 통제가 불가능하여 낙담했던 기억이 있다. 왜 웃냐고 물으면 알아듣지 못할 소리로 몇 마디를 했는데 아마 T.V의 광고를 생각하고 웃는 것 같았다.

이런 상황에서도 나는 나 나름대로 상협이의 정신을 붙잡으려 애쓰며 하루에 8-10시간 정도의 교육을 계속 실시하였다. 당시 상협이는 2년째 일반 유치원에 다니고 있었는데 유치원 생활이 상협이의 능력과는 거리가 있어서 별다른 도움이 안된다고 판단하고, 교육시간을 좀 더 많이 확보하기 위해서 10월에 유치원도 그만 두었다.

이런 생활 속에서 3-4개월 지나면서 조금씩 상협이의 의미있는 사건들을 나열하면 다음과 같다.

① 10월경 동네 공원에서 축구를 하고 오면서 떨어진 나뭇잎을 보고 '아빠, 낙엽이에요'라고 말했는데 내가 들었던 의미있는 말의 처음이었던 것 같다. 비슷한 시기에 차를 타고 가면서 창밖을 보고 '아빠, 길거리에요.', '아빠 정류장이에요', '아빠 공사중이에요' 등의 눈으로 본 현실을 명사로 표현하였으며, 피자를 먹으려는 상협이에게 햄버거만 사주자 '모자라요'라고 말했고, 어린이

공원에 갔을 때는 '다 왔어요'라고 하는 등 몇가지 느낌을 언어로 표현하였다.

② 11월경 상협이가 갑자기 등에 보자기를 걸치고 장난감 칼을 손에 들고, '나는 죽음의 신이다. 모두 물러서라'고 외치며 돌아다녔다는데 이것은 당시 공부하던 동화책 내용 중 하나를 흉내낸 것이었다. 아마 상협이가 칼을 제대로 손에 들어 본 것이 그때가 처음이었는데, 그 이유는 상협이와 같이 동화책을 읽거나 들으면서 각각의 표현된 행동을 직접 내가 시범을 보이면서 교육하였고, '칼을 휘드르다'라는 동화의 내용에 대해서도 내가 직접 상협이에게 칼을 잡는 방법과 칼을 휘드르는 모습을 몇번 행동으로 보여주었기 때문이었다.

③ 12월경 처음으로 상협이가 스스로 상빈이와 같이 놀기 시작했는데, 놀이의 내용은 단순히 같이 옷서랍 위에 올라가서 뛰어내리는 것과 침대에서 여러 물건을 올려놓고 서로 치고박는 정도였는데, 어쨋거나 상빈이와 같이 스스로 놀려고 한 것은 처음이었다. 상협이가 같이 놀면 아빠가 공부를 시키지 않았기 때문에 공부를 하지 않으려는 수단으로 상빈이와 같이 놀았던 것 같다. 그래도 동생과 같이 노는 것을 보면서 부모로서는 기분이 좋았다.

①, ②, ③번의 내용은 일반적으로 상협이가 약간씩 좋아지고 있다는 느낌을 주는 사건들이었고, 특별한 사항을 발견한 경우는 아니었다. ④번부터가 상협이의 특별한 모습을 발견한 사건

들이다.

④ 11월경이었던 것으로 기억하는데 공부하는 도중에 상협이가 '아빠, 절벽은 뭐예요', '아빠, 암행어사는 뭐예요' 등의 질문을 하기 시작했는데, 나로서는 드디어 상협이가 내용을 알고 질문을 시작하는구나 라고 생각하고 기쁜 마음으로 질문하는 것을 대답해 주었다 그러나, 며칠동안 계속 지나치게 질문을 하고, 어떤 것은 반복적인 질문을 해서 대답을 해주지 않았다. 그러자 상협이는 스스로 '절벽은 …'이고, '암해어사는 …이고', '움집은…이예요'라고 정확히 말했는데, 나중에 알고보니 상협이가 질문한 내용은 스스로 생각해서 물어 본 것이 아니고, 동화책의 아래 부분에 조그마한 글씨로 어려운 말을 설명한 것을 물어 보았던 것인데 70권의 책에 있는 1000여개의 단어를 단어뿐만 아니라 설명하는 말까지 통째로 외었던 것인데, 어느 책의 몇 페이지를 말하면 그곳에 나와있는 단어를 토씨하나 틀리지 않게 정확히 외웠었다. 자폐아 관련 책에서 자폐아들이 특별한 재능을 가지는 경우가 많다는데 상협이도 외우는 것에 재능을 확인한 사건이었는데, 그것이 상협이의 본질을 깨닫게 해주지는 못했다.

⑤ 12월의 어느날 상협이가 방에 있는 대나무 바구니를 한참동안 쳐다보더니 '엄마, 무서워요'하며 도망을 갔다. 왜 그런지 이유를 알 수 없었지만 내 생각에 혹시 어떤 그림이나 영상이 생각나서 그러지 않을까 하는 느낌이 들어서 상협이에게 바구니를 보고

생각나는 그림을 가져 와 보라고 말했다. 전에는 이런 지시 이행이 불가능하였으나 11월경부터는 일반적인 지시를 이해하고 수행할 수 있어서 이런 지시의 수행이 가능했었다. 상협이가 가지고 온 책의 제목을 보니까 '콩쥐 팥쥐'였는데 그림은 팥쥐 어머니가 콩쥐를 방안에서 야단치는 장면이었고, 그 방의 여러 가지 소품중에 대나무 바구니가 그려져 있었으며, 그 바구니의 모양이 우리집에 있던 바구니와 모양이 비슷했었다. 그때 나는 상협이의 본질을 깨달았다. 도대체 상협이가 그토록 몰두하던(아니 시달리던)것의 실체는 바로 그 그림(영상)이었다. 정상인의 경우에는 팥쥐 어머니가 콩쥐를 혼내는 인지되는 느낌의 부분만을 기억할 수 있을 뿐이지, 그림의 배경으로 그려진 작은 바구니 소품을 보고 기억할 수는 없다. 전혀 느낌의 인지가 없는 상태에서 그림 자체를 보는 시각 우선자만이 가능한 것이었다. 이어서 상협이에게 몇가지의 질문을 했는데, 상협이는 어느 책의 몇 페이지에 무슨 그림이 있는지를 1500여개의 그림을 정확히 기억하고 있었다. 단순히 그림의 주요 내용만 기억하는 것이 아니고 그림 내용의 배경이 되는 작은 부분까지 정확히 기억하고 있었는데 예를 들면 임금님이 사냥가는 장면의 그림에서는 말이 몇마리이고, 군사가 몇 명이 뒤따르고, 군사들이 무슨 옷을 입었으며, 나무는 몇그루가 있고 집은 어떤 색깔의 집 몇채가 있었는지 까지도 기억하고 있었다. 그것은 기억이 아니고 영상을 영화필름처럼 그대로 떠올리는 것이었다.

'템플그래딘'의 글이 생각났다. '나는 논리적, 추상적으로 생각하는 것이 아니고 눈으로 본 영상으로 생각하는 시각 사고자'라는 내용이었는데, 읽을 당시에는 별다른 의미없이 읽었는데 상협이가 바로 '시각 사고자' 혹은 '시각 우선자'라는 생각이 들었다. 상협이의 '핵심'을 깨달은 첫 번째 사건이었는데, 이는 내가 몇 개월 동안 인지와 언어 교육을 시켜서 어느 정도 의사소통이 되고, 상협이도 기초적인 논리적 체계가 생겼기 때문에 가능한 일이었지, 옛날의 모습 그대로라면 자기가 '그 그림이 생각나서 무서웠다'라는 인지까지 되지 않기 때문에 상당히 오랫 동안 그러한 사실을 모르고 지냈을 것 같다. 이후 상협이는 음식점 화장실에서 '보물선'의 해적 그림이 그려진 맥주 선전을 보고서 소변도 보지 못하고 무서워서 후다닥 도망 온 적도 있고, 겨울날 공원에서 나뭇가지를 보자 또다시 심하게 무서워 하면서 도망을 갔는데 왜 도망갔냐고 물어 보자 그림책을 가져와서 보여줬는데 그 그림에는 겨울철에 소녀가 꽃을 꺾으려고 산에 올라가다 쓰러져 죽은 그림과 함께 배경으로 산에 앙상한 나무들이 그려져 있었는데, 공원의 나무들을 보자 바로 이 그림이 생각났던 것이다. 또 한번은 주방에서 물 내려가는 소리를 무서워 한 적이 있는데 그 이유는 '장난감 병정'이란 동화책에서 장난감 병정이 빗물에 휩쓸려 하수구에 떠내려가는 그림이 생각나서였고, 그 떠내려가는 장난감 병정의 표정을 상협이가 한 동안 굉장히 무서워 했는데, 그 표정은 내가 봐도 이상하게 기분 나쁜 표정이었다.

이런 과정을 겪으면서 상협이가 보인 자폐아들의 이상한 행동들은 시간이 지나면서 자연스럽게 없어졌는데, 마지막으로 보인 이상한 행동은 98년 3월경 초등학교에 다니면서 등, 하교 길에 있는 나무가 무섭다면서 보름정도는 그길로 다니지 못하고 다른 길로 다닌 일이었다

⑥ 98년 여름경이었는데, 어떤 학습지에서 일기 쓰는 내용과 함께 3월 16일 수요일이라는 날짜가 씌여 있었는데 상협이는 끝까지 수요일을 금요일로 고쳐 적으려고 했다. 이상해서 혹시나 하고 달력을 찾아 보았더니 3월 16일은 금요일이었다. 다시 몇 개의 날짜를 물어보았는데 상협이는 날짜의 요일을 정확히 말했다. 내가 상협이에게 날짜와 시간 개념을 가르쳐 준 때가 97년 10월경부터였는데, 상협이는 10월 이전의 날짜에 대한 요일은 몰랐으며, 11월 이후부터의 날짜에 대한 요일은 정확히 알고 있었다. 아마 상협이가 달력을 사진으로 찍어서 머리에 기억하듯이 '시각적' 능력을 이용해서 날짜의 요일을 알고 있겠지라고 생각했다. 그후 이주일쯤 지난 후에 우연한 기회에 3월 16일에 무엇을 했냐고 상협이에게 물어보았는데, 상협이는 정확하게 그날 한 일을 기억하고 있었다. 예를 들면, 학교에서는 무엇을 공부했고, 점심은 무엇을 먹었으며 반찬은 무엇이었고, 저녁 밥은 무슨 반찬으로 무엇을 먹었고, 밤에는 무슨 학습지 어느 부분을 공부했으며 상빈이와 무엇을

하고 놀았는지 하루의 생활을 거침없이 얘기했다.

나 자신도 몇 달전에 무엇을 했는지 기억나지 않기 때문에 몇 개를 더 물어보았는데, 우연히 물어본 날짜중에 일요일도 있고, 친척의 행사날도 있어서 확인해보니 모두 정확히 맞았다.

자세히 확인해보니 피상적인 외형만 기억하는 것이었고, 구체적인 내용까지 이해하는 것은 아니었다. 예를 들어 학습지의 '수학'이나 '슬기로운 생활'을 공부한 것은 기억하지만, 구체적인 내용을 물어보니 '몰라요'라고 대답하는 것이 기억나지 않는 것 같았다. 어떻게 보면 구체적 내용을 기억할 능력이 없다고 판단되고, 어떻게 보면 복잡한 내용을 얘기하기가 싫어서 피하는 것 같기도 했다.

자폐아의 경우 몇 년전 결혼식에서 보았던 할머니의 옷색깔을 기억하는 등의 시각적 이상 현상이 있을수 있다고는 생각했었지만 하루하루의 생활의 내용을 모두 기억하는 것에 대해서는 놀라지 않을 수 없었고, 나로써는 어떻게 이해해야 할지 몰랐다.

세상에는 정상인 '논리 우선자'와 자폐아라는 '시각 우선자'가 있으며, 자폐아 교육의 핵심은 시각 우선자를 논리 우선자로 뇌의 구조자체를 바꾸어 주어야 한다는 사실을 깨달은 것은 몇 달 뒤였다.

(2) 시각우선자의 현상

도대체 상협이를 그토록 강하게 휘어잡고 있는 '시각우선 성향'

의 실제에 대하여 여러 가지로 생각도 많이 해 보고, 상협이를 관찰도 해 보았으며, 내가 '시각 우선자'라고 가정을 해 보고 행동해 보는 등 '시각 우선성향'에 대한 이해를 하기 위해 여러 가지로 노력했다.

물론 내가 의학계통에 전혀 지식이 없는 문외한이고 '뇌'나 '신경계통'에 대해서는 말할 자격도 없기 때문에 그러한 부분에 대해서는 의학계에 계시는 분들이 노력해 주길 바라고, 나로서는 단지 상협이가 보여주는 현상에 대해서 관찰한 부모의 느낌과 생각을 몇가지 적어 보고자 한다.

① 칼라 T.V

자폐에 관한 병이 1940년대 미국에서 처음 발견되었다는데, 자폐아의 행동은 워낙 이상해서 만약에 그 전에도 자폐현상이 있었다면 의학에 관련된 분들이 이런 이상한 현상에 대해서 발견을 못했을 것 같지는 않다. 우리 나라의 경우에 지금 약 4만명의 자폐아동이 있다면 60년대에도 최소 2만명 정도의 자폐아동이 있어야 하지만 어렸을 때의 기억을 더듬어 보면 말을 할 줄 알지만 지능이 모자란 바보스러운 아이는 한둘 있었지만 자폐현상을 보이는 어린이는 어디에도 없었다. 자폐현상은 시기적으로 칼라T.V의 출현과 관계가 깊은 것 같다. 예를 들면 시각우선 성향을 내부적으로 가지고 있더라도 강력한 칼라T.V의 영향에 노출되지 않으면 그냥 내부적으로만 잠재적인 음성 보유자일뿐, 겉으로는 정상적인 인간이 될수도 있었는데, 칼라T.V의 강한 영상에 노출 되면서 '시각 우선 성향'이 더욱 강해져서 지금의 자폐아와 같은 논리성, 현실성이 전혀 없는 아이가 될 수도 있을 것 같다. 시대적으로 보아도 자폐아의 출현시기와 칼라T.V와 비디오 등의 출현 시기는 비슷하며, 일본에서도 강력한 영상의 만화영화를 보다가 수백명의 아이들이 집단적으로 경기를 일으킨 일이 있다. 내가 많은 정보를 가지고 있지는 않지만 내가 아는 한 자폐문제는 선진국의 문제이지 칼라T.V가 없는 아프리카 오지의 문제는 아니다. 어쨋든 어린아이에게 강력한 영상의 칼라T.V를 보여 주는 것을 삼가야 할 것이다.

② 좋아하는 영상

일반적인 자폐아와 마찬가지로 상협이 역시도 여러 광고에 지나친 집착을 보이며 정신없이 뛰면서 좋아했는데, 관찰해 보니 광고에만 집착하는 것이 아니고 액션 영상에도 비슷한 반응을 보였는데, 예를 들어 '스피드'라는 비디오 같은 것 들이었다. 이러한 것들에 대한 상협이의 반응은 즐거움, 기쁨, 슬픔등의 논리적 감정이 아니고 시각이 주는 원초적 '쾌감'이었는데 상협이에게 시각적 쾌감을 주었던 화면의 성격은 다음과 같았다.

ⅰ) 빠른 스피드가 상협이에게 강한 시각적 쾌감을 주었다. 대

다수의 자폐아들이 자동차에 많은 집착을 하는데, 그 이유는 자동차를 가지고 놀면서 머리 속에는 자동차의 빠른 질주나 폭파 장면을 머리에 떠올리면서 쾌감을 즐기는 것 같았다. 이는 감각의 균형파괴에서 나오는 자폐아의 여러 가지 이상현상들중의 하나인데, 자동차 뿐만 아니라 광고 선전에 있어서도 빠른 화면처리의 경우에 쾌감을 느낀다. 자폐아의 경우 자기가 떠올리는 영상과 자기의 행동을 일치시키려는 경향이 강한데, 자폐아는 위험상황에 대한 원초적 자기보호 본능마져도 없는 상태이기 때문에 자동차에 부딪히면 다치고 아프다는 논리적 사고는 할 수 없고 대신에 자동차에 대한 시각적 속도 쾌감이 우선하기 때문에 길가에서 갑자기 달리는 자동차를 향해 뛰어가는 일이 많이 있다.

ii) 폭파 장면이나 높은 데서 추락하는 것에 대해서 절제 할수 없는 (절제라는 사회적 언어가 적절하지 않지만) 쾌감을 느낀다. 예를 들어 자동차가 언덕을 구르다가 폭파되는 장면에서는 거의 정신을 잃을 지경으로 심하게 도취되어 시각적 쾌감을 느낀다.

높이 올라가는 것과 높은데서 뛰어내리는 것에 대하여 맹목적으로 시도하려고 하여 계단이나 놀이터의 높은 기구에는 무조건 올라가려 하는데, 위험한 것은 높은 곳에서 무작정 뛰어내릴려고 하는 것이다. '무섭다'거나 '아프다'고 하는 현실적인 기초 본능적인 느낌마져도 상실한 상태에서 뛰어내린 후에는 아프다는 느낌도 없이 미친 듯이 웃어대는데, 이는 첫째로 위에서 아래로 떨어지는 것에 대하여 굉장한 쾌감을 느끼기 때문이며, 둘째로는 머리 속으로 떠올린 추락하는 장면을 그대로 실행하려는 습성 때문인 것 같고, 이러한 시각 우선적인 성향이 동물의 보호본능보다도 더욱 강하게 작용하기 때문에 '무서움'이나 '아픔'의 느낌도 없이 이런 이상한 행동을 하게 된다.

침대에서 몇시간씩 쉬지 않고 뛰는 것도 이러한 상하운동이 주는 감각적인 쾌감을 느끼려는 것 같다.

iii) 우스꽝스러운 화면이나 표정에 대해서도 관심이 크다. 광고의 경우 선전효과를 높이기 위해서 시각적으로 강한 효과를 주는 독특한 행동이 나오는 선전이 많은데, 이러한 정상적이 아닌 모습에 쾌감을 갖는다. 정상적인 모습에서 느낌을 가지려면 그 화면이 주는 메시지에 대한 이해가 있어야 하지만 자폐아의 경우 정상적인 연속극 같은 화면에 대해서는 마치 현실에 대해서 아무 것도 느끼지 못하는 것처럼 아무런 반응도 느끼지 못한다. 다만 비정상적인 느낌을 주는 화면에 대해서만 시각적 변화를 느끼고 쾌감을 느낀다.

전자오락을 할 때에도 살기 위해 노력하는 것 보다도 일부러 죽는 경우가 많은데, 죽는 순간에 오락의 주인공이 보여주는 우스꽝스러운 표정의 장면에 더욱 쾌감을 가지기 때문이다. 즉 현실생활과 같은 속도와 같은 표정의 화면에 대해서는 이해적이거나 시각적인 아무런 반응을 가질 수가 없으나. 현실적이지 않은 우스꽝스러운 화면에 대해서는 시각적인 느낌을 가지는 것이다.

iv) 특정 화면이나 특정 인물에 대해서는 무서움이나 공포감을 느낀다. 처음에는 도대체 무엇에 대해서 무서움을 느끼는지 짐작하기도 어려웠으나 점차 대화가 가능해지면서 무엇에 대해서 무서움을 느끼는지 알게 되었다.

시각적 쾌감은 화면을 보고 시각적으로 느끼는 1차적인 감각인 반면 무서움은 '무섭다'는 최소한의 기본적 느낌을 바탕으로 하는 2차적인 느낌인 까닭에 전혀 아무런 인지도 할수 없는 초기의 심각한 자폐상태에서는 '무섭다'라는 느낌마저도 가질 수 없고, 이후 약간이라도 기초인지가 교육되어지면 무서운 느낌이 구체적으로 느껴지는 것 같다.

한번은 T.V에서 모 여자 탤런트만 보면 무서워서 허둥지둥 방안으로 들어가 방문을 걸어잠그고 한동안 밖으로 나오지를 못했다. 상협이에게 왜 도망갔냐고 물었더니 '아줌마가 아이를 때렸어요'하고 대답하는 것이었다. 연속극에서 그 모 여자 탤런트는 가정주부 역할을 했었는데 자기 아이를 혼내면서 엉덩이를 때려주는 장면이 방송된 적이 있었고, 상협이는 그 장면을 본 이후로는 그 탤런트를 무서워하게 되었던 것이다. T.V와 현실을 잘 구별하지 못하는 상협이로서는 눈앞에 무서운 아줌마가 나와 있는 것이 무척이나 공포스러웠던 것 같다.

v) 특별히 설명하기 어려운 일반 화면을 보면서 쾌감을 느끼거

나 무서워 하는 경우가 있는데, 아마도 그 화면이 전에 보았던 동화책이나 만화의 그림과 비슷함을 느끼면서, 동화책이나 만화의 그림을 영상으로 떠올리고, 그 떠올린 그림등에서 쾌감이나 무서움을 느끼는 것 같다. 다시 말하면 T.V의 영상이 연결고리가 되어 비슷한 다른 장면을 떠올리는 것이다.

iv에서 말한 모 여자 탈렌트에 대한 무서움이 2차적인 인지에 의한 무서움이라면, 지금 얘기하는 무서움은 1차적인 시각에 의한 무서움이며, 초기에는 v에 의한 무서움을 주로 느끼나 인지의 발달에 따라 iv의 무서움으로 발전해간다.

99년부터는 몇몇의 연속극에 대해서도 관심을 보이면서 즐거워하고 무서워 했는데, 멜로 드라마는 아니고 코미디식 연속극이나 약간의 폭력이 가미된 추리드라마 등이었다. 중요한 것은 단편적인 화면에 대한 반응이 아니고 전체적인 줄거리의 이해에 따른 반응이었다는 점이었는데, 상협이는 5-10분 정도 줄거리의 대사를 특유의 기억력으로 다 외워서 연속극이 끝난 후에 각각의 주인공들이 했던 대사와 모습을 흉내내며 즐거워하고 화도 내며 무서워하기도 했다. 비록 T.V와 현실을 구별하지는 못하지만 어느 정도의 줄거리를 이해한다는 것은 자폐아에게는 단상의 사진적 능력에서 영상적인 연속적 능력으로의 발전을 뜻하기 때문에 의미있는 일이었다.

vi) 화면과 함께 경쾌하거나 재미있는 (비정상적인) 음악이 나오면 즐거워 한다. 자폐아의 경우 소리나 말의 의미파악이 되지 않기 때문에 소리를 들었을 경우 의미 파악 및 대응작업은 거의 기대할수 없고 단지 그 소리가 기분좋은 소리인지 기분나쁜 소리인지만을 느끼고 반응하는데, T.V광고에서 나오는 특별한 음악이나 말투가 관심을 끌게 한다. 즉 화면의 동작이나 소리가 정상적이고 현실적인 것에 대해서는 반응이 되지 않고 비정상적인 동작이나 소리에 대해서 쾌, 불쾌의 반응이 나온다. 상협이가 5세정도에는 공원같은 곳에 가면 부모는 언제나 긴장을 해야 했는데, 왜냐하면 어린 애기가 주위에서 울기만 하면 참지를 못하고 어김없이 달려가서 그 애기를 주먹으로 가격했기 때문에, 애기가 우는 소리가 들리면 달려가지 못하도록 상협이의 손을 꽉 잡고 있어야 했다. 이러한 현상은 이후에도 계속되었는데, 97년에 교육을 시작하면서 애기가 우는 까닭은 배가 고프기 때문이며, 따라서 애기가 울면 우유를 줘야 한다는 것을 계속해서 교육시킨 결과 더 이상 우는 애기를 때리는 일은 없어졌다.

  소리의 쾌, 불쾌의 느낌은 정상인하고 크게 다른 점은 없으나 음악이나 노래가 주는 메시지를 파악하지는 못하고 단순히 소리의 느낌에 따라 반응했는데, 이 소리가 재미있다고 느끼는 화면과 같이 나올 경우에는 그 소리와 화면을 따라하는 경우가 많았으며 이는 소리가 화면의 즐거움이나 무서움을 배가시켜 주는 효과음의 역할로 받아들여진 까닭이다. 문제는 자폐아의 이런 행동들이 논리를 근거로 하는 느낌이나 인지에서 나오는 행동이 아니고 단지 시각적으로 인한 감각의 불균형에 근거를 둔 것이기 때문에 그 상태에서는 영원히 논리적 발전은 하지 못하고 다만 시각 우선자의 이상한 행동만이 반복된다는 것이다.

(3) 시각 우선자의 특징

여기에 쓰는 '시각 우선자의 특징'은 이 책의 핵심 내용이자 해결의 실마리인 부분이다. 결론부터 말하면 자폐아는 '시각 우선자'이다. '자폐아'란 말도 일반적으로 그렇게 표현하니까 나도 그렇게 말할뿐이지 '자폐아'란 말의 뜻이 원래는 내부적인 인지, 논리의 능력이 있으나 어떤 내, 외부적 요인으로 인하여 외부세계와의 접촉을 꺼리는 현상이라면, '시각 우선자'는 기본적인 인지, 논리가 없으며 스스로 접촉을 꺼리고 말고 할 능력조차도 갖추어지지 못한 상태이다.

어떤 책에서 자폐아는 '시각 우선자', '청각 우선자', '촉각 우선자' 등이 있다고 쓰여진 것을 읽었는데 이는 잘못된 해석이라고 생각된다. '청각', '촉각', '후각' 등의 이상 현상은 '시각 우선'의 현상으로 인한 인지, 논리의 마비에서 오는 '오감의 불균형' 현상으로 인해서 나타나는 현상이다. 이를 순서대로 적어보면 다음과 같다.

ⅰ) 시각 우선 현상의 발생 및 뇌의 지배

ii) 인지, 논리 기능의 마비 및 현실이해 기능 마비
iii) 이로 인한 오감의 전체적 불균형 발생
iv) 촉각, 청각, 후각, 미각의 불균형으로 인한 과민반응으로 '자폐 행동'이라고 불리는 이상한 행동 및 '시각의 세계'만을 머리에 떠올리고, 그 영상에 자기를 일치시키려는 단순한 행동출현
v) 이성적인 인지, 논리의 교육 불가로 인한 '자폐인간'으로의 고착

어떤 사람이 말하기를 10여년 동안 동물들과 같이 숲속에서 생활한 '정글소년'이 자폐아일 것이라고 얘기하는 것을 들었는데 나는 이 이야기가 틀렸다고 생각한다. 동물들은 인간과는 다른 나름대로의 본능과 생활규칙이 있는데 인간은 그러한 동물들의 본능과 생활규칙을 가지고 있지 못하기 때문에, 인간이 동물들과 같이 생활하려면 이들 동물들에게 적응하는 최소한의 인지적인 능력이 필요하나 '시각 우선자'들은 이러한 최소한의 인지적인 능력마저도 없기 때문에 만약에 자폐아를 정글에 놔 두면 잡혀 먹히거나 굶어 죽거나 하는 둘 중의 하나일 것이다.

세상의 모든 동물들은 나름대로의 본능과 지능에 따라 살아가는데, 공통의 특징은 '자기보호'가 있다는 것이다. 속담에 '지렁이도 밟으면 꿈틀한다.'라는 말이 있는데, 아무리 미물일지라도 최소한의 '자기 보호 본능' 및 '번식 본능'은 있으며, 세상의 모든 동

물들 중에서 이러한 자기보호 본능이 없는 동물은 '자폐아' 하나 뿐인 것 같다. 비록 저능아라 하더라도 대응의 수준차이가 있다는 것이지 자기보호 본능 자체가 없는 것은 아니다.

자폐아가 자기보호 본능이 없다는 것은 다음의 몇가지 예에서 알 수 있다.

① 달리는 자동차를 향해 돌진한다.
② 높은 곳에서 뛰어 내리고, 아픈 것을 모른다.
③ 공격을 받는 경우에 방어대응을 못한다.
④ 자기를 보호해 주는 '어머니'에 대한 개념이 없다.
⑤ 심할 경우 배고픔에 대한 감각과 식욕마져도 없다.

그렇다면 도대체 이 '시각'의 영향이 얼마나 강하길래 이토록 동물의 본능마져도 마비시켜 버릴 정도로 강렬한 힘을 발휘하는 것일까하는 의문이 생긴다. 이 시각의 영향을 폭발물에 비유하면 핵폭탄에 비유할만하다. 핵폭탄이 일정지역을 초토화 시키는 것처럼 '시각'에의 집착은 인간의 뇌를 초토화시켜 뇌를 '마비'시켜 버린다. 마비시킨다는 의미는 죽여서 없앤다는 것보다는 '뇌의 작동을 정지'시켜 버린다는 뜻이다.

인간이 인간다운 것은 뇌가 계속적으로 현실을 향해서 작동함으로써 인지, 감정등을 획득하고, 이것을 논리적으로 언어로 연결시킴으로서 정상적인 인간이 되는 것인데, 시각의 '수렁'에 빠지게 되면 하루 24시간 뇌는 시각적인 영상만을 떠올려 수렁의 늪에서 스스로는 빠져 나올 수 없을 뿐만 아니라 억지로 빼려 해도 완강하게 나오기를 거부한다. 복잡하고 머리아픈 현실의 논리의 세계보다는 시각의 세계가 더 재미있고 유혹적인 것 같다.

그러나 불행 중 다행한 것은 뇌의 논리적인 작동이 정지되었다는 것이지 결코 기능이 죽어버렸다는 것은 아니라는 것이다.

97년 말경 다른 자폐아의 아버지와 가벼운 토론을 한 것이 생각난다. 과연 자폐아가 선천적으로 뇌의 어떤 장애 때문에 정상적인 발전은 불가능한 것인지, 아니면 그 어떤 장애를 극복하면 정상적으로 발전할 것인지에 대한 자폐아 부모들이 가지는 그런 의문에 대한 토론이었는데, 당시에는 어차피 서로간에 경험과 지식이 없었기 때문에 아무런 결론을 내릴 수도, 아무런 결론을 내릴 능력도 없었다.

즉, 뇌가 죽어버렸는지 혹은 단지 정지되었는지에 대한 토론이었는데, 1년이 지난 지금 생각하면 분명히 뇌는 죽은 것이 아니고 단지 '시각의 세계'에 가로막혀 뇌의 논리적 활동이 정지되어 있을 뿐이라는 확신이 생겼다.

물론 다양한 자폐아를 상대로 한 것은 아니고 단지 상협이 한명에 대한 경험이기 때문에 한계는 있을 수 있으나 원칙적으로 뇌를 논리적으로 작동시켜서 발전시킬 수 있다는 것은 확실하다고 얘기 할수 있다.

(4) 시각 우선자의 현실반응 강도

정상의 보통 사람의 경우 하루 20시간, 1년이면 약 7000시간 정도, 즉 하루의 거의 대부분의 정신을 현실에 집중하여 논리적으로 뇌를 작동시키며 산다. 현실의 상황이나 소리, 말 등에 대한 인지→이해→판단→대응의 과정을 계속적인 반복 학습으로 거의 동시에 하나의 체계로 연결시켜 반응하는 것이다. 이러한 시스템의 완성까지 대략 4년정도 걸린다면 시간적으로는 약 30,000시간의 '뇌의 작동' 시간이 필요하며 4가지의 단계별로 보면 (물론 딱 나누어서 말하는 것이 무리지만)단계당 약 10,000시간의 '뇌의 작동'이 필요하다.

이러한 뇌의 작동을 통하여 기존 사실의 반복 학습 및 새로운 사실에 대한 습득이 이루어지며, 수십억개의 혹은 수백억개의 정보가 머리에 INPUT되어, 그 결과로 대응이라는 OUTPUT이 생산되는 것이다.

그러나 자폐아의 경우 정신이 '시각의 세계'에서 빠져나와 현실의 세계를 주시하는 시간은 하루에 불과 3, 4시간 정도에 불과하다. 3, 4시간도 열심히 간섭해 주어야만 이룰 수 있는 시간이고, 적당히 노력할 경우에는 1, 2시간에 불과할 수도 있다.

예를 들어 7세의 자폐아가 오전중에 유치원에 가고 오후에 특수교육 2시간을 받는다고 가정하자. 정신연령이 2-3세 정도의 7세 자폐아에게 일반적인 유치원교육은 거의 의미가 없다. 또래 친구들과의 대화도 하지 못하고, 유치원의 학습도 이해할 수 없으며, 그렇다고 교사가 1:1로 계속 집중시키지도 못하는 상황에서의 유치원은 단지 형식만 유치원이지 실제로는 내버려진 것하고 별반 다름이 없다. 부모 입장에서는 정상아들과 함께 생활하면서 무엇인가 느끼고 발전하기를 바라겠지만 그것은 단지 부모의 바램에 불과하다. 대부분의 자폐아는 학습적으로나 정신적으로나 유치원 교육을 수용할 능력을 가지고 있지 못하다. 주위의 친구들을 보면서 무엇인가를 느끼고 배울 정도의 인지가 있다면 애당초 자폐아도 아닌 것이다. (물론 자폐의 정도가 약하고, 초기부터 집중적인 교육을 실시하여 유치원교육을 수행할 능력이 객관적으로 있다면 유치원 교육을 받아도 좋을 것이다. 그러나 3세부터 7세정도까지는 자폐현상이 최고도에 달해 있는 극심한 정신적 혼란의 시기이기 때문에 7세정도에 일반 유치원 교육을 가치있게 수용할 능력을 가진 자폐아는 그렇게 많을 것 같지는 않다.)

이렇게 별로 무가치한 일반 유치원 교육을 계속 수행할 경우, 5시간의 유치원 생활 중에서 정신이 현실을 집중하는 시간은 1시간도 되지 않을 것이다.

특수 교육을 받는 시간은 말이 2시간이지 사실상 교육에 집중하는 시간은 1시간도 되지 못한다. 나 자신도 자폐아들이 특수교육을 받는 것을 몇 번 보았지만, 교육시간에 자폐아들이 시각의 세계에 빠져 버리면 교사로서도 속수무책이다. 물론 노련하고 실력있는 교사의 경우에는 좀 더 세련되게 자폐아의 정신을 현실로 유도할 수도 있겠지만 그것도 한계가 있다. 이렇게 정상아에 비해서 시각 우선자라는 핸디캡과 짧은 뇌의 작동시간으로는 보통의 정상인들이 느끼는 정도의 강도로서는 현실에의 반응을 기대하기 어려워서 자폐아의 경우에 정신을 시각의 세계에서 현실의 세계로 돌려 놓기 위해서는 정상인들보다는 훨씬 강한 강도의 육체적, 정신적 충격이 있어야만 한다.

예를 들어 그래프로 설명해 보자.

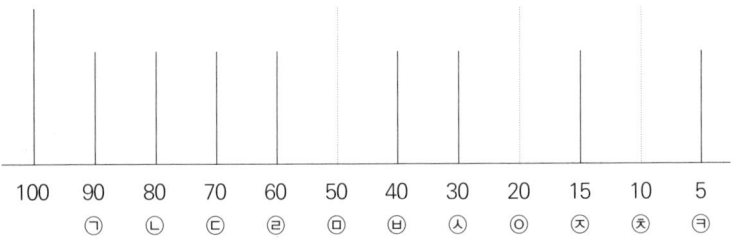

〈기준점〉

ⓜ (50); 자폐아가 현실에 반응하는 육체적 정신적 강도

ⓞ (20); 정상인이 생각에 잠겨 있을 때 현실에 반응하는 육체적 정신적 강도

ⓧ (10); 정상인이 보통의 상태에서 현실에 반응하는 육체적 정신적 강도

〈반응의 강도〉

㉠ (90); 강하게 껴안아 주면서 손과 발을 움직이지 못하게 구속하였을 경우

; 이발소에서 머리를 깍기 위해 고정자세로 움직이지 않게 하고 머리를 머리깍는 기계에 댓을 경우

㉡ (80); 식욕이 강한 자폐아에게 자기가 좋아하는 음식을 사주겠다고 유혹했을 경우

; 싫어하는 음식을 강제로 먹일 경우

; 자동차를 좋아하는 아이에게 자동차를 사주겠다고 했을 경우

; 뺨을 얻어맞았을 경우(처음에는 적절한 사회적 반응이 나오지 못하지만 인지가 높아질수록 뺨을 맞는 것에 대한 분노가 커지고 적절한 사회적 반응이 이루어짐)

㉢ (70); 오락을 좋아하는 자폐아에게 컴퓨터 게임이나 오락을 하게 해 주겠다고 유혹했을 경우

; 동물원 하마 사육장의 고약한 냄새를 싫어하는 아이에게 동물원에서 하마와 같이 살라고 말했을 경우

㉣ (60); 놀이터에서 놀자고 했을 경우

; 좋아하는 사람 집에 놀러 가자고 했을 경우

㉥ (40); 옆에서 어깨나 머리등을 툭 칠 경우

; 큰 소리로 불렀을 경우

ⓢ (30); 보통의 소리로 불렀을 경우

ⓩ (15); 작은 소리로 불렀을 경우

ⓣ (5); 텔레파시 등 보통의 경우에 인지하기 어려운 경우

자폐아의 경우 보통 50강도 이상에서 반응한다고 가정했을 경우, 50강도 이상의 것은 다음과 같은 세가지다. 첫째는 상당한 육체적 구속이나 타격을 받았을 경우이고, 둘째는 광적으로 좋아하는 것을 사주는 것이고, 셋째는 싫어하는 것을 시키는 경우이다. (물론 자폐아의 상태에 따라서는 70강도 이상에서 반응하는 아이도 있을 것이고, 40강도 정도에서 반응하는 아이도 있는 등 약간의 차이는 있을 수 있다.)

그러나 이러한 것들을 부모가 아닌 다른 사람이 시키기에는 현실적으로 부담이 크다. 부모가 아닌 입장에서 아이에게 육체적 충격을 주거나 아이가 싫어하는 것을 강제적으로 시키기는 현실적으로 불가능하다. 따라서 부모가 아닌 사람들은 아이에게 50이하의 강도, 즉 부르거나 툭 치는 등의 사회적인 의미의 강제밖에 할 수 없는데 이 정도의 충격에 자폐아의 정신이 현실로 돌아오기는 어렵다.(정상적인 사람들도 다른 생각에 깊이 사로잡혀 있을 경우에는 10이나 20정도 강도의 충격에는 정신이 현실로 돌아오지 못하는 경우가 종종 있다.)

물론 자폐아들이 평생동안 50강도 이상에서만 반응하는 것은

아니다. 인지와 이해가 발달하고 계속적인 반복이 이루어지면 30정도의 사회적 의미의 충격에서도 반응하게 되며, 더 발전하면 그 이하에서도 반응하게 될 것이다.

이러한 자폐아의 특성 때문에 초기에 자폐아를 교육시키는 것은 상당히 어려운 작업인데, 자폐아의 정신을 시각의 세계에서 논리의 세계로 이끌기 위해서는 계속적으로 50강도 이상의 자극을 주어야 하지만, 현실적으로 자폐아에게 계속적으로 강한 자극을 준다는 것이 여간 피곤한 일이 아닐 뿐더러 더군다나 부모가 아닌 교육자일 경우에는 자폐아에게 50강도 이상의 육체적, 정신적 충격을 준다는 것이 여간 부담스러운 일이 아니어서 자폐아가 억지를 부리면 속수무책일 경우가 많다.

그러나 다행인 것은 자폐아의 인지나 느낌이 발달할수록 반응하는 강도가 낮아진다는 것인데, 예를 들어 책을 읽고 이해하거나 듣고 이해하는 정도까지 교육이 되면 자폐아는 30정도의 강도에서 반응하게 되어, 굳이 육체적 충격이나 정신적 고통을 주지 않아도 정상적인 '언어'로서의 현실 반응이 가능하게 되어 교육이 한결 편해진다는 것이다.

초기의 자폐아 부모들은 자폐아들이 아무리 이름을 불러도 반응하지 않아서 당혹스러운 경우가 많은데, 그 이유는 바로 자폐아의 정신이 시각의 세계에 깊이 빠져 있어서 현실적인 상황에 대한 인지가 거의 불가능하기 때문에 자기의 이름을 부르는 소리에 대한 의미를 듣고 이해 할 수도 없고 또한 들어도 반응 할 수가 없는 것이다.

(5) 시각 우선자와 논리 우선자

정상인은 태어나면서 정신을 현실의 세계에 집중하고 있기 때문에 감정을 가지며 느낌과 인지를 자연스럽게 습득하게 되며, 이를 바탕으로 서로를 연결시켜서 응용력이 생기고, 이러한 과정을 거치면서 귀로 말을 듣고 이해하며 입으로 감정 표현의 말을 하게 되는데, 이러한 정상적인 인간의 과정을 거치는 사람을 '논리 우선자'라고 표현한다면 시각 우선자의 경우는 논리 우선자, 즉 정상적인 사람과는 전혀 다른 종류의 사람이어서 자연스러운 상태에서 스스로의 힘으로는 논리 우선자가 될 수 없고 평생 시각 우선자 특유의 시각적 영상 속에서 평생을 지내야 한다.

그런데 문제는 시각 우선자의 경우에는 스스로 독립적인 생활을 유지할 수 없기 때문에 시각 우선자를 현실의 세계에 적응시키기 위해서는 필히 논리 우선자로 '뇌의 근본'을 바꿔 줘야 한다는 것이다.

이렇게 시각 우선자를 논리 우선자로 '뇌'의 근본, 혹은 '정신'의 근본을 바꿔 주는 작업을 통상적으로 '자폐아 교육'이라고 부르는데 자폐아 교육이 성공을 이루기 위해서는 '자폐아에 대한 이해', '올바른 교육 방법의 설정' 이외에도 너무나 많은 시간과 노력이 필요하기 때문에 대부분의 교육이 실패 할 수밖에 없는 것이 어쩔 수 없는 현실 상황이다.

논리적 생각의 틀

  내가 상협이와 같이 생활하면서 느낀 것 중의 하나는 자폐아의 경우에 특별히 다른 병과의 복합성이 없다면 자폐아 그 자체는 '저능아'는 아니고, 그냥 보통 정도의 지능은 가지고 있다는 점이다.
  다만 정상인으로서 당연히 가지고 있어야 할 논리적 능력들이 강력한 시각적 능력의 위세에 눌려 깊이 잠복되어 있을 뿐이며, 자폐아 내부의 깊은 어느 곳엔가 숨어 있는 논리적 능력을 교육자는 찾아서 이를 구체적으로 느끼고 인지하도록 교육함으로서 자폐아를 발전시켜야 한다.
  가장 중요하고 기본적인 교육의 틀은 정상인들이 태어나서부터 3-4세까지 성장하는 과정을 자폐아도 똑같이 느끼고 인지하게 해주는 것이 자폐아 교육의 핵심이며, 만약에 이러한 느낌, 기초인지, 감정의 교육이 상당히 되지 않은 상태에서는 읽기, 쓰기, 명사, 율동, 경험등 그 어떤 교육도 자폐아에게는 다만 허상에 지나지 않는다.

〈기초 논리적 내용〉

	종류	내용
1	느낌	배고프다, 아프다, 간지럽다, 달다, 쓰다, 향기롭다 차다, 뜨겁다, 더럽다, 깨끗하다 등 감각 기관의 느낌
2	기초 인지	크다, 작다, 가볍다, 무겁다, 많다, 적다, 멀다, 가깝다 길다, 짧다, 빠르다, 느리다, 세다, 약하다 등의 기초인지
3	기초 행동	눕다, 넘어지다, 뛰어가다, 기어가다, 뒷걸음치다, 옆으로 걷다 고개를 짓다, 휘둥그레지다, 벌름거리다, 손을 내졌다 등의 기초 행동
4	감정	고통스럽다, 기쁘다, 슬프다, 무섭다, 사랑하다, 미워하다 행복하다, 불행하다, 기분 좋다, 기분 나쁘다, 걱정스럽다 등의 감정

(1) 느낌

인간으로써 당연히 가지고 있어야 할 느낌을 자폐아는 느끼지 못해서 부모로서는 속상할 뿐더러 도대체 이러한 것들을 어떻게 가르쳐야 하며 또 가르친다고 해서 과연 자폐아가 이해하고 느낄 수 있을지가 걱정스럽고 의문시되는 사항이다.

그러나 중요한 것은 자폐아가 '느낌'을 가질 수 있게 하는 것이야말로 자폐아에게 가장 어려운 일이면서도 가장 발전의 '핵심'이자 '원동력'이 되는 부분이라는 것이다.

상협이와의 오랜 생활 결과 자폐아도 근본적인 능력이 있기 때문에 충분히 오랫동안 교육시키면 정상아와 마찬가지로 적절히 느낄 수 있다는 것을 알았다.

다만 정상아들이 정신을 현실의 세계로 집중하고 있는 까닭에 쉽게 느낄 수 있는 이러한 느낌을 자폐아는 정신을 시각의 세계로 집중하고 있기 때문에 느끼지 못하는 것일 뿐이며, 따라서 자폐아도 정신을 현실의 세계로 집중하도록 유도한 다음 이러한 느낌들을 상당 기간 동안 충분히 느끼도록 계속 교육시킨다면 정상아처럼 느낄 수 있다는 것이다.

어려운 점이 있다면 느낌의 교육은 단순히 책으로는 충분히 교육시키기가 어렵고 생활 자체에서 느껴야 하는 문제이기 때문에 특정 시간을 정해 놓고 특정한 책을 보며 할 수는 없고 교육자가 하루 종일 자폐아와 함께 생활하면서 계속적으로 자폐아의 정신을 현실의 세계로 유도하면서 항상 느낌을 갖도록 해 주어야 한다는 것이다.

이렇게 실행하기가 어려운 교육이기 때문에 현실적으로 부모가 아니고서는 효과적으로 오랜 시간 계속해서 자폐아에게 느낌의 인지를 획득할 수 있도록 만드는 것은 사실상 어려우며 오직 부모만이 가능한 교육 내용이다. '느낌'의 교육은 너무 중요하기 때문에 후반부에 다시 한번 이야기해 보겠다.

(2) 기초인지

기초인지는 책으로도 교육이 가능하며 부모 아닌 다른 사람들도 교육이 가능한 부분이다.

다만 중요한 것은 정상아의 경우에도 기초인지를 획득하기까지는 수천, 수만 시간의 세월이 지나야 하는 것처럼 자폐아 역시도 기초인지를 단순히 책으로만 느끼게 해서는 안되며 실제 생활에 적용해서 바로바로 느낄 수 있도록 현실 생활에의 교육이 중요하며 오랜 시간 동안 계속 교육해 주어서 이러한 개념이 '뼛속까지 박히도록' 해 주어 야만이 현실 생활에의 적응이 가능해 진다는 것이다.

(3) 기초 행동

자폐아들이 느낌과 기초인지가 되지 않는 상태에서 기초 행동을 이해할 수 없다는 것은 당연한 일인데, 이러한 기초 행동에 대하여 행동 인지와 언어인지가 전혀 되지 않는 상태에서 예를 들어 '토끼와 거북이' 동화책을 아무리 읽어 봤자 그것은 단순히 앵무새에 불과하여 글씨만 읽는 것이지 글의 내용은 이해할 수 없다.

기초 행동에 대한 인지 교육 역시도 부모가 아닌 다른 사람은 현실적으로 교육시키기가 어려우며, 또 교육시키기에 적합한 교재도 별로 없었는데, 나 같은 경우는 동화책들을 함께 읽으며 그 동화책에서 나오는 한 구절 한 구절의 행동들을 상협이와 같이 직접 해 보면서 행동과 언어를 인지시켜 주었는데, 사실 수십 권의 동화책을 하나하나 읽으면서 행동을 해 보이는 것은 보통의 상식적인 생각으로서는 하지 못할 짓이었으며, 오직 자기 자식이었기 때문에 가능하였던 것 같은데, 그것도 한번이 아니고 몇 번이나 수십 번을 계속 반복해서 하고 또 했던 일들은 지금 생각하면 다시는 하지 못할 우스꽝스럽고 고단한 일들이었다.

(4) 감정

감정은 정상아의 경우에도 태어나면서 바로 느끼는 감정은 아니고 앞의 느낌, 기초인지, 기초 행동이 상당히 오랫동안 축적된 후에 나오는 2차적인 것이기 때문에 자폐아에게 아주 급한 첫 번째 교육의 내용은 아니며, 앞의 느낌, 기초인지, 기초 행동에 대한 이해가 상당히 성숙한 후에 가르쳐도 좋은 것이며, 뒷장에서 이야기 할 세 개의 산에 비유한다면 첫 번째 산은 느낌, 기초인지, 기초 행동에 대한 교육이며, 감정의 교육은 두 번째 산에서 여러 가지 기초들을 일반화시키는 과정에서 가르쳐야 할 것이다.

그러나 궁극적으로 자폐아가 단편적인 인지와 지식의 수준을 넘어서서 전체적인 내용을 통합적으로 이해하기 위해서는 꼭 필요하기 때문에 첫 번째 산의 과정에서도 '맛보기'식의 감정에 대한 교육은 필요해서 각각의 인지나 행위의 결과를 감정과 연결시켜서 이야기해 줄 필요가 있으며, 동화책의 경우에도 '왜'라는 개념을 이해시켜 주기 위해서는 감정을 어느 정도는 알도록 해 주어야 전체적인 이해가 가능한데, 예를 들면 '갑돌이가 왜 울었지'에 대한 대답으로 '슬퍼서 울었어요'라는 대답이 나와야 하며, '갑돌이가 왜 슬펐지'에 대한 대답으로 '부모가 돌아가셔서 슬펐어요'라는 대답이 나오기 위해서는 감정에 대한 이해가 중요하다.

(5) 기초 개념의 결합

① 느낌

	느낌
1	설탕은 달고 고추장은 맵다.
2	꽃냄새가 향기롭고 똥냄새는 고약하다.
3	뜨거운 물과 차가운 물
4	때리면 아프고 긁으면 간지럽다.
5	옷을 벗으면 춥고 옷을 입으면 따뜻하다.
:	:

② 기초인지

	기초인지
1	코끼리는 크고 쥐는 작다.
2	자전거는 느리고 자동차는 빠르다.
3	운동장은 넓고 마당은 좁다.
4	연필은 길고 지우개는 짧다.
5	쇠는 무겁고 풍선은 가볍다.
:	:

③ 기초 행동

		기초 행동
1	넘어지다.	
2	도망가다.	
3	고개를 돌리다.	
4	몸을 부르르 떨다.	
5	손을 옆으로 벌리다.	
:		:

④

	느낌	기초인지
1	배고프니까	많이 먹자.
2	추우니까	두꺼운 옷을 입자.
3	아프니까	빨리 병원에 가자.
4	힘이 드니까	무겁다.
5	뜨거우니까	물을 식히자.
:	:	:

⑤

	느낌	기초 행동
1	무서우니까	도망가다.
2	냄새가 나니까	코를 벌름거린다.
3	깜짝 놀라서	뒤로 물러서다.
4	다리가 아파서	절름거리며 걷다.
5	피곤해서	눕다.
:	:	:

⑥

	기초인지	느낌
1	많이 먹는 것을 보니까	배가 고픈가 보다.
2	두꺼운 옷을 입은 것을 보니까	날씨가 추운가 보다.
3	빨리 병원에 가는 것을 보니까	아픈가 보다.
4	무거운 것을 보니까	힘이 들겠다.
5	물을 식히는 것을 보니까	뜨거운가 보다.
:	:	:

⑦

	기초 행동	느낌
1	도망가는 것을 보니까	무서운가 보다.
2	코를 벌름거리는 것을 보니까	냄새가 나는가 보다.
3	뒤로 물러서는 것을 보니까	깜짝 놀랐나 보다.
4	절름거리며 걷는 것을 보니까	다리가 아픈가 보다.
5	눕는 것을 보니까	피곤한가 보다.
:	:	:

⑧

	느낌	기초인지, 행동	감정
1	아파서	병원에 가니까	슬프다.
2	향기로운	꽃냄새를 맡으니까	행복하다.
3	배가 고파서	밥을 먹으니까	기분이 좋다.
4	추운데	얇은 옷을 입으니까	불쌍하다.
5	재미있는	오락을 하니까	신난다.
:	:	:	:

자폐아 교육에 있어서 제일 먼저 해야 할 중요한 교육은 ①, ②, ③의 내용에 대한 단편적인 이해이며, 이러한 작업이 충분히 이루어진 다음 ④와 ⑤의 교육으로 넘어가야 한다.

예를 들어서 자폐아에게 처음부터 '추우니까 두꺼운 옷을 입자'라고 얘기하면 자폐아는 전혀 이해할 수 없기 때문에 우선 '춥다', '두껍다', '입다'라는 각각의 개념에 대해서부터 하나씩 이해를 시킨 다음 전체적인 문장을 이해하도록 해야 한다는 것이다.

①, ②, ③의 교육 내용 중 ②의 교육은 부모가 아닌 다른 사람도 어느 정도 교육이 가능한 반면 ①과 ③의 교육은 성격상 부모가 생활 현장 그 자체에서만이 교육 가능한 것이며 노력과 시간의 양도 거의 하루종일 자폐아의 정신을 꽉 부여잡고 해야 하는 것이기 때문에 최소한 수개월 동안의 피나는 노력이 있어야만 획득 가능한 것이다.

자폐아의 교육에서 실패하는 가장 큰 이유는 내가 보기에는 자폐아에게 교육하기 쉬운 ②의 기초 인지와 기초 학습은 어느 정도 교육시키지만 ①과 ③의 진짜 '살아 있는 느낌의 교육'이 워낙 힘들어서 소홀히 취급되기 때문이며, ①과 ③의 교육이 제대로 시행되지 않으면 자폐아는 성장한 후에 아무런 감정이 없는 '목석' 같은 인간이 되어 버릴 것이다.

저능아와 자폐아는 서로 기본 성격이 다르며 심지어는 서로 반대라고 표현해도 좋은데, 왜냐하면 저능아의 경우에는 ①과 ③에 대해서는 어느 정도 인지를 가지고 있으나 ②의 기초 인지와 학습이 되지 않는 반면에 자폐아의 경우에는 근본적으로 ①과 ③이 없기 때문에 기초 인지와 학습이 되지 않는 것이며, 따라서 자폐아에게 ①과 ③의 교육이 제대로 시행된다면 기초 인지와 학습은 오히려 쉽게 획득되어 질 수 있다.

 그러나 현재 우리 나라의 특수교육은 자폐아에 대한 교육과 저능아에 대한 교육이 혼합되어서 이루어지고 있는 경우가 있는데, 이렇게 성격이 서로 다른 자폐아에게 저능아의 교육 자료를 사용하여 교육한다면 그 결과는 보지 않아도 실패할 것이 거의 확실하다.

 ①, ②, ③의 교육이 어느 정도 이루어지면 ④와 ⑤의 내용으로 넘어가서 감각의 개념을 연결시켜 이해할 수 있게 하는 능력을 키워 줘야 하는데, 이 교육 역시도 어느 정도는 책이라는 보조 수단의 도움을 받아야 하지만 주로는 생활 자체에서 실제의 교육이 되어야 한다는 것이며, 굳이 책으로 공부할 경우에는 예를 들어 간단한 동화책의 경우에 그 문장만 공부하는 것에서 벗어나서 앞의 문장까지 생각하도록 하여 원인과 결과에 대한 의식을 갖도록 해 주어야 한다.

 예를 들어 호랑이가 코끼리를 잡아먹었다면 왜 잡아먹었는지를 물어 보아서 배가 고파서 잡아먹었다는 인식을 가지도록 해 주어야 하며, 사슴이 도망갔다면 왜 도망갔는지를 물어 보아서 총에 맞으면 아프니까 무서워서 도망갔다는 인식을 가지도록 해 주어야 한다는 것이다.

이런 식으로 동화책에 대한 공부를 하면 한 시간에 한 두장 정도밖에 하지 못하는데, 수십 쪽의 동화책 수십 권을 몇 번씩 반복하여 공부할 경우에 소요되는 시간은 엄청나게 많은 것인데 다행히도 계속 해주면 할수록 소요되는 시간이 줄어들어서, 처음에는 한시간에 1장 정도 가능했다면 다음에는 1시간에 2장 정도의 교육이 가능한 식으로 빨라진다.

④와 ⑤의 과정이 어느 정도 이루어져서 느낌과 인지의 인과관계가 어느 정도 확립되면 자폐아가 과거에 보여주던 극심한 자폐아의 이상 행동이 어느 정도는 줄어드는데, 그 다음에 해야 할 일은 인지한 사실에 대한 느낌을 판단하는 작업, 즉 ⑥ 과 ⑦ 의 방법으로 눈으로 인지한 사실에 대한 의미를 부여하는 작업을 해 주어야 한다.

⑥ 과 ⑦의 방법은 ④와 ⑤의 반대인데, 즉 이번에는 귀납적인 방법으로 현실에 대한 이해와 판단을 하도록 교육시켜야 하며, ⑥ 과 ⑦의 과정이 어느 정도 이루어지면 자폐탈출의 기초를 만들었다고 볼 수 있는데, 중요한 것은 이러한 이해나 판단이 길게 생각해서 나오는 것이 아니라 정상인들처럼 눈으로 본 순간 즉시에 동시 동작으로 판단되고 이해 될 수 있도록 계속적인 반복 작업이 필요한데, 사실 습관적으로 '시각의 세계'에 정신이 빠져서 현실

을 보고 느끼지 못하는 자폐아에게 ⑥과 ⑦이 이루어지기 위해서는 정신이 계속 현실에 머물러 있도록 해 주어야 하기 때문에 보통 어려운 일이 아니며, 스스로 자율적으로 ⑥과 ⑦이 이루어진다면 시각 우선자가 논리 우선자로 바뀌어서 자폐의 탈출에 성공했다고 보아도 될 것이다.

⑧의 과정은 ⑦까지의 과정이 충실히 이행되면서 일반화 과정과 함께 연속적 사고 능력이 함께 동반 화되어야 획득할 수 있는 상위 개념의 인지이며, 상당수의 자폐아는 적절한 방향이 설정된 많은 양의 교육이 되지 못하면 ⑧의 단계까지 도달하는 것에 거의 실패하며, 일부 자폐 전문가가 자폐아에게는 찾아 볼 수 없다고 주장하는 '마음 인지의 이론'을 자폐아가 갖기 위해서는 ⑧의 단계까지의 교육이 이루어져야만 자폐아가 '마음 인지의 이론'을 획득할 수 있다.

이러한 과정은 자폐아만이 거치는 특별한 과정이 아니라 보통의 사람들이 일반적인 성장 과정에서 겪는 보통의 과정들이며, 보통의 사람들이 이러한 과정을 거치면서 정상인이 되는 것처럼 자폐아 역시도 이러한 과정을 거치면서 발전하게 되는데, 다른 점은 정상인이 이러한 과정을 스스로 자율적으로 거치는 반면에 자폐아는 '시각의 세계'에 정신이 빠져서 스스로는 현실의 세계를 느끼지 못하며 누군가의 타율적인 교육에 의해서 강제적으로 이러한 과정을 거치게 되며, 따라서 정상인에 비해서는 발전 속도가 느리다는 것이고 만약 적절한 교육이 실시되지 않으면 아예 불가능하다는 것이다.

세 개의 산

자폐아에게는 넘어야 할 산이 세 개 있다. 정상아인 경우에는 스스로의 자생력이 있기 때문에 스스로 산을 넘을 수 있으나, 자폐아의 경우에는 스스로는 산을 넘을 능력이 없고, 누군가가 강제적으로 손을 부여잡고 끌고 올라가야만 한다.

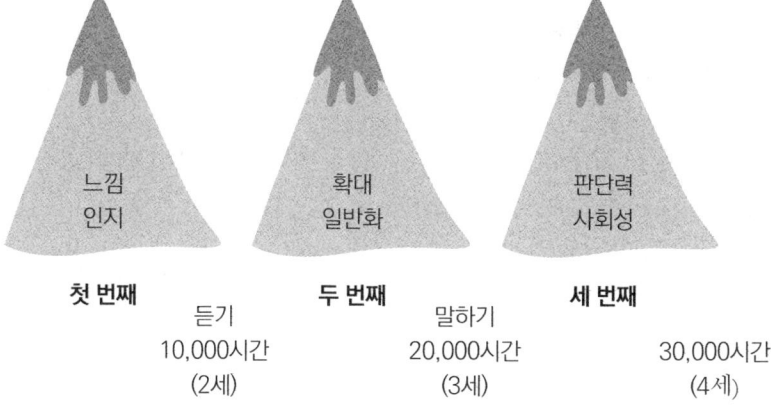

① 첫번째 과정

첫 번째 산은 기초적인 느낌과 인지를 갖게 해 주며, 이것은 어느 정도 기초적인 사항에 대해서는 원인과 결과(왜)를 이해하고 연결시켜 구체화하고, 간단한 말은 듣고 이해할 수 있는 정도까지이다.

그러나 실제로 이 첫 번째 산을 넘기가 너무 어려우며, 더군다나 부모의 헌신적인 노력이 없으면 거의 불가능해서, 상당수의 자폐아가 이 첫 번째 산을 넘지 못하는 실정이며, 어떤 사람들은 이를 자폐아의 한계라고 말하기도 한다.

'듣기'의 겨우도 그냥 이루어지는 것은 아니며, 획득된 인지를 언어로 듣고 이해하기까지에는 수천 시간의 듣고 이해하는 훈련을 거듭해야 하는 것이다.

두 번째의 산의 경우에는 자폐아가 어느 정도 듣고 이해하는 능력이 갖추어져서, 아이를 어느 정도 '말'로 콘트롤 할 수 있기 때문에 지도하기가 한결 편하나, 첫 번째 산의 경우에는 도대체 어디에서부터 어떤 방법으로 손을 대기 시작해야 할지 막막한 상태여서, 잘못 실수하면 어긋난 길로 들어서서, 후에까지 악영향을 미칠 우려도 있다.

그러나 일단 첫 번째 산을 넘고 나면 아이가 변했다는 것을 실감할 수 있는데, 과거에 보았던 이상한 행동들은 거의 사라지고, 표정도 안정화되어서, 제3자가 잠깐 보면 자폐아인지를 모를 정도까지 발전하게 되는데, 성급하게 이야기하면 자폐를 탈출했다고 표현되기도 한다.

② 두번째 과정

두 번째 산은 획득되어진 기초인지를 바탕으로 본격적으로 '지식'과 이에 따르는 '명사'의 이해 작업을 통해서 보편적인 일반성을 획득해 가는 과정인데, 단절되었던 과거로부터 새롭게 시작되는 이 작업은 자폐아에게 상당한 혼란을 주게 되는데, 이때 획득해야 할 지식의 양이 많기 때문에 보호자로서는 세심하고 자세하게 자폐아를 지도하여야 한다.

상협이가 지금 이 시점에 와 있는데 상협이가 혼돈스러워하며, 잘 이해하는 점을 몇 가지 예를 들어 보겠다.

① 부부, 남편, 부인, 손자, 조카, 사위, 며느리 등
② 내집, 우리 집, 철수네 집, 너네 집등
③ 옷을 잘 입는 '신사'와 '신사동' 등 2가지 뜻을 가진 명사
④ 시골집, 움막집, 초가집등 뜻이 비슷한 명사
⑤ 왕, 폐하, 대통령등 시대에 따라 달라지는 말
⑥ 청하다, 부탁하다, 애원하다등 뜻이 비슷한 동사
⑦ 거리 감각, 시간 감각, 크기 감각 등의 구체화
⑧ 마을버스, 좌석버스, 시내버스, 시외버스등 기능이 약간 다른 성질의 말

사실 두 번째 산이 좀 편하다는 것은 부모의 입장이 편하다는 것이지, 자폐아의 입장에서 보면 세상은 여전히 혼란의 연속이어서, 이것들을 체계적으로 일반화시키는 일이 그렇게 만만한 일만은 아닌데, 한편으로는 새로운 사실을 접하게 해 주고, 다른 한편으로는 기초에 배운 사실을 계속 반복해서 잊혀지지 않도록 관리해 주어야 한다.

그리고 이 시기에는 기초적인 학교 학습, 즉 '더하기', '빼기', '바른 생활', '즐거운 생활' 등을 가르쳐서 '사회화'의 기초 작업도 병행해야 할 것이다.

또한 이 시기에는 세상의 일들과 단어의 뜻에 대하여 궁금한 것이 많아져서 물어 보는 것이 상당히 많아지는데, 이를 이용해서 적절한 표현 능력을 키워 주는 것도 중요한 과제이다.

그리고 두 번째 산에 대해서 가장 의미를 두는 것은, 자폐아가 태어나서부터 7세 정도까지 정상아들이 축적해 놓은 엄청난 양의 정보의 양을 자폐아는 거의 취득해야 했으나 취득하지 못했기 때문에 이러한 여러 가지의 감정과 기초 과정 등을 보충해 주는 과정이라고 생각하기 때문이다.

7세까지의 황금의 시간 동안에 정상아들은 친구와 구슬치기를 하다가 싸웠다든지, 밤에 잠을 자다가 이불에 오줌을 싸서 어머니에게 혼났다든지, 여자 애들을 약올리고 도망 다녔다든지 하는 수억개, 혹은 수십억개의 느끼고 인지된 경험의 정보를 취득하여

'생각하는 인간'의 기본 구조를 확립하였으나, 자폐아들은 이 시기 동안에 다만 '시각의 세계'의 영상 속에서 허우적거리고만 있었을 뿐, '의미 있는' 정보는 거의 취득하지 못한 채 몸만 커졌을 뿐이고 정신 상태는 거의 '백지'의 상태라고 해도 과언이 아닐 것이다.

즉 비록 첫 번째 산을 넘었다고 해도, 이것은 정상인이 되기 위한 기본 조건을 획득하였다는 것이고, 정말로 '생각하고 판단'하는 인간이 되기 위해서는 과거에 하지 못했던 것들에 대하여 비록 정상인만큼은 하지 못하겠지만 그래도 최소한의 실제 경험을 통한 느낌과 인지를 획득할 수 있도록은 해 주어야 하는데, 바로 두 번째 산이라는 것이 이러한 의미 있는 경험의 획득 과정을 의미하는 것이다.

③ 세번째 과정

세 번째 산은 아직 나도 넘어 보지 못했기 때문에 단지 추정해 볼 수 있을 따름인데, 현재로서는 두 번째 과정에 충실해야 하고, 앞으로 2-3년 후에는 적극적으로 세 번째 산에 도전해 볼 계획이다. 세 번째 산의 의미는 스스로 적절히 가치 있는 것들을 판단해서 이를 사회적으로 받아들여질 수 있는 수준까지 연결시키는 것을 의미하는데, 다시 말하면 정신이 '나'에서 탈피하여 확장해서 '상대방'이나 '우리'의 개념까지 고려하는 수준을 뜻한다.

자폐아 관련 책들을 보면 대부분의 자폐아들이 상대방의 마음 읽기와 사회성이 현저히 모자란다고 하는데, 내가 보기에는 자폐 아이기 때문에 선천적으로 모자라는 것이 아니고, 바로 앞에서 이야기한 첫 번째 산의 과정과 두 번째 산의 과정을 충실히 이행하지 못하였기 때문에 필연적으로 '마음 읽기'와 '사회성'의 부족 현상이 일어난다고 판단된다.

사실 정상아의 경우에도 3-4세의 경우에는 누가 때리면 울거나, 자기 물건을 빼앗기지 않으려고 싸우는 등 원초적인 현실적 느낌이 있기는 하지만, '마음 읽기'나 '사회성'은 4세 이후에나 나타나는 고차원적인 개념인데, 이를 획득하기까지는 정상아 역시도 2만-3만 시간의 현실적 정신 활동이 필요하며, 자폐아 역시도 이를 획득하려면 정상아와 같이 2만-3만 시간의 현실적 정신 활동이 필요할 것이다.

이러한 과정을 고려하지 않고 너무 쉽게 자폐아가 사회성의 모자라다는 등의 결과적인 이야기만을 하는 것은 부모의 입장에서 보면 자폐아에게 별로 도움이 되지 않는 것이며, 차라리 첫 번째 산과 두 번째 산을 넘을 수 있는 효과적인 방법이나 교재를 만들도록 노력하는 것이 자폐아들이 '마음 읽기'와 '사회성'에 접근할 수 있는 보람된 일이라고 생각된다.

20,000시간

　나의 그 동안의 경험을 바탕으로 예상해 보면 자폐아가 자폐아에서의 탈출의 기초를 마련하기 위해서는 약 20,000시간의 교육 시간이 필요하다고 생각되는데 여기에 대해서 이야기 해 보겠다.

　정상아의 경우에도 태어나자 마자 모든 느낌과 인지가 구체화 되는 것은 아니고 몇 년 동안의 정신과 육체의 성장에 따라서 하나의 정상적인 인간이 되는데, 정상아의 경우에 자폐아와 다른 점은 뇌나 정신이 스스로 자생력을 가지고 '작동'한다는 것인데, 여기서의 작동은 '감정과 인지'를 느끼는 작동을 의미한다.

　정상아가 이렇게 24시간씩 뇌를 작동시키면 1년이면 약 7,000시간 정도의 뇌의 작동 시간이 되는데, 정상아 역시도 20,000시간 정도의 뇌가 작동된 3살 정도가 되어야 약간의 인간적인 모습이 된다는 것이다.

정상아의 경우에는 뇌의 작동 시간이 20,000시간이 지나서 30,000시간이 되는 4, 5세경에 기초인지를 바탕으로 여러 경험을 하며 급격한 정신적 성장이 이루어지는데, 이 시기에 자기가 아닌 주변 상황이나 상대방을 인지하는 사회성도 상당히 발전하게 되며, 뇌의 활동시간이 50,000시간 정도가 되는 7세 정도에는 제법 하나의 인격체로 자리잡는다.

반면에 자폐아의 경우에는 강한 '시각우선 성향' 때문에 자연적인 스스로의 뇌의 작동이 되지 않는데, 뇌가 작동되지 않는다는 뜻은 뇌가 죽었다는 뜻이 아니고, 뇌의 작동이 시각의 세계에만 머물러 있기 때문에 '느낌의 인지'를 가지는 뇌의 작동이 되지 않는다는 것이다.

그렇기 때문에 자폐아의 경우에는 인위적, 혹은 강제적으로 뇌를 작동시켜 주어야 하는데 우리는 이것을 '교육'이라고 부른다.

정상아가 20,000시간의 '뇌의 작동'으로 인해서 최소한의 인간적인 모습이 형성된다면, 자폐아 역시도 천재가 아닌 이상에는 정상아와 마찬가지로 20,000시간 정도의 뇌의 작동이 있어야 하지만, 불행히도 자폐아는 스스로 뇌를 작동시킬 자생력이 없기 때문에, 대신에 20,000시간의 '교육'이 필요하다는 것이다.

이러한 '교육'에는 두 가지의 조건이 있는데, 첫째는 '현실에 정신을 집중하는 살아 있는 느낌'의 교육이어야 한다는 것이고 두 번째는 하루 8시간 이상의 집중적인 교육이어야 한다는 것이다.

아무리 교육을 많이 해도 자폐아가 그 교육 내용에 정신을 집중하지 못하고, '시각의 세계'에 정신이 머물러 있으면 별다른 효과가 없을뿐더러, 교육이 단순암기등의 교육이 되어서는 또한 자폐아에게는 별다른 발전을 기대할 수 없으며, 3-4시간 정도의 교육으로는 효과가 크게 나타나지 않는 것 같다.

물론 자폐아의 정도가 심한지, 약한지 혹은 단순 자폐아인지, 지능 장애 등의 복합 자폐아인지등에 따라서 어느 정도 차이는 있겠지만, 어떤 경우가 되었든지 위의 내용이 충실히 이루어진다면 상당한 교육 효과를 볼 수 있는데, 교육량 별로 그 결과를 대략 구분해 보면 다음과 같다

(1) 교육 시간 5,000시간

자폐아가 보이는 극심한 이상 행동들이 어느 정도는 줄어들어서 자해행위등이 감소하는 경향이 있으나, 단순 행위 반복, 초점 없는 눈동자, 자동차에 뛰어들기, T.V영상 등에 사로잡힘 등의 기본적인 자폐아 특유 행동들은 아직 남아 있으며, 아직까지 말을 듣고 이해하거나 스스로 말을 할 수 있을 정도는 못된다.

또한 정신이 아직 '시각의 세계'에 머물러 있으려는 경향이 강해서 정신을 현실의 세계로 들려 놓기 위해서는 계속적이고 강한 외부적 충격이나 적절한 유혹의 계속되어져야만 하기 때문에 부모나 교사의 입장에서는 여전히 힘든 상황의 연속이다.

(2) 교육 시간 10,000시간

10,000시간이면 매일 8시간씩 교육해서 약 3년 정도 걸리는 시간인데, 이 정도 교육이 실시되면 어느 정도 기초적인 느낌과 인지가 구체화되어서 자폐아의 이상 행동들이 거의 보여지지 않으며, 현실적인 놀이에 약간의 관심과 재미를 느끼고, 행동들이 사회적으로 어느 정도 적절해져서 제 3자가 언뜻 보기에는 자폐아인지 느끼지 못할 정도이다.

또한 어느 정도 말귀를 알아들을 수 있어서 언어에 의한 통제가 가능해지며, 자기가 필요한 것에 대해서는 간단하지만 자발적으로 말이 나오게 된다.

또 부분적으로 학습이 가능해져서 기초 학습을 실시할 수는 있으나 여전히 경험을 기초로 하는 가치판단 등의 학습이나 사회성에 기초한 학습 등은 어려운 상태이고, 또래 친구들과 함께 있을 수도 있으나 스스로 분위기를 판단해서 적절히 참가하지는 못한다.

논리성의 경우에는 어느 정도 느낌과 인지가 가능하기 때문에 간단한 상황에의 인지가 높아져서 단순하고 유혹적인 상황에 대해서는 스스로 현실에의 세계로 정신이 돌아오기도 하고, 또 말에 의한 제재도 가능해서 약간의 언어적 제재로 정신을 현실의 세계로 돌릴 수도 있어서 부모나 교사의 입장에서는 한결 편해지기도 한다. 그러나 현실에서 특별히 유혹적인 상황이 발생하지 않으면 여전히 정신이 '시각의 세계'에 머물러 있기 때문에 계속적인 간섭은 여전히 필요하기는 하지만, 부모로서는 자폐아 자식으로부터 처음으로 기쁨을 맛 볼 수 있다.

(3) 교육 시간 15, 000시간

현재 나 자신이 10,000시간을 지나서 15, 000시간을 향해서 가고 있는 상황이기 때문에 과연 15, 000시간이 달성되면 어떤 변화가 있을지 확실히는 알 수 없지 만, 지금의 상협이의 모습을 분석해 봄으로써, 나중의 모습을 유추해 보겠다.

- 비록 초보적이기는 하지만 친구와 같이 놀 수 있게 되며, 친구 집에 스스로 놀러 가거나, 친구를 집에 불러오는 등의 현실적, 사회적, 상대적 행동이 나타난다.
- 밤이 늦어서 오락실에 갈 수 없다거나, 시험을 틀려서 과자를 사 먹을 수 없다는 등의 현실에 기초한 통제를 받아들인다.
- '편하고 좋은 것'과 '불편하고 귀찮은 것'에 대한 개념이 생겨서 눈치를 볼 수 있게 된다.
- 인지한 사실에 대한 '응용'개념이 생겨서, 가끔씩 동화의 내용이나 게임 등을 현실에 응용하기도 한다.
- 소유욕이 강해지며, 자기 물건을 빼앗기지 않으려고 숨기는 등의 행동이 나타난다.
- 비록 말은 간단하지만 발음이 정확해지며, 글의 경우에도 제

법 수식어를 사용하기도 한다.
- 학교, 태권도장, 가게, 이발소 등은 스스로 적절히 다닐 수 있으며, 노는 장소가 확대되어 제법 먼 곳까지도 스스로 다닐 수 있다.
- 기초적인 초등학교 학습 과정을 따라 갈 수 있다.

(4) 교육 시간 20,000시간

앞으로 2-3년 후의 이야기이기 때문에 뭐라고 얘기할 수는 없지만, 그 시간은 일종의 'DREAM HOUR'이다.

DREAM HOUR라고 표현한 이유는 그 시간 정도가 되면 어느 정도 '자율성' 획득에 의한 스스로의 '뇌의 작동'이 가능해져서, 정상인처럼 스스로 정신이 성장하게 될 수도 있다는 기대 때문이다.

그렇게 되면 진정한 의미에서의 '자폐의 탈출'이 이루어지게 되는 것인데, 과연 그 시점에서 어떤 결과가 나올지 나 자신도 자신할 수 없으며, 경우에 따라서는 자폐의 한계를 뼈저리게 느끼게 될 수도 있을 것이지만, 일단은 실천을 하고 나서 결과를 보겠다.

그러나 설령 상협이가 '자율성'을 획득하게 된다 해도, 그 자율성은 '느낌', '인지', '학습' 등에 의거한 '자기 세상'이라는 부분적인 의미에서의 자율성이고, 나 아닌 '다른 세상'까지 포함하는 자율성이 획득되어지기 위해서는 계속적으로 스스로의 노력과 인위적인 노력이 결합되는 노력이 계속 이루어져야 할 것이다.

또 한가지 얘기하고 싶은 것은 자폐아가 정상적으로 초등학교에 입학해서 적응하고 기초적인 수업을 따라가기 위해서는 다시 말하면 특수학교에 가는 것보다 일반 학교에 가는 것이 더 자폐아에게 도움이 되기 위해서는 초등학교에 입학하기 전에 최소한 10,000시간의 사전 교육은 있어야 한다는 것이다.

정상아의 경우 50,000시간의 뇌의 작동이 있은 후 초등학교에 입학하게 되는데, 자폐아의 경우에도 일반 과정에 적응하기 위해서는 최소한 10,000시간이나 15,000시간 정도의 교육이 있어야지 만 정상적인 초등학교 생활이 가능할 것 같다.

자폐아 이상 행동 원인과 대처

 5세 전후의 자폐아들이 보이는 이상한 행동들은 이성을 가진 정상적인 사람들이 보기에는 도대체 '귀신에 씌워서' 저런 행동이 나온다고 밖에 이야기 할 수 없을 정도로 이해하기 어렵고 곤혹스러운 행동들이다. 심지어는 부모들조차도 자식의 행동을 이해할 수 없어서 서글픔과 분노 속에서 아무런 계획이나 희망도 없이 하루하루를 보내게 된다. 눈물과 좌절 속에서 마음속으로 죽음을 거의 매일 가슴속에 새기며 산다는 것은 참으로 참기 힘든 고통이며, 자식의 미래를 생각하면 더욱 그렇다.
 이렇게 부모를 괴롭히는 1차적 원인은 자폐아들이 겉으로 나타나는 이상한 행동들 때문인데, 기존에 나와 있는 책들을 보면 자폐아들이 보이는 이상한 행동들을 천편일률적으로 나열해 놓은 것에 불과하지, 체계적으로 분석해 놓거나 대처 방안에 대한 적절한 연구는 거의 없는 것 같으며 굳이 있다면 행동 수정 정도에 불과하다.

30개의 예를 들어 놓고서 20개 이상이 해당한다면 자폐아라는 단순한 논리인데, 전체적인 느낌이 이상한 것이면 문제인 것이고 그렇지 않으면 정상인 것이지, 15개가 해당한다든지, 25개가 해당한다든지 하는 것은 별다른 중요성은 없고, 굳이 의미가 있다면 정도의 강약을 객관화 시켰다는 것 정도인데, 그것도 그렇게 중요한 것 같지는 않다.

그 동안 상협이를 관찰하면서 느끼고 파악했던 이러한 행동들을 몇 가지로 정해서 대처 방법과 함께 얘기해 보겠다.

첫째는 자해 행동이다.

부모를 가슴아프게 하는 것들 중의 하나가 자해 행위인데, 벽이나 방바닥 등에 정상인이 생각하기에는 지나치게 강한 정도로 머리를 박아서 퍼렇게 멍이 들거나 심지어는 피가 나기도 한다.

이러한 현상에 대하여 어떻게 대처할지 전문가에게 물어 봐도 대답이 각각 다르다.

어떤 사람은 못 본체 무시하라고 하고, 어떤 사람은 적극적으로 막으라고 하고, 어떤 사람은 적절한 체벌(먹기 싫어하는 음식을 먹이는 등)을 하라고 한다. 그러나 내가 생각하는 것은 전혀 다르다. 못 본체 무시한다고 해서 그러한 무시하는 느낌을 자폐아가 받을 능력이 없으며, 막거나 체벌한다고 해서 다음부터 자해 행위를 중지하지도 않는다. 정말 해결책이 보이지 않는 컴컴한 지옥 같은 느낌이다. 이러한 자해 행위에 대해서 자폐아 입장에서 분석과 해결 방법을 생각해 보자. 머리를 방바닥에 박는 자해 행위가 분명히 사회적으로 적절한 행동은 아니다.

그러나 그것은 일종의 자폐아의 자기 감정의 표현이다. 정상적인 사람도 가끔씩은 자해 행위를 한다. '가슴을 치며 통곡했다'는 것은 그 사람의 슬픔이나 고통이 아주 컸다는 것을 표현하는 말인데, 실제로 정상인들이 답답하거나, 억울하거나, 고통이 클 때는 가슴을 자기 손으로 치기도 한다.

차이가 있다면 '가슴을 치는 것'은 사회적으로 용인되는 것이고, '머리를 방바닥에 박는 것'은 사회적으로 용인되지 않는다는 것인데, 그 용인과 불용인의 기준은 육체적인 아픔의 강도를 기준으로 한다. 가슴을 손으로 치는 것은 실제로 치명적으로 아픈 것은 아닌 반면에 방바닥에 머리를 박는 것은 몸에 상처가 나는 치명적인 아픔인 것이다.

정상인이 고통을 당했을 때 대처하는 방법은 여러 가지이다. '속으로 삼키고 참거나', '울거나', '욕을 하거나', '담배를 피거나', '술을 마시거나', '배부르게 먹거나'하는 등의 여러 가지 사회적인 방법으로 그 고통을 풀어 간다.

그렇다면 자폐아가 자해 행위를 하는 이유는 무엇인가?

첫째로는 '육체적인 아픔'에 대한 감각이 정상인보다 느낌이 적기 때문이며, 둘째로는 사회적 대응, 심지어는 '우는' 원초적인 행위에 대해서조차 익숙하지 못하기 때문이다. 별로 육체적인 아픔을 느낄 현실적 감각이 모자란 상태에서 '우는' 행동조차도 제대로 할 수 없을 상황에서 고통을 당했을 때 자해 행위가 나오는 것은 어쩌면 필연적인, 자연스러운, 당연한 행동이다.

그렇다면 어떻게 해야 자해 행위를 억지 시킬 것인가?

첫째는 기초적인 인지를 현실에서 느끼게 해 주면서 특히 '육체적 아픔'에 대한 '현실적' 인지를 하도록 하는 것이다.

육체적 아픔을 느끼게 하는 방법은 꼭 껴안는 다든지, 움직이지 못하게 하는 구속의 방법도 있고, 육체에 직접적인 타격을 주는 방법도 있는데, 중요한 것은 손이나 종아리를 때리는 등의 약한 강도로는 자

폐아가 별로 느낌을 받지 못한다는 것과 필히 자폐아의 정신이 '현실의 세계'에 와 있는 상태에서 이루어져야 한다는 것이다. 자폐아의 정신이 시각의 세계에 빠져 있을 때의 육체적 물리력은 '괴성'이나 '무방어' 등의 자폐적 행동의 연속이므로 정신을 가능하면 현실의 세계로 집중하도록 해야 효과적으로 '아픔'의 느낌을 알 수 있다. 그래서 아픔의 느낌이 '다시 경험하고 싶지 않은 불쾌감'이라는 것을 깨닫도록 하여야 한다.

둘째는 자폐아가 '울 수 있도록' 해 주어야 한다. 상당수의 자폐

아는 적절하게 우는 것마저도 습득하지 못하여 괴성이나 무대응이나 이상한 몸짓들을 취하는 경우가 허다하다. 적절하게 우는 음성의 조절마저도 어렵다.

그렇다고 해서 우는 방법을 가르치기는 현실적으로 어렵다. 적절하게 울 수 있게 하기 위해서는 첫째로 TAPE를 듣고 따라 하는 등의 방법으로 말을 많이 시켜야 한다는 것이고, 둘째로는 울어야 하는 상황을 많이 만들어 줘야 한다는 것이다. 무섭게 하거나, 혼을 내거나, 육체적 구속을 하거나 해서 현실적 불쾌감을 인지한 생태에서 울도록 계속 해주면 언젠가는 정상아의 울음소리와 같은 정상적인 울음소리가 나온다.

예를 들어 옛날에는 상협이의 경우 자기의 뜻이 이루어지지 못하면 괴성을 지르거나 아무 곳에서나 누워서 뒹굴고는 했지만, 지금은 포기하거나, 다음에 하자고 하거나, 울거나 하는 등의 적절한 사회적 행동이 많이 나타난다. 내가 가볍게 때리기만 해도 아빠를 원망스러운 눈으로 쳐다보며 눈물을 뚝뚝 흘리며 엉엉 우는데, 우는 모습이 너무 자연스럽고 예뻐서 껴안아 주고 싶은 심정이었다.

세 번째는 '아니야', '싫어', '미워' 등의 기본적인 부정어를 가르쳐 주어서 자기가 싫어하는 상황이 되면 간단하게라도 표현할 수 있는 말을 몇 개 정도는 습득해서 표현할 수 있도록 해줘야 한다. 적절히 싫은 상황을 만들어 주고 '싫어'라고 하는 말의 의미와 사용 상황을 반복하여 설명해 주면 습득이 된다. 그러나 전반적인 기초 인지의 향상과 함께 '싫어'라는 인지의 개념이 확립되어야 하고, 단순히 '싫어'라는 하나의 단어만을 가르치면 자폐아는 상황의 이해가 될 수 없고, 따라서 활용할 능력도 갖추지 못한다.'

이상과 같은 기초인지가 갖추어지면 아무리 자해 행위를 하라고 해도 자해 행위를 하지 않겠지만, 이러한 기초인지가 갖추어지지 못한 상태에서의 어떠한 임시 방편적인 방법도 근본적인 해결을 주지 못한다.

며칠 전에 상협이에게 '상협이는 공부도 안하고 딴 생각만 하니까 선생님께 일러야지. 그리고 오락실도 데려가지 않을 거야'라고 계속 정신적 스트레스를 줬는데, 상협이가 '안돼, 그러면 안돼'라고 소리치면서 침대에 가서 푹신한 곳에 머리를 박았다. 그래서 내가 '상협아, 침대에 박지 말고 벽에다 머리를 박아라'라고 말했는데 상협이는 내 말을 듣고 벽에 가볍게 머리를 갖다 대는 시늉만 할 뿐 박지는 않았다. 왜냐하면 벽에 머리를 박으면 머리가 아프다는 현실의 인지를 하고 있기 때문이다.

둘째는 절대적 단순 반복 집착 행동이다.

길을 갈 때 정해진 한쪽 길로만 간다든지, 길에 그려진 선을 밟으면서 만 걸으려고 한다든지, 자동차 놀이를 할 때 반듯하게 일렬로 세워 놓고 조금만 어긋나도 참지 못한다든지, 책을 번호대로 순서에 맞게 정리하고 그것을 확인한다든지 하는 나름대로 정해 놓은 틀에서 절대로 어긋나지 않으려는 단순 집착 행동이 대개의 자폐아들이 보여주는 일반적인 행동이다.

  부모로서는 이러한 자식의 행동을 수정하기 위해서 별의 별 방법을 동원해서 노력해 보지만 쉽게 수정되지는 않는다. 왜냐하면 자폐아의 근본적인 사고와 연관된 행동이기 때문에 그러한 행동이 쉽게 해결될 수 있다면 자폐라는 현상 역시도 쉽게 해결될 수 있는 문제라는 것이다. 즉 자폐아는 현상이 쉽게 해결될 수 없는 것처럼 이러한 자폐아의 절대적 단순 반복 집착 행동도 쉽게 해결될 수 없는 자폐아의 근본적인 문제와 연결되어 있다는 것이다.

  그렇다면 왜 이런 행동이 나오는지 생각해 보자.

  i) 자폐아는 '시각 우선 성향'을 가진 '시각적 사고'를 가진 사람이다. 그렇기 때문에 '하나의 상황'에 대해서는 '하나의 그림'밖에 그려지지 않는다. '하나의 그림'이라는 것은 '절대적 사고'를 의미한다. 엄밀히 얘기하면 '절대적 사고'가 아니다. '사고'라는 말은 논리적 생각을 의미하는 것인데 자폐아가 논리적으로 생각할 능력이 스스로 없기 때문에 '단일 영상'을 '상대적 사고', 혹은 '다양한 사고'로 바꾸어야만 근본적으로 절대적 사고가 수정된다. 그러나 이것은 '시각 우선자'를 '논리 우선자'로 인간의 근본을 바꾸는 작업이기 때문에 평생을 두고 계속 되어져야 하는 문제이지, 약간의 행동 수정이나 임시 방편적 방법으로 수정될 문

제는 아니다.

비교 개념 및 다양성에 대하여 습득되는 양이 많으면 많을수록 한가지에만 집착하는 것은 줄어들 것이다.

예를 들어 엄마의 모자쓴 모습을 보고 괴성을 지르는 아이는 시각적으로 엄마의 모자 없는 하나의 영상만을 절대적 가치로 가지고 있기 때문인데, 이런 아이에게 모자를 쓴다는 개념과 모자를 벗는다는 개념을 상대적으로 계속 교육시키면 그런 행동은 줄어들 것이다. 또한 위, 아래, 왼쪽, 오른쪽 등에 대한 상대적 인지 개념을 심어 주면 예를 들어 자폐아가 한쪽 팔만을 일정한 방향으로 돌리는 등의 반복 행동을 제거할 수 있는 것이다.

'길다, 짧다', '무겁다, 가볍다', '많다, 적다' 등의 기초 개념이 중요한 이유는 이러한 기초 개념들이 서로 상대성을 유도할 수 있을뿐더러, 자폐아의 절대적 시각 사고를 상대적 사고로 바꾸어 주는 요소가 되기 때문이다.

자폐아들이 적절한 몸놀림이나 기초적 행동이나 심지어 단순한 모방조차도 되지 않는 이유는 첫째는 정신이 시각의 세계로 가 있기 때문이며 둘째는 기초인지가 형성되어 있지 못하기 때문인데, 예를 들어 앞으로만 걸을 수 있고 옆이나 뒤로는 걸을 수 없는 아이를 교육시키기 위해서는 옆이나 뒤로 실제로 걷는 행동을 먼저 가르칠 것이 아니고 먼저 '옆'이나 '뒤'의 개념을 철저히 인지하고 이해하도록 한 다음에 옆이나 뒤로 걷는 것을 가르쳐 주면 훨씬 효과적이고, 따라서 앞으로만 걷는 자폐아의 절대 행동이 수정될 수 있다는 것이다.

만약에 두 개의 길 중에서 한쪽으로만 가려는 아이에게 억지로 다른 길로 가도록 하기 위해서 강제로 손을 끌어당긴다면 아이는 결사적으로 다른 길로 가지 않기 위해서 괴성을 지르며 몸부림칠 것이고 별다른 진전을 보지 못할 것인데, 아이에게 근본적으로 스스로 다른 길로 갈 수 있게 하기 위해서는 '왼쪽'과 '오른쪽'의 개념을 가르쳐서 방향이라는 것이 한쪽만 있는 것이 아니고 왼쪽과 오른쪽의 상대적 개념이 있다는 것을 인지하고 이해하게 함으로써만이 스스로의 방향전환이 가능한 것이다.

기초 개념의 확립은 단지 절대적 단순 반복 행동을 교정해 주는 역할만 하는 것이 아니고 실제 생활의 적응에 대해서도 여러 가지 큰 도움을 주는데, 예를 들어 '앞'과 '뒤'의 상대적 개념을 이해하게 되면 차례로 줄을 서는 일을 쉽게 할 수 있으며, '높다', '낮다'의 개념을 이해하게 되면 책을 높이 쌓아서 정리할 수 있는 능력이 생길 것이며, '앞, 뒤, 좌, 우, 위, 아래'의 개념을 이해하게 되면 이빨을 닦을 때 앞니만 닦던 자폐아가 앞니, 뒷니, 윗니, 아랫니 등을 골고루 닦도록 하는데 도움이 될 것이다.

ii) 시각적 영상과 자기를 일치시키려 한다.

상협이와 같이 공부를 시작하던 초기에 상협이가 나에게 레슬링을 하자고 해서 같이 레슬링을 많이 했다. 그런데 상협이는 이상하게도 나에게 일정한 동작만을 요구했고, 내가 그 동작을 하고 나면 상협이는 이어서 똑같은 말과 똑같은 동작만을 한동안 계속하였다. 이상해서 가만히 살펴보니 그 동작은 비디오게임의 격투기 게임의 일정 부분이었는데 상협이는 그 비디오게임을 연상하면서 그와 똑같은 동작을 계속하였고, 거기에서 즐거움을 느끼고 있었다. 격투기 게임을 '여러 가지 방법으로 싸워서 상대방을 이기는 게임'이라고 논리적으로 생각했다면 나를 이기기 위해서 여러 가지 창조적인 방법을 동원하였겠지만, 상협이는 그러한 논리적 생각은 없고 단순히 우스꽝스러운 동작을 시각적으로 따라서 하는 데만 관심이 있었던 것이다.

그 무렵에 자동차에 대한 관심은 옛날보다는 약해져서 가끔씩 장난감 자동차를 가지고 놀았는데, 계속 반복적으로 계속 되던 행동은 바로 모 경자동차 광고를 흉내내는 것이었는데, 마치 판에 박은 것처럼 똑같은 행동이 계속되었다.

자폐아가 단순 반복 행위를 계속할 때 어떤 논리적 생각을 하는 것도 아니며, 그렇다고 아무런 생각 없이 그러는 것도 아니다. 그것은 나름대로 떠올린 시각적 영상에 대한 계속적인 자기 일치 행동이다. 그러나 자폐아가 말을 하지 못하는 한에는 자폐아가 어떤 영상을 떠올리는지 알 방법이 없다.

상협이의 레슬링 반복 습관을 수정하기 위해서 상협이에게 레슬링에서 이기면 과자를 사주겠다고 하고, 상협이가 비디오게임과 동일한 방법으로 공격하면 내가 이겨서 과자를 사주지 않았고, 다른 방법으로 공격을 하면 져 줘서 과자를 사 줌으로써 공격의 다양화를 유도했던 기억이 난다.

셋째는 감각의 불균형에서 나오는 이상 행동이다.

옷의 피부 접촉에 대해 지나치게 반응하는 촉감 이상, 냄새를 맡기 전에는 절대로 음식을 먹지 않는 후각 이상, 특정한 소리에 대하여 지나치게 심하게 반응하는 청각 이상 등은 대개의 자폐아들이 전부 혹은 일부에 대해서 보여주는 이상한 행동들인데, 그래프로 나의 생각을 설명해 보겠다.

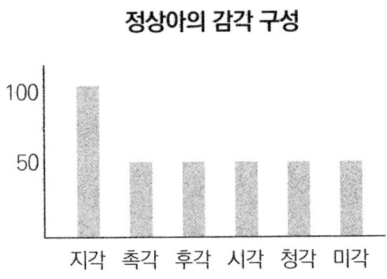

정상아의 감각 구성

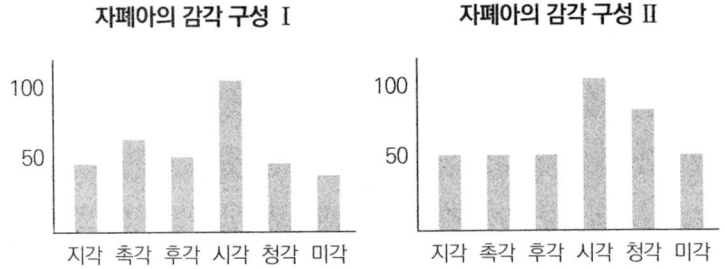

자폐아의 감각 구성 I   자폐아의 감각 구성 II

정상아들은 6개의 감각 중에서 지각 (지적, 논리적 능력)에서는 뛰어난 능력을 보이는 반면, 다른 감각에서는 그리 뛰어난 것은 아니고 다만 기초적인 감각 능력만을 느낀다. 뇌의 전체를 100으로 기준 한다면 지각 능력이 95정도를 차지하고, 그 나머지 5를 다른 5개의 감각이 차지하는 정도이고, 우리는 이러한 감각의 분포 상태를 정상의 상태라고 한다. 동물들 경우에 종류에 따라 후각, 촉각, 시각 등에 특별한 능력을 보이는 동물들이 있는데, 이러한 동물들의 지각 능력은 사람에 비하면 거의 0에 가까우나, 동물적인 본능으로 생명을 유지해 간다.

반면에 자폐아들은 지적인 지각 능력은 0에 가까우나 시각 능력에 있어서는 뛰어난 능력을 보인다. 동물과 다른 점이 있다면 동물의 경우에는 지적인 능력이 타고 날 때부터 없으나, 자폐아의 경우에는 타고난 지적인 능력이 있으나 강력한 시각적 감각 때문에 지적인 능력을 발휘하지 못하고 숨어 있다는 것이다. 그 숨겨진 능력은 아주 강하게 끌어내지 않으면 시각적 감각의 그늘에 가려 세상 밖으로 나오지 못하고 평생 내부에 숨어 있게 된다.

또 하나는 촉각, 청각, 후각, 미각의 불균형인데, 지각 능력으로 가야 할 신경들이 지각 능력의 미비로 갈 곳이 없어, 필연적으로 촉각, 청각, 후각, 미각 등에 작용하여 과민 반응이 일어나게 되는데, 자폐아에 따라 어느 쪽에 더욱 강력한 과민 반응이 일어나는지는 서로 다른 것 같다. 어떤 아이는 촉각에 더욱 예민한 반응을 보이고 어떤 아이는 청각에 더욱 과민 반응을 보이기도 한다.

이러한 과민 반응을 하나하나 나누어서 구별하는 것은 큰 의미는 없고, 전체적인 감각 불균형의 의미에서 파악해야 하는데, 결론부터 말하면 자폐아의 지각 능력을 향상시켜서 신경의 대부분을 논리적 생각 부분으로 소비하게 해야 가능하고, 논리적 지각 부분이 성장하지 않고서는 감각이 과민 반응에 대한 궁극적인 해결을 할 수 없다.

촉각에 과민 반응을 보이는 아이에게 피부에 브러시 마사지를 해주고, 미각에 과민 반응을 보이는 아이에게 쓴맛의 음식을 먹게 하는 등의 방법이 있지만, 이것들은 겉으로 표현되는 자폐아의 과민 행동을 억지 시키는 효과는 있겠지만, 이러한 감각들에 지나치게 많이 공급되는 내부적 신경의 양을 줄일 수는 없기 때문에 본질적인 개선 방법은 아닌 것 같다.

상협이의 경우 옛날에는 옷의 안쪽 꿰맨 부분이나 상표 등에 대한 감촉에 참지를 못한다든지, 냄새를 맡기 전에는 음식을 먹지를 않는다든지, 특정한 소리에 대하여 참지를 못한다든지 하는 등의 감각 과잉이 많았으나 지금은 거의 사라졌다. 그 이유는 첫째로 하루 생활의 대부분을 학교 생활과 아빠와의 공부등 다른 곳에 신경 쓸 시간적 여유를 주지 않는다는 것이고, 둘째는 약간의 여유 시간에 컴퓨터 게임, 만화 보기, TAPE듣기 등 나름대로의 시간을 보낼 지적 능력의 향상이며, 셋째는 매일 오락실에 가고, 주말에는 대공원에 가고 하는 등의 현실적인 욕구가 커졌기 때문에 촉각이나 청각 등에 지나친 신경이 공급될 시간적, 정신적 여유가 없기 때문이다.

정상인의 경우에도 하루종일 할 일 없이 지나치게 심심할 경우에는 좀이 쑤신다든지, 공중에 떠도는 먼지를 손으로 잡는다든지, 괜히 머리를 긁는다든지 하는 등의 이상 행동을 하는 데, 정상인이건 자폐아이건 과잉 행동이 없기 위해서는 자의적, 타의적으로 무엇인가 '할 일'이 있어야 한다는 것이다. '할일'에 지각의 신경을 쏟다 보면 다른 신경은 당연히 무디어 질 것이다.

자폐아들이 보이는 이상 행동들을 수정할 유일한 방법은 인지적, 논리적 능력을 키워서 전체적인 감각을 정상인의 감각과 같은 분포 정도로 균형을 잡아 주는 것이다.

나는 자폐아의 과잉 반응에 대한 임시방편적 방법을 반대하는데, 왜냐하면 내부적으로 좋아지지 않았음에도 불구하고 외부적으로만 변화의 모습을 보일 경우에는 자폐아의 실제 모습을 파악하는데 오히려 착각을 일으킬 수 있으며, 그렇게 되면 자폐아의 발전에 대한 그릇된 오해가 생길 수도 있기 때문이다. 피곤하고 힘들어도 본래의 모습을 기준으로 발전 정도를 체크하는 것이 올바른 것 같다.

듣고 이해하기

(1) 자폐아와 소리

상협이와 처음 같이 생활을 시작한 후 한두 달이 지나면서 깨달은 평범하면서도 심각한 문제 중의 하나는 상협이가 듣고 이해하는 능력이 없다는 것이었다.

물론 'T.V를 꺼라', '여기에 앉아', '밥 먹어라' 등의 수년 동안 계속되어진 일상적인 말 몇 마디는 듣고 이해할 수 있었으나, 일반적으로 예상하지 못했던 처음 듣는 말에 대해서는 전혀 이해하지 못했고, 따라서 적절한 대응 행동이 나올 수도 없었다.

자폐아의 경우에는 정신이 강력한 '시각의 시계'에 가 있기 때문에 정신이 현실을 인식할 수 없으며, 따라서 말을 듣고 이해하는 능력도 자연히 없을 수밖에 없었는데, 이러한 현상을 극복하기 위해서는 일단은 느낌과 인지를 강화시켜 주어야 하겠지만 듣고 이해하는 능력 역시도 자폐아의 경우에는 자연스럽게 획득할 수는 없겠다고 판단하고 듣고 이해하는 능력을 향상시키기 위해서 TAPE를 사서 들으면서 공부했다.

이후에 '듣고 이해하는' 능력에 대해서 여러 가지로 생각해 보았는데 듣고 이해하는 능력이야말로 인간이 인간다운 가장 중요한 요인이었다.

대부분의 동물과 사람은 '소리'에 대하여 예민하게 반응하는데, 동물의 경우에는 소리를 듣고 자기에 대한 위험 여부를 판단해서 개의 경우는 이상한 소리를 들으면 짖어 대고, 토끼의 경우는 소리를 들으면 도망가며, 인간의 경우는 소리를 듣고 상황을 판단하는데, 예를 들어 문소리를 들으면 누가 집에 찾아왔다고 느낄 것이며 아이 울음소리가 들리면 아기가 배가 고플 거라고 판단한다.

특히 인간은 소리뿐만이 아니라 '말'에 대해서는 귀로 듣고 이해하는 능력이 있는데 이러한 능력은 자기 의지적으로도 어찌할 수가 없어서 주변에서 들려 오는 말의 의미를 아무리 알아듣지 않으려 노력해도 자연스럽게 듣고 이해하게 되는데, 예를 들어 전철의 옆 사람이 하는 이야기를 아무리 듣지 않고 이해하지 않으려 해도 자동적으로 듣고 이해하게 된다.

물론 때로는 어떤 종류의 깊은 생각에 빠지면 옆 사람의 이야기를 듣지 못할 경우도 있는데 바로 자폐아의 경우가 이렇게 생각이 '시각의 세계'에 깊이 빠져서 옆 사람의 이야기를 들을 수 없는 상태이며 심지어는 바로 앞에서 서로 대화하는 상대방의 이야기조차 들을 수 없을 정도로 정신이 시각의 세계에 깊숙이 빠져 있는 것이다.

인간은 근본적으로 하루 24시간의 생활이라는 것이 소리와 말에 둘러 쌓여 이를 이해하고 반응하면서 살아가는데, 이러한 소리와 말에 대한 이해와 능력이 인간을 긴장시켜 주며, 인간을 인간답게 만들어 주는 중요한 요인이 된다.

그러나 자폐아의 경우에는 소리나 말의 의미를 깨달을 수 있도록 정신이 현실의 세계에 머물러 있지도 못하며, 설령 정신이 현실의 세계에 머물러 있다 해도 소리에 대한 인지 능력과 말에 대한 이해 능력을 획득하지 못했기 때문에 소리와 말의 의미를 이해할 수가 없으며 따라서 귀에 들리는 모든 소리와 말은 단지 자동차 소리나 나뭇잎 흔들리는 소리처럼 아무런 의미 없는 그냥 소리에 불과할 뿐이다.

이렇게 주변에서 들려 오는 소리와 말에 의미를 전혀 이해할 수 없는 자폐아라는 인간이 정상인처럼 행동하지 못하고 이상한 행동들을 하는 것은 어쩌면 당연한 것인지도 모르는데, 나 자신이 자폐아를 이해하기 위해서 의식적으로 아무런 소리와 말을 이해하지 못한다고 가정하고 가만히 누워서 실험을 해 보았는데, 소리와 말을 이해하지 못하는 세상은 아무런 자극이 없는 그야말로 미칠 것 같은 세상이었으며, 상협이를 빨리 이런 무감각의 세계에서 구출해야 겠다고 결심하게 되었다.

또한 자폐아에게 억지로라도 듣고 이해하는 능력을 가지게 해야 만이 이러한 능력이 자폐아에게 듣고 이해하는 현실적 자극을 계속 주어서 자폐아의 정신을 현실의 세계로 유인하게 되며, 만약에 듣고 이해하는 능력을 가지지 못한다면 자폐아는 현실적 자극을 받을 수가 없기 때문에 더욱 더 '시각의 세계'인 자폐의 세계에 깊이 빠져들 것이고 설령 시각의 세계에서 빠져나온다 해도 현실의 세상은 자폐아에게는 이해할 수 없는 혼돈인 뿐일 것이다.

이런 의미에서 보면 자폐아에게 '듣고 이해하는' 능력을 키워 주는 것이야말로 자폐아의 정신을 '시각의 세계'에서 '현실의 세계'로 유도할 수 있는 핵심적인 중요한 사항인데, 현재의 자폐아 교육의 내용을 보면 듣고 이해하는 능력을 종합적으로 키워 주는 내용이 없어서 아쉬운 생각이 들고, 또 듣고 이해하는 능력을 갖추지 못하는 한에는 자폐아 교육이 어느 정도의 한계를 벗어날 수는 없을 것 같다.

예를 들어 한국 사람이 아프리카에서 지하철을 탔을 경우, 주위에서 들려 오는 말의 의미를 이해할 수 없기 때문에 한가지 생각에 깊이 빠져들 수 있으나 한국에서 지하철을 탔을 경우는 주변 사람들의 이야기가 들려 오면 어쩔 수 없이 듣고 싶지 않아도 듣고 이해할 수밖에 없기 때문에 한가지 생각에 깊이 빠져들 수 없는 것처럼, 자폐아 역시도 듣고 이해하는 능력을 키워 줘야지만 정신이 자폐의 세계에 머물러 있지 못하고 현실의 세계로 돌아올 수 있는 것이다.

(2) 정상아의 듣고 이해하는 능력

얼마전 T.V에서 보았는데 미국의 연구가들이 어린아이들도 과연 듣고 이해하는 능력을 가지고 있는지를 TEST해 보았는데, 그 결과는 비록 2-3세의 어린아이일지라도 듣고 이해하는 능력을 가지고 있다는 것이며, 따라서 비록 말을 할 줄 모르는 2-3세의 어린아이라도 부모가 계속 아이에게 말을 해 주어야 인지 능력과 언어 능력이 좋아진다는 것이었다.

나에게도 3살된 조카가 있는데 비록 말은 못하지만 말귀는 제법 잘 알아들어서 간단한 심부름을 시키면 적절히 수행을 하는데, 이것을 보면 신기할 정도이다.

즉 정상아가 4세경 말을 할 수 있기까지는 3-4년에 걸친 말을 듣고 이해하는 과정을 거쳐야만이 입으로 말을 할 수 있다는 것이며, 따라서 자폐아의 경우에도 말을 듣고 이해하는 과정을 거쳐야지만이 스스로 자율적인 말이 나오게 되며, 그 과정도 최소한 1-2년은 되어야 한다는 것이다.

일부 자폐아의 부모들은 이러한 정상적인 아이들이 어렸을 때 경험하는 느낌, 인지의 획득 과정과 듣고 이해하는 것에 대한 과정은 생각하지 않고 무조건 아이가 말을 못해서 걱정이라고 말하는데, 내가 생각하기에는 자폐아가 이러한 느낌과 기초 인지의 획득과 듣고 이해하는 능력의 획득을 위한 적절한 교육이 이루어지지 않으면 영원히 말을 못하게 될 수도 있다.

(3) 강제적 듣기 교육

당시에 며칠 동안 과연 상협이가 느낌과 기초인지를 획득하면 자연스럽게 듣고 이해하는 능력도 획득될 것인지, 아니면 비록 느낌과 기초인지를 획득하더라도 듣고 이해하는 능력은 획득하기 어려울 지에 대해서 생각해 본 결과 후자로 판단하고 상협이에게 강제적으로라도 듣고 이해하는 능력을 교육시키기로 결정했는데 이유는 다음과 같다.

정상인의 경우에 대학생이나 직장에 다니면 가끔씩 영어 TOEIC 시험을 보게 되는데, 문법이나 문장을 읽고 답을 골라내는 부분은 천천히 해도 되고, 잘 모르겠으면 다시 읽어봐도 되기 때문에 그래도 쉬운 편이지만 HEARING부분에서는 상황이 달라진다.

이해하지 못하는 영어를 듣는 자체가 혼란스러우며, 가끔씩 알아들을 수 있는 단어 한두 마디를 듣고 생각하는 순간 테이프는 벌써 앞의 문장으로 넘어가 있어서, 예를 들면 APPLE이라는 단어 한 마디를 알아들었을 경우 도대체 사과를 먹었다는 건지, 사과를 샀다는 건지, 사과를 심었다는 건지 답답한데 그렇다고 다시

들을 수도 없어서 화가 날 지경이다.

  HEARING의 경우 심지어는 도대체 몇 번 문제를 하는지조차도 모를 경우도 있는데, 어떤 직장 동료는 HEARING TEST를 하고 난 후에 말하기를 '정신 고문을 당하니까 머리가 깨지는 것 같다'라고 얘기할 정도였다.

  만약에 미국 사람이었다면 7, 8세 정도만 되어도 쉽게 듣고 풀 수 있는 영어 HEARING이 한국의 성인에게는 정신 고문이라는 표현이 적절한 정도로 어려운데, 그 이유는 한국 사람의 경우 1차적으로 어렸을 때부터 자연스럽게 획득한 언어가 영어가 아니고 한국어이기 때문이며, 자폐아의 경우도 역시 1차적으로 자연스럽게 획득한 언어가 없기 때문에 자폐아가 한국말을 듣고 이해하는 것은 비록 어느 정도 인지 교육이 확립되었다 하여도 마치 한국의 성인이 영어를 들으며 어려워하는 것과 같을 것이다.

  나 역시도 영어를 어느 정도는 할 수 있어서 간단한 원서의 경우에 사전만 있으면 읽고 이해할 수 있지만 HEARING과 SPEAKING은 약해서 만약에 미국 사람이 엘리베이터에서 몇 층까지 올라 가냐고 묻는다면 듣고 이해하기도 어려울뿐더러 설령 듣고 이해했다 해도 대답을 못해서 쩔쩔 맬 것 같으며, 그 이유는 듣는 것과 말하는 것은 습관적인 면이 강한데 나 같은 경우는 영어를 주로 책으로만 공부했고 듣고 말하는 것은 별로 하지 않았기 때문이며, 또 하루에 영어를 접하는 시간이 1-2시간 정도여서 큰 발전을 이루지 못했는데, 만약에 내가 미국에서 1년 정도 생활하였다면 영어를 훨씬 잘 말하고 들을 수 있을 것이다.

자폐아 역시도 하루 중에 정신이 현실의 세계에 있는 시간은 많아야 2-3시간에 불과하기 때문에 언어를 접할 시간이 적을뿐더러 비록 책에 의한 문자로의 언어 이해는 할 수 있다 해도 듣고 말하는 것은 문자를 읽고 이해하는 것과는 달리 '동시 동작'의 빠른 이해를 필요로 하기 때문에 정상아와는 달리 강화된 훈련 과정을 거쳐야만이 능력을 향상시킬 수 있다.

만약에 자폐아가 듣고 이해하는 능력을 획득하지 못한다면 자폐아의 정신을 시각의 세계에서 현실의 세계로 이끌 수 있는 방법은 때리는 것과 같은 육체적 충격을 가하는 방법밖에 없으며, 굳이 자폐아에게 육체적 충격을 주기를 거부한다면 자폐아의 정신을 현실의 세계로 돌려놓을 방법은 없게 된다.

그런데 상협이의 듣기 훈련 과정에서 느낄 수 있었던 것은 마치 한국 사람이 영어를 들을 때 느끼는 스트레스를 상협이가 한국말을 들으면서 느낀다는 것이었다.

하나의 문장에 대해서 내용을 설명해 준 다음 책을 덮고 TAPE로 들은 후에 들은 내용을 말하는 것이었는데, 처음에는 상협이가 눈물을 흘리고 괴성을 지르며 이 '의미를 이해하고 듣고 외워서' 말하는 것에 대해서 완강히 거부했다.

그냥 책만을 읽을 때에는 의미를 몰라도 그냥 읽기만 하면 되니까 별다른 정신적 스트레스를 받지 않았었으나, 듣고 나서 들은 내용을 말하기 위해서는 들은 내용에 대한 이해를 머리 속에 기억하고 있어야 하는데 생전 처음으로 경험하는 이러한 이해하고 듣기 위해서 정신을 듣는 것에 집중해야 하는 상황에 대해서 심한 거부감을 나타냈던 것이다.

이후에 시간이 지나면서 조금씩 발전해서 지금은 어느 정도의 문장을 듣고 따라 하는 것에 대해서는 익숙해졌지만, 지금도 자기가 알아듣기에 어렵거나 이해할 수 없는 질문을 하려고 하면 '아빠, 머리가 아파요, 그만하세요'라고 소리지르며 아예 내 입을 손으로 막아 버릴 때가 있다.

상협이와 같이 TAPE로 듣는 교육을 하면서 느낀 것은 우리 나라에 자폐아에게 적절히 듣고 이해하는 능력을 키워 줄 TAPE가 없다는 것인데, 사실 현실적으로 TAPE없이 부모의 목소리만으로 몇 시간씩 듣는 교육을 시키기에는 목이 아프고 부어 올라서 효과적으로 교육시킬 수 없다.

(4) 동화 TAPE

97년 겨울, 그러니까 기초 개념 교육과 듣는 교육을 서너달 집중적으로 실시한 후부터는 동화 TAPE를 듣는 시간을 하루에 1-2시간씩 가졌다.

상협이에게는 눈으로 보고 읽는 교육이 아닌 귀로 듣고 이해하는 교육이 절실했기 때문에 동화책을 보지 않고 귀로만 들으면서 한 구절씩 따라 하는 교육이었다. 계속 듣고 따라 하기만 하면 전후의 내용의 이해를 못하기 때문에 틈틈이 몇 줄 앞의 내용이나 몇 장 앞의 내용을 확인하여 전체적인 내용의 흐름을 이해하면서 들을 수 있도록 조금씩 주의하면서 듣고 이해하는 훈련을 했으며, 필요에 따라서는 동화책의 내용에 대한 적절한 동작이나 표정을 함께 해 보는 등의 교육도 했었다. 70권 정도의 동화책은 한쪽은 글이 쓰여져 있고 다른 한쪽은 그림이 그려져 있는데 상협이는 이미 과거에 동화책을 많이 보았었는데, 과거에는 동화책의 내용을 파악하면서 본 것이 아니었고 단순히 그림에 심취해 있었고, 내가 책을 보여주지 않고 듣기만 했음에도 불구하고 듣는 것보다는 듣는 곳에 있는 그림을 상상하는 일에 더욱 열중했다. 때로는 그림을 확인하려고 고집을 부리기도 했었다.

그래도 그림이 복잡한 글의 내용을 설명해 주는 효과도 있기 때문에 궁금해 할 때는 조금씩 그림을 보여주기도 했었다. (그림에 대해 한가지 말한다면 대부분의 그림이 너무 강렬한 색깔과 선으로 무섭게 그려져 있다는 것이다. 그림을 현실로 느끼는 자폐아에게는 그림의 세상이 '부드럽고 편안한' 세상이라기 보다는 '무섭고 두려운' 세상으로 느껴질 것이라는 것이다. 지금도 상협이는 특히 무섭다고 느끼는 그림을 볼 때는 한 번에 펴서 보지를 않고 페이지를 조금씩 열면서 조심스럽게 보고 특히 눈 부분은 손가락으로 가리고서 그림을 본다.)

동화 TAPE를 들었던 이유를 다음의 네 가지로 설명해 보겠다.

첫째는 그 동안 배운 기초 개념들의 실제의 글에서 어떻게 응용되었는지를 가르치기 위해서였다. 전에 상협이가 읽었던 동화책은 내용은 모르고 단지 글자만 읽은 것에 지나지 않았다면 지금부터 듣고 이해하는 동화책은 문장의 뜻을 이해하고 내용을 상상하면서 느낄 수 있도록 했다.

예를 들어 '토끼가 거북이의 옆으로 다가왔습니다.'라는 문장이 있으면 실제로 내가 서서 상협이에게 옆으로 다가오라고 지시를 해서 적절한 곳에 서도록 함으로써 소위 말하는 '시청각 교육'적 방법으로 이해를 시켰다. 문장을 듣고 의미를 파악할 수 있는 능력의 향상은 '자폐탈출'에 있어서 중요한 요인이다.

둘째는 내용에 따른 적절한 어미 변화의 이해 및 구사 능력의 향상이다. 기초 인지의 경우는 어느 정도의 설명으로 이해가 가능하지만 어미 변화의 경우에는 적절히 설명할 방법도 불가능하고 단지 전체적인 의미 파악에 따른 계속적인 반복 작업으로 무의식적으로 활용이 가능할 때까지 계속 들려주고 이해시키는 방법밖에는 없었다. '하면', '해서', '했지만', '하니까', '하고서', '할까', '했기 때문에' 등의 어미 변화는 특히 사람들끼리 대화하는 '구어체'를 사용하기 위해서 필수적인데, 자폐아들이 구어체인 대화를 못하는 이유 중의 하나는 어미 변화를 할 수 없기 때문에 적절한 문장의 이음과 끝을 연결시켜 주지 못하기 때문에 회화적인 언어에 능력도 없고 자신도 없는 것 같다. 반면에 책을 이해하는 등의 문어체를 이해하기 위해서는 어미 변화에 완전한 능동적 이해가 없어도 대강의 대체적인 이해는 가능하기 때문에 문어체의 이해가 가능하다.

이러한 완전한 어미 변화의 활용은 자폐아에게는 이해하기도 어렵고 무의식적으로 숙지하기에도 어렵기 때문에 어지간한 노력 없이는 평생 어미 변화를 이해하지 못하고, 따라서 적절한 대화도 불가능한 상태가 될 것 같다.

상협이의 경우에도 내가 제법 열심히 가르쳤음에도 불구하고 학습지에서 적절한 어미 변화를 써넣는 것은 거의 정확히 하지만 실제로의 대화에 있어서는 적절한 어미의 사용에 실패하는 경우가 많이 있는데, 이 정도의 수준으로 또래 집단에서 적절한 대화는 이끌어 가는 것은 불가능하다.

이러한 어미 변화를 극복하기 위해서는 계속 들려주고, 이해하게 만들고, 적절하게 표현하도록 훈련하는 방법이 유일한 방법이자 최선의 방법이다.

셋째는 감정의 이해 및 논리화이다.

특수 교육 교재에서는 기초인지는 충실히 가르칠 수 있지만 인간의 감정을 표현하는 단어들은 별로 없다. 또 사람마다 감정을 느끼는 상황이 다르기 때문에 일방적으로 어떤 경우에는 어떤 느낌을 가져야 한다고 규정할 수도 없는 노릇이다. 따라서 느낌과 감정은 책에서도 교육받기 어렵고 오직 부모를 통해서 각각의 아이의 성격과 느낌에 맞도록 교육되어야 한다. 그래도 객관적으로 비슷하게 느끼는 공통적인 것에 대한 기본적 느낌은 가지도록 해야 하는데 동화를 통해서 이런 기본적인 부분 및 단어들에 대해서는 꼭 '왜'라는 질문을 던져서 확실한 이유를 깨닫도록 했다. 예를 들어 거북이가 기뻐했다면 '왜 거북이가 기뻐했는지'를 질문하고, 톰이 슬프게 울었다면 '왜 슬프게 울었는지'를 질문하는 등 동화 TAPE를 한시간을 들으면서 감각적인 표현에 대한 질문을 수십번을 했는데, 물론 처음에는 전혀 엉뚱한 대답을 하여 기본적인 감정인지가 전혀 없음을 실감했는데, 서너달 계속적인 질문 및 설명이 이어지자 제법 정확히 이유를 대답하기 시작했는데 반은 약간의 느낌을 갖고 대답하는 것 같았고, 반은 외워서 대답하는 것 같았다. 어쨌거나 상황에 적절한 느낌을 갖는 것은 '사회성'의 확대를 위해서는 중요한 것이고 특히 얼굴의 표정이 과거의 멍했던 표정에서 벗어나고 정상인들처럼 다양한 표정을 가지는 밝은 표정이 되고 눈동자도 감정 인지의 확대에 따라 초점을 맞추는 시간이 늘어나는 효과도 있다.

넷째는 전체적인 줄거리 파악이다.

단편적인 기초 인지들을 여러 개 모아서 하나의 사건의 내용을 전체적으로 이해하기 위해서 줄거리가 있는 동화책을 들었으며, 이 부분 역시도 TAPE를 듣는 도중 수시로 바로 앞의 내용이나 처음 부분의 내용을 자꾸 질문함으로써 처음에서 끝까지 일관성 있는 줄거리를 파악하도록 했는데, 처음에는 바로 앞의 내용도 파악하지 못하였으나 두 세달이 지나 면서는 조금씩 앞의 내용과의 연결 작업이 이루어졌다.

그러나 문제는 앞에서도 이야기 한 바와 같이 단순히 동화책의 느낌이나 내용을 이해한 것이지, 이것이 실생활의 느낌과 내용 이해로까지 연결이 되지 않는다는 것이다.

이는 개선이 불가능하다기 보다는 선천적인 '시각 우선 성향'으로 현실의 복잡한 논리적 세계보다는 편안하고 즐거운 시각적 세계에 안주하려는 성향과, 어렸을 때부터 몇 년 동안 잃어버린 시간에의 복구가 얼마나 어려운지를 잘 설명해 주는 것이다.

아마 100% 회복은 안 되고 30%, 50% 혹은 70%의 회복 정도로 노력에 따른 결과가 나올 것 같다.

자폐아의 이상 행동 원인

자폐아들이 일반적으로 보이는 이상행동들에 대한 원인을 상협이가 보여주었던 구체적 행동들을 기준으로 유형화시켜 보면 다음과 같다.

	심취 행동	원인
1	• TV 광고, 비디오, 전자오락 • 길거리 광고판 • 빨리 달리는 자동차 • 빙빙돌아가는것 • 반짝반짝 빛나는 불빛 등	• 시각 우선자의 원초적인 시각적 쾌감을 자극
2	• 침대에서 뛰기 • 높은 곳 올라가서 뛰어내리기 • 정신없이 뛰어다니기 등	• 시각우선자의 불균형적 • 운동감각의 자극에서 오는 쾌감
3	• 어머니의 머리냄새 맡기 • '콩', 우당탕' 등의 소리나 특정음악 소리 • 고기등의 육류 등	• 시각우선자의 불균형적 과잉 후각 • 청각, 미각등에 대한 단순한 집착적 쾌감등

4	· 누워 있기 · 허공을 바라보며 눈의 초점을 잃음 · 책상에 가만히 앉아있기 등	· 시각의 세계에 정신이 사로잡힌 상태에서 오는 무기력증 · 시각에 세계에서 빠져나왔으나 느낌, 인지의 부족에서 오는 무감각
5	· 자동차 일렬로 세우기 · 팔이나 다리 돌리기 · 기타 단순행동의 반복 등	· 시각의 세계에 정신이 사로잡힌 상태에서의 단순행위 반복
6	· 마귀 할머니의 그림 · 이상한 표정을 하고 있는 인형그림 · 기타 무섭거나 날카로운 눈빛을 하고 있는 사람의 그림 등	· 시각우선자의 원초적인 시각적 불쾌감을 자극하는 것에서 나오는 무서움
7	· 할아버지 냄새 · 아기 우는 소리 · 오이의 맛 · 꺼칠꺼칠한 옷의 느낌 등	· 인지가 없는 상태에서의 불균형적 과잉 후각, 청각, 미각, 촉각등의 느낌에서 오는 불쾌감이나 거부감이 지나치게 강한 외부적 행동으로 표출
8	· 갑자기 혼자서 웃음 터트리기 · 갑자기 혼자서 울기 등	· 시각의 세계로 정신이 집중되어 단순한 시각적 쾌, 불쾌감을 머리속에 떠올리며 웃거나 울기 · 느낌, 인지의 획득후 현실이 아닌 동화등의 생각을 혼자서 머리속에 떠올려서 내용을 생각하며 혼자서 웃거나 울기
9	· 혼자서 중얼거리는 혼자소리	· 단순한 시각적 영상을 떠올리며 시적 쾌감을 즐기기 위해 영상에 포함된 소리를 함 · 느낌, 인지의 획득후 현실이 아닌 동화나 만화 등에 정신이 심취되어 그 내용을 생각하며 줄거리를 혼자 소리로 따라함
10	· 물 흐르는 소리를 듣고 무서워함	· 물 흐르는 소리를 들으면 호두깍기 인형이 하수구로 떠내려가는 생각이 나서, 즉 청각이 시각적 영상을 떠올리게되서 무서워함
11	· 바구니를 보고 무서워함 · 나뭇가지를 보고 무서워함 · 맥주선전을 보고 무서워함	· 바구니를 보면 '콩쥐팥쥐'가 생각나 무섭고 나뭇가지를 보면 '열두노인이야기'가 생각나서 무서우며, 맥주선전 광고를 보면 보물선이 생각나서 무서운데, 즉 현실의 물건이나 그림 자체가 무서운 것이 아니고 그것들이 동화 등의 영상그림을 떠올리게 해서 무서움을 느낌

1) 1에서 느끼는 시각적 쾌감은 자폐아가 시각우선자인 한에는 쉽게 없어지지 않고 상당기간 오래가는 필연적인 현상이다.

2) 2, 3, 7은 자폐아가 느낌, 인지의 획득이 되지 못한 이유로 여러 가지 감각이 지나치게 예민한 과잉반응을 보이기 때문에 일어나는 현상인데, 이러한 불안정한 감각을 계속 가지고 있으면 학교생활등의 사회생활이 어려워진다.

예를 들어 7의 경우 학교에서 일어날 수 있는 이상한 냄새, 시끄러운 소리, 선생님의 지시등의 자폐아에게 감각적인 불쾌감을 주는 상황에 대하여 이를 참을 수 있는 인지와 느낌의 힘이 없기 때문에 괴성을 지르거나 도망가는 등의 과잉행동이 나오게 되고, 이로 인해 정상적인 학교생활에 어려움이 따르게 된다.

내가 앞에서 자폐아가 학교생활을 정상적으로 유지하려면 약 10,000시간 정도의 교육시간이 필요하다고 했는데 그 이유는 자폐아가 10,000시간 정도의 교육이 실시되면 어느정도 기초인지와 느낌이 강화되어서 감각상의 과잉현상이 많이 줄어들게 되며, 따라서 감각상의 불쾌감에서 나오는 과잉행동들이 많이 줄들게 되며, 또한 참을 수 있는 인지와 느낌의 힘도 강화되어서 어느정도는 사회적으로 적절한 행동이 나오기 때문이다.

3) 4의 행동은 주로 나이를 먹으면서 시각우선성향이 약화되는데, 이때 정신적으로 이를 대신 보충할 인지와 느낌이 준비되지 않은 경우에 뇌의 공백상태에서 일어나는 현상이며, 자폐아에게

어렸을 때 철저한 인지와 느낌의 교육이 이루어지지 않으면 자폐아가 10대 중반 이후가 될 때 필연적으로 일어나는 현상이다.

4) 5의 단순반복 행동은 자폐아의 정신과 행동이 일치하지 않기 때문에 일어나는 현상인데, 대부분의 자폐아가 정신은 시각의 세계에 깊이 빠진 상태에서 몸만 움직이기 때문에 필연적으로 단순반복행동이 계속되는 것인다. 어른의 경우에도 깊은 생각에 잠겨서 담배를 피우거나 시험을 보면서 손으로 볼펜을 무의식적으로 돌릴 경우에는 담배를 몇 가치나 피웠는지나 볼펜을 몇번이나 돌렸는지는 모르며 단지 담배를 피우거나 볼펜을 손으로 돌리는 등의 단순반복 행동이 계속되는 것과 비슷하다

자폐아의 이런 행동을 수정하기 위해서는 첫째로 저폐아가 어떤 단순반복 행동을 계속할 경우에 그 행동에 정신을 집중시키도록 유도함으로서 다양하고 창조적인 행동이 나올 수 있으며, 둘째는 기초개념의 확충을 통한 비교개념과 상대적 개념을 심어줌으로서 단순행동의 탈피가 가능하다.

5) 6의 행동은 자폐아가 그림의 세계와 현실의 세계를 구별하지 못하는 이유로 나오는 행동인데, 정상아의 경우에는 4-5세경에 약간 이러한 느낌을 가지다가 성장하면서 현실의 인지와 함께 곧 없어지지만 자폐아의 경우에는 계속적으로 현실의 인지가 어렵기 때문에 이러한 현상이 상당기간 계속되며, 이러한 현상을 없애기 위해서는 자폐아의 정신을 지속적으로 현실의 세계에 집중시

켜서 현실의 인지능력을 키워야 한다.

6) 8과9의 행동은 자폐아의 초기에는 단순한 시각적 영상을 떠올리거나 혹은 이러한 시각적 영상에 자기를 일치시켜서 심취된 상황에서 나오는 행동이며, 이후에 어느 정도 인지와 느낌과 감정을 획득해도 자폐아의 정신은 계속 책이나 만화등의 비현실적인 것에 심취되기 때문에 이러한 인지와 느낌과 감정을 기초로 하는 논리적인 비현실을 생각하며 상당기간 혼자서 웃거나, 울거나, 혼자소리를 하는 현상은 계속된다.

다만 과거의 단순한 소리를 따라하는 것이 아니고 이제는 이해할 수 있는 비현실의 언어를 따라하기 때문에 과거에 비하면 발전된 모습인데 이러한 현상이 완전히 없어지려면 자폐아가 스스로 정신을 계속적으로 현실의 세계를 주시하면서 어느정도 사회성을 획득해야 하기 때문에 제법 오랜 시간이 걸릴 것이다.

상협이의 경우 학교생활에 별다른 어려움은 없지만 가끔씩 수업시간에 혼잣소리를 하는 경우가 있는 것이 상협이가 정상아와 다른 점인데, 수업시간에 혼자서 비현실의 세계에 빠져서 예를 들면 안중근이 이토오를 총으로 저격하는 상황을 생각하며 갑자기 '빵빵빵'하면서 총쏘는 소리를 내거나 하는데 나로서도 현재는 이러한 현상을 막을 단기적인 방법은 없으며 다만 장기적으로 계속 현실의 이해를 통한 정신의 현실세계 집중시간을 늘려가는 방법이 최선인 것 같다.

7) 10과 11의 경우 눈으로 보거나 귀로 들은 자체가 자폐아에게 감각적 자극을 주는 것이 아니고, 그러한 시각적이나 청각적인 자극이 시각우선자의 영상과 관련된 부분이 있어서 그 영상을 떠올림으로써 쾌감이나 불쾌감을 느끼는, 즉 2차적인 반응이기 때문에 자폐아가 직접 말을 하지 않는 한에는 도대체 어떤 이유로 이상반응을 보이는지 알기가 어렵다.

이러한 행동 역시도 현실에 대한 인지가 부족해서 나오는 현상인데, 예를 들어 물이 흐르는 소리는 수도꼭지를 열어놨기 때문이며 나뭇가지가 앙상한 것은 겨울에 나뭇잎이 떨어져서 그렇다는 등의 현실상황에 대한 인지가 강화되어야지만 이런 행동이 줄어든다.

II.
자폐아교육에서 중요한 사항들

살아있는 느낌의 교육

자폐아에게 하루 8시간 이상의 현실의 세계를 의식하는 정신상태를 유지하도록 관리한다는 것은 부모로서는 매우 힘든 일인데, 사실 자폐아에 대해서 아무리 일상생활에 대한 간섭과 인지의 시간을 계속해도 3시간 이상은 되기 어려우며 나머지 5시간정도는 책이나 TAPE등에 의지하는 교육이 될 수 밖에 없다.

그런데 이렇게 책이나 TAPE로 공부하는 내용도 크게 둘로 나누어 보면 '살아있는'느낌의 교육'과 '죽어있는 교육'으로 나눌 수 있으며, 교육시 필히 살아있는 느낌의 교육이 되도록 해야 한다.

먼저 죽어있는 교육의 내용이 어떤 것인지 살펴보면

① 글쓰기와 글읽기

② 숫자, 문장등의 외우기

③ 덧셈, 뺄셈등의 단순계산

④ 자세교정 등 행동수정

⑤ 음악, 미술 운동등의 단순한 기능교육

⑥ 일정한 틀에 박힌 행동의 계속적 반복

⑦ 자폐아가 이해하지 못하는 높은 수준의 교육등

물론 이러한 위의 것들이 전혀 필요치 않은 것은 아니고 자폐아가 발전함에 따라서는 어느 정도는 필요한 것들이기는 하다.

그렇지만 이러한 것들이 이루어지기 전에 먼저 이루어져야 할 자폐아에게 중요한 것들이 교육되지 않은 상태에서 위의 것들이 교육된다면 사상누각에 불과하기 때문에 먼저 '살아있는 느낌의 교육'이 시행되어야 하는데, 그 예를 살펴보면

(1) 단순한 글쓰기와 글읽기등의 교육은 교육자로서는 편할지 몰라도 자폐아로서는 내용의 뜻도 모르는 것을 아무리 쓰고 읽어봤자 단순히 글자를 쓰고 읽는다는 의미 이상의 것은 없다.

예를 들어서 '호랑이가 토끼를 꽉 깨물었습니다'라는 문장의 의미를 자폐아는 모르는 상태에서 열번씩 읽고 쓰게 하는 것보다는 실제로 교육자가 자폐아의 팔을 깨무는 등의 행동을 통해서 '꽉 깨물었다'라는 의미를 알게 함과 동시에 호랑이가 배가 고파서 잡아먹을려고 꽉 깨물었다는 것과, 토끼는 깨물려서 아프고 불쌍하다는 것을 실제로 느끼게 해 주는 교육이 필요하다.

(2) 숫자나 문장을 외우는 것은 자폐아의 시각 특성상 오히려 정상아보다 더 뛰어난 능력이 있으므로 자폐아를 논리우선자로 바꾸기 위해서는 별다른 가치는 없는 것이고, 오히려 외우지는 못해도 다양한 응용력을 가질 수 있는 방향으로 교육이 이루어져서 예를 들면 숫자를 외우는 것보다는 '맛이 있으니까 하나를 더 먹겠다'는 개념을 가지도록 하는 교육이 더 효과적이다.

(3) 대부분의 자폐아가 저능아는 아니기 때문에 어느정도 기초적인 교육이 되면 3+2, 5-3등의 단순계산은 할 수 있는데 사실 이러한 단순계산보다는 '나비가 3마리 있었는데 2마리가 더 나와서 5마리가 되었다'거나 '나비가 5마리 있었는데 3마리가 날아가서 2마리만 남았다'는 등의 언어화된 논리적 사고를 이해하고 말할 수 있도록 교육시켜야지만 진정으로 이해했다고 볼 수 있는데, 사실 자폐아가 이러한 것들을 이해하고 말하기까지에는 단순한 숫자문제들을 가르치는 것보다 훨씬 어려워서, 나의 경우에는 처음 3개월은 문장을 이해하는데 중점을 둬서 가르쳤고 후반 3개월은 질문의 내용을 학습지를 보지 않고 생각해서 말하도록 하는 교육을 실시했는데 어느정도 효과가 있어서 나중에는 문제의 내용을 읽은 후에 책을 보지 않고 스스로 문제의 내용을 논리적으로 말할 수 있게 되었고, 즉 수학을 이용해서 논리적 언어 표현 방법을 가르친 것이다.

(4) 상협이가 자폐아 특유의 이상행동을 하는 것을 보면서 단기적으로 그런 행위를 막을 방법이 없다고 생각되었으며, 불안정한 행동 역시도 단기적으로는 수정이 불가능하다고 판단되어 장기적인 차원에서의 수정작업을 실시하였는데, 예를 들어 방바닥에 머리를 박는 등의 자해행위를 할 때는 '머리를 박으니까 아프니, 안 아프니'라고 질문하여 아프다는 느낌을 가지도록 유도하고, 자해행위가 끝난 후에도 몇 번 계속하여 이런 질문을 함으로서 아프다는 느낌을 계속 강화시켜 주었고, 땅바닥에 드러누웠을 경우에는 더러운 옷을 보여주어서 땅바닥에 드러누우니까 옷이 더러워졌다는 것을 느끼도록 하고, 얼굴이 더러워졌을 경우에는 거울 앞에 데리고 가서 얼굴을 보게 함으로서 세수를 하지 않아서 얼굴이 더러워졌다는 것을 알도록 해 주고, 침대에서 계속 뛸 경우에는 별로 과자를 사 주지 않는 등 자기 행동에 대한 스스로의 느낌을 가질 수 있도록 하는 것에 중점을 두고 꾸준히 계속 간섭해 주었는데, 다행히도 상협이는 스스로의 느낌을 점점 가지게 되었고, 나중에는 별다른 행동수정을 해주지 않아도 자기 스스로 느껴서 합리적인 행동을 할 수 있게 되었다.

(5) 정상인이 생각하기에는 자폐아에게 미술이나 음악등의 예술활동을 시킬 경우 이러한 예술활동이 자폐아의 잠재적인 인간성을 자극시켜서 효과가 있을 거라고 생각하지만, 내 생각은 달라

서 자폐아는 기본적으로 예술의 내용을 이해할 능력이 없기 때문에 아무리 예술교육을 시켜도 단순한 기능을 획득하는 이상의 발전으로 이어질 가능성은 별로 없는 것 같다.

물론 예술교육을 시킬 경우 차분해지는 등의 효과를 얻을 수 있고, 예술활동을 하는 동안은 자폐의 세계에서 정신이 빠져나오기 때문에 하지 않는 것보다는 하는 것이 낫겠지만, 그렇다고 예술활동을 이해하는 능력은 없기 때문에 그 이상의 무엇인가를 얻을 수는 없다는 것이다.

다만 예술활동을 시켜서 효과를 얻기 위해서는 사전에 어느 정도 '아름다움'에 대한 개념을 먼저 이해할 수 있도록 해 주고난 후에 교육시킨다면 '아름다움'에 대한 개념을 구체화하는 효과는 얻을 수 있을 것이다.

운동의 경우에도 사전에 자기 몸 각 부분에 대한 인지를 하게 한 후에 특정운동을 시키는 것이 효과적이지, 특정운동만을 먼저 실시할 경우에는 몸놀림에 의한 운동 이상의 특별한 가치를 얻을 수는 없으며, 자기 몸에 대한 인지와 다양한 몸놀림을 위해서는 다양한 종류의 공놀이가 제일 좋은 것 같다.

(6) 자폐아에게 특정한 행위를 계속 시키는 것은 비록 그 행위가 사회적으로 적절하고 편안한 행동이라 해도 그 행위의 의미를 하나로 고착시키기 때문에 별로 바람직하지 않은데, 예를 들어 아

침에 출근하는 아버지를 보면서 '안녕히 다녀오세요'라고 인사하는 행동을 계속 가르치면 그러한 행동을 할 수 있겠지만 계속 꼭 두각시처럼 반복적으로 똑같은 행동만 하는 것은 바람직하지 않으며, 차라리 아침마다 아버지에게 자기가 좋아하는 여러 종류의 것들을 매일 다른 것으로 하나씩 사오라고 얘기하도록 해 주는 것이 자폐아에게는 여러 가지 생각을 해 줄 기회를 부여하는 것이기 때문에 더욱 바람직하다.

밥을 먹을 때도 꼭 식탁에서만 먹도록 할 필요는 없어서 T.V를 보고 싶을 때는 T.V앞에서 밥을 먹도록 해 주며, 모자를 쓸 때는 꼭 앞으로만 쓰도록 할 것이 아니고, 옆이나 뒤로도 모자를 쓰도록 하고 거울을 보여줌으로써 다양성에 대한 인지를 갖도록 해 주어야 한다.

위에서 예시한 몇가지 이외에도 생활전반에 걸쳐서 다양한 여러 가지의 것들을 경험하게 해 주면 자폐아는 전보다 유연한 모습을 보일 수 있다.

(7) 자기 자식에 대한 과시욕으로 남달리 특별한 것이나 어려운 것들을 교육시키는 경우가 있는데, 이것은 자폐아를 위해서라기 보다는 자식을 통한 부모의 욕심을 채우는 것 이상의 가치는 없다.

원래 자폐아에게 진정으로 필요한 교육이라는 것이 평범한 생할을 통해서 느껴지는 상식적인 것 이상의 교육은 아니며, 그 이상의 것들은 자폐아가 자폐상태를 탈출한 이후에나 생각해 볼 것들인데 사실 자폐아가 자폐상태를 탈출하는 것만으로도 큰 의미가 있는 것이기 때문에 그 이상의 것들은 지금 생각해 보았자 오히려 자폐아에게 피해만 줄 수 있다.

내가 굳이 '살아있는 느낌의 교육'과 '죽어있는 교육'이라는 과격한 말로 구분한 이유는 실제로 자폐아의 부모들 중에서 죽은 교육을 실시하는 부모를 몇 번 보아서 안타까웠지만 그렇다고 해서 남의 일에 내가 이래라 저래라 할 수는 없어서 걱정스러움을 느꼈기 때문이다.

사실 어떤 교육이 좋은 교육이고 어떤 교육이 좋지 않은 교육인지에 대해서 나 자신이 책임을 지고 이야기할 정도는 아니기 때문에 조심스러운 마음도 있으나, 그렇다고 입을 다물고 피해버리는 것도 용기있는 행동이 아니며 자폐아의 발전을 위해서도 비록 불완전한 논리이지만 그래도 나의 의견을 적어보는 것이 바람직하다고 판단해서 적어 보았다.

내가 피력한 의견이 꼭 100% 맞는다는 보장은 없지만 그래도 상협이와의 생활을 통해서는 실제로 검증된 사항들이기 때문에 완전히 틀린 것은 아닌 것 같으며, 읽으시는 분께서 적절히 판단을 해 주시기를 바란다.

느낌과 감정의 중요성

  상협이가 6, 7세경에 언어 치료실에 다닌 적이 있었는데, 나도 그곳에 두세번 가 본적이 있었고, 교육하는 내용을 잠깐 본적이 있었다.

  그 당시 선생님은 여러 가지 그림을 상협이에게 보여주며 적절한 이름을 말하게 하는 것이었는데 예를 들면 '호랑이', '냉장고', '축구공' 등이었고, 나는 별다른 생각없이 그냥 '교육은 이렇게 하는구나'라고 생각하며 지나쳤다.

  그 당시에는 나는 직장생활을 하고 있었던 까닭에, 자폐현상의 근본적인 원인에 대해서 알 수 없었고, 다만 '전문가들이 잘 알아서 교육하겠지'라는 방관적 자세일 수밖에 없었다.

  그러나 상협이와 같이 생활하면서부터 자폐아에 대한 적절하지 못한 교육방법에 대한 생각을 많이 하게 되었다.

그리고 자폐아에게 호랑이, 토끼, 냉장고, 인형, 설탕, 고추장등의 명사를 가르치는 것은 어리섞은 교육방법이라고 진단을 했다.

정상인에 있어서 명사를 안다는 것은 단순히 그 명사를 안다는 것이 아니고, 그 명사의 속에 있는 '성질'을 안다는 것을 의미한다.

정상인이 호랑이, 토끼, 냉장고, 설탕, 고추장을 안다는 것은 다시 말하면 무섭다, 귀엽다, 차다, 예쁘다, 달다, 맵다등의 느낌의 인지를 안다는 것을 의미한다.

만약 정상인에게 식물 이름 10가지를 불러준 후 외워서 다시 말해보라고 하면 아마 거의 말할 수 있을 것인데, 왜냐하면 단순히 외워서 기억하는 것이 아니고 각각의 식물이 가지고 있는 의미와 느낌을 연상해서 기억하기 때문이다.

예를 들면 예쁜 꽃, 봄에 피는 꽃, 꽃이 없는 나무, 내가 싫어하는 나무, 친구가 좋아하는 나무, 노란 꽃, 가시가 있는 꽃등 각각의 식물이 가지는 여러 가지 의미를 인식함으로서 10가지의 나무의 이름을 기억할 수 있는 것이다.

만약에 생전 처음 들어 본 이상한 별의 이름 10가지를 불러주고 나서 외워 보라고 하면 정상인 역시도 각각의 별의 이름에 대한 아무런 인지와 느낌이 없기 때문에 도저히 외울 수 없을 것이다.

자폐아에 있어서 나무 이름 10개는 마치 정상인이 별의 이름 10개를 처음 들었을 때와 비슷해서 도대체 아무런 인지와 느낌이 없이 그냥 황당할 뿐일 것이다.

그렇다면 자폐아에게 과연 호랑이를 먼저 가르쳐야 할 것인지, 무섭다는 느낌을 먼저 가르쳐야 할 것인지, 혹은 설탕을 먼저 가르쳐야 할 것인지, 달다는 맛의 느낌을 먼저 가르쳐야 할 것인지는 자명해진다.

8살된 자폐아와 20개월된 아이 중에서, 20개월된 아이가 8살된 자폐아보다 났다고 평가되는 것은 그 아이가 명사를 많이 알아서가 아니고, 상황에 맞는 적절한 느낌을 가지고 있기 때문이다. 아픈 느낌, 배고픈 느낌, 축축한 느낌, 추운 느낌, 무서운 느낌등을 적절히 인지하고 울음으로 대응할 줄 알기 때문에 자폐아보다 낫다는 평가를 하는 것이다.

불을 가르치기 전에 먼저 뜨겁다는 느낌을 먼저 가르쳐야 하고, 냉장고를 가르치기 전에 먼저 차갑다는 느낌을 먼저 가르쳐야 하고, 코끼리를 가르치기 전에 먼저 길다는 느낌과 크다는 느낌을 먼저 가르쳐야 한다.

이러한 느낌교육에 대해서 애엄마가 5세경부터 나름대로 상협이를 데리고 여러 가지의 현장교육을 실시하여 왔으며, 사실 나로서도 처음에는 '현실의 교육'에 중점을 두려고 생각하였으나, 상협이의 경우 산, 바다, 동물원 등 어디를 가도 정신이 흩트려져서 효율적인 교육을 할 수 없었고, 또 엄마가 아닌 아빠가 아이를 데리고 놀이터나 공원등을 다니는 것도 현실적으로 좀 어색한 면이 있었다.

만약에 자폐아가 '현실의 교육'을 수용할 능력이 있다고 판단되면 '현실의 교육'에 중점을 두되, 자폐아가 '현실의 교육'을 수용할 능력이 없거나 지나치게 산만한 경우에는, 사전에 집에서 책이나 실생활을 통한 '느낌'의 교육을 먼저 실시해서 느낌의 인지를 구체화시킨 후에 이를 현실에 적용시키는 방법도 고려할 만한 방법이다.

다만 '현실의 교육'이 되었든, '책의 교육'이 되었든지간에 이것은 그야말로 부모만이 시행할 수 있는 어려운 작업인데, 좀 과장되게 말하면 초인간적인 '인내심'이 필요한 작업이고, 그 대신 이 작업이 충실히 이루어지면 자폐아가 상당히 나아진 모습을 누구든지 볼 수 있을 것이다.

유홍준씨가 쓴 '나의 문화유산 답사기'의 서문에 보면, '사람은 아는 만큼 느낀다.'라는 말이 있는데, 이를 다르게 표현하면 '사람은 느끼는 만큼 눈마주침이 된다'라고 해도 좋을 것이다.

내가 아는 사람중에 '절'에 관심이 많은 사람이 있는데, 같이 절에 가면 그 사람은 절의 형태나 단청의 무늬를 30분이나 1시간씩 관찰하는데 반해, 나는 '단청'과의 눈마주침을 3분은 고사하고 30초도 할 수 없다. 30초정도 보는 것도 같이 간 사람의 체면을 생각해서 억지로 보는 것이지 사실은 나로서는 절의 형태나 색깔이 다 그게 그거여서 1초 정도만 볼 뿐이다. 그러나 같이 간 사람은 기둥의 모양이 어떻다느니, 무늬와 색깔이 어떻다느니 하면서 절의 이곳저곳을 유심히 '눈마주침'(관찰)하면서 많은 흥미와 재미를 느끼는 것 같다.

그러나 나의 경우는 절의 형태나 무늬에 대해서 아무런 지식이나 인지가 없기 때문에 느낌도 없으며, 따라서 절과의 눈마주침이 될 수가 없는 것이다.

그렇다고 해서 나 자신이 비록 절에 '관심이 없는 사람'이거나 '무식한 사람'이겠지만 '이상한 사람'은 아니다.

그러나 만약 내가 누가 때려도 아파할 줄 모르거나, 부모가 돌아가셨을 때 슬퍼할 줄 모른다면 나는 '무식한 사람'이 아니라 '이상한 사람'이 될 것이다.

자폐아가 '무식한 사람'이 아니고 '이상한 사람'인 까닭은 '지식'이 없어서가 아니라 '느낌'이 없기 때문인 것이다.

또한 느낌이 없기 때문에 정신이 현실에 머물 수 없는 것이기도 하다.

이렇게도 중요한 자폐아의 '느낌' 교육에 부모들이 인식이 아직 충분히 형성되어 있지 않고, 체계적인 교육 방법이 아직 개발되어 있지 않아서 안타까운 심정이다.

템플 그래딘의 책을 보면 성년이 된 이후에도 추상적인 명사는 이해하기가 어려워서 예를 들면 '천당과 지옥'을 생각할 때는 아름다운 그림과 무서운 그림을 떠올리며 시각적으로 추상명사를 이해한다고 했는데, 그 이유가 과연 추상명사가 주는 느낌에 대한 경험적 인지가 부족해서인지, 아니면 '시각우선자'의 한계인지는 아직 잘 모르겠으나, 내 생각으로는 아무래도 어렸을 때 이루어졌어야 할 감정의 경험적 인지가 정상아에 비해서 현저히 부족하기 때문에 나타나는 현상인 까닭에 어렸을 때부터 가능한 많은 감정의 느낌이 경험되면 비록 정상아 만큼은 어렵겠지만 그래도 상당한 감정적 추상명사에 대한 경험적, 논리적 이해가 가능할 것 같다.

8시간

자폐아가 과연 하루에 얼마나 교육을 받아야 하는지에 대해서 확실한 임상적 근거를 가지고 이야기하기는 누구라도 어려워서 쉽게 이야기할 수는 없으며, 다만 일반적으로 자폐아가 하루에 6시간 정도의 교육을 계속 받으면 어느 정도는 상태가 좋아진다는 보편적인 이야기가 있는 정도이다.

나 자신도 여러 자폐아에 대한 많은 경험을 한 것은 아니기 때문에 단정적으로 말할 수는 없지만 상협이에 대한 경험을 근거로 이야기 한다면 하루에 6시간이 아닌 최소 8시간의 교육이 있어야만이 자폐아가 상당히 발전할 수 있다는 것이다.

여기서 말하는 8시간의 교육이라는 것은 학교에서 공부하는 것처럼 전문적인 지식을 습득하는 시간이 8시간이라는 것이 아니고 자폐아의 정신을 시각의 세계에서 현실의 세계로 정신을 전환시켜서 자폐아의 정신이 현실에 머무르는 시간을 8시간 이상 유지하여야 한다는 것이며, 자폐아의 정신을 현실에 8시간 이상 집중하도록 하는 의미는 자폐아의 뇌를 하루에 8시간 이상씩 작동시켜 준다는 의미이다. 예를 들어서 자폐아의 어머니가 자폐아와 함께 외출하기 전에 자폐아를 혼자 방치해놓고 1시간동안 자폐아의 옷을 깨끗이 빨아서 다리미로 다린 다음 자폐아를 깨끗한 옷으로 갈아입힌 후에 외출을 나간다면 그러한 행위는 겉으로 보기에는 자식에 대한 사랑으로 보일지 몰라도 사실은 자폐아에게는 아무런 도움도 되지 않는 시간낭비일 뿐이다.

자폐아와 어머니가 함께 있는 시간중에서 이런 식의 빨래, 음식준비, 청소등의 집안일에 시간을 낭비하면 자폐아에게 8시간의 정신집중 시간을 확보할 수 없다.

굳이 빨래를 해야 할 경우에는 비록 힘들지라도 자폐아를 옆에 두고서 옷이 깨끗한지 더러운지, 옷이 바지인지, 셔츠인지, 옷이 위에 입는 옷인지 아래 입는 옷인지, 길이가 길은지 짧은지, 무늬가 예쁜지 미운지 등에 대하여 지속적인 설명과 질문으로 자폐아의 정신을 빨래라는 현실에 집중시키도록 노력을 해야지만 하루에 8시간 이상의 의미있는 시간을 확보할 수 있다.

정상인의 경우에는 하루에 뇌가 24시간씩 작동한다는 것을 감안하면 사실 8시간도 부족한데 사실 자폐아의 정신을 하루에 8시간씩 현실의 세계에 집중시키기 위해서는 자폐아가 아침에 눈을 떠서 저녁에 잠을 자기까지 계속 누군가가 옆에서 간섭해 주어야만 가능한 일이다.

예를 들어 자폐아가 아침에 잠에서 깨어나면 멍하고 그냥 눈만 뜨고 자는 것처럼 가만히 있는 경우가 많은데, 이럴 경우 오늘 날씨가 어떤지 자폐아를 데리고 밖에 나가서 날씨를 확인해 보며, 아침에 우유나 신문이 왔는지를 확인해 보고, 다른 식구들은 무엇을 하는지를 인지시켜 주어야 하며, 세수를 할 때는 물이 차가운지 뜨거운지, 또는 비누 냄새는 어떤지, 샴푸냄새는 어떤지, 거울을 본 자기모습은 어떤지 등에 대하여 간섭을 해 주어야 하고, 식사를 할 때는 반찬의 종류가 무엇무엇이고, 재료는 어떤 것으로 만들었는지 등 자폐아의 일상생활에 대한 계속적인 간섭을 통해서 자폐아가 현실의 세계를 인지하고 의식할 수 있게 하루종일 노력해야지만 8시간의 의미있는 현실의 세계에의 인지 교육이 가능할 수 있다.

물론 초기에는 자폐아의 정도나 종류에 따라서는 이러한 현실에의 정신집중을 심하게 거부하거나 스트레스를 느끼는 자폐아도 있기 때문에 초반부터 너무 강하게 하면 안되고 자폐아의 성격에 따라서 어느 정도 유연성을 가지고 접근해야 하지만, 중요한 것은 자폐아가 이러한 현실에의 정신집중을 거부한다고 해서 그냥 놔 두면 그 자체아의 미래는 기대할 수 없을 것이기 때문에 가능한 모든 방법을 동원하고 때로는 어느정도 강제적으로라도 필히 자폐아에 대한 정신적 간섭을 지속적으로 해 주고 또 간섭의 시간을 늘려주어야 한다는 것이다.

1:1 교육

　자폐아 교육에서 1:1의 교육은 필수적인 기본조건이어서 만약에 1:1의 교육이 이루어지지 않는다면 그 교육은 교육적으로서의 별다른 효과가 없다.

　자폐아가 시각의 세계로 정신이 집중되는 정도는 매우 강해서 보통의 노력으로는 자폐아의 정신을 현실의 세계로 돌려놓기가 어려울뿐더러 설령 현실의 세계로 정신이 돌아온다 해도 곧바로 다시 시각의 세계로 정신이 되돌아가기 때문에 누군가 교육자 한 명이 계속해서 자폐아의 정신을 쉬지않고 감시하면서 정신을 현실의 세계에 머물도록 해 주어야만이 어느 정도 자폐아의 정신을 붙잡아 둘 수 있다.

　그런데 자폐아가 어느 정도 발전해서 기초인지, 느낌의 인지를 하고 약간의 읽고 이해하기와 듣고 이해하기가 가능해지면 자폐아를 통제하기가 한결 쉬워지지만, 특히 초기에는 아무리 자폐아를 감시한다 해도 적절히 자폐아를 통제할 수 있는 방법이 육체적 충격이나 식욕등으로 유혹하는 방법등 육체적인 느낌을 통한 통제만이 가능하지, 정신적인 느낌을 통한 통제는 불가능해서 아무리 1:1의 교육을 실시한다 해도 역시 어려움은 많으며, 이러한 육체적 통제는 부모만이 실질적으로 시행 가능하고 부모가 아닌 사람은 실행하기가 어렵기 때문에 더욱 더 어려움이 가중된다.

만약에 자폐아 여러명을 한 사람의 교육자가 통제하거나 교육한다면 외형적인 자세를 통제할 수는 있지만 자폐아 한 사람, 한 사람에 대한 정신적인 교류를 통한 통제는 사실상 불가능해져서 시각의 세계로 빠진 자폐아의 정신을 현실의 세계로 돌려놓기는 거의 불가능하며 따라서 외형적인 모습은 비록 학습이나 놀이를 하는 자세를 보일지 모르지만 실질적인 정신의 세계는 다만 시각의 세계에서 여행하고 있을 뿐이고, 따라서 학습이나 놀이를 통한 실질적인 교육효과는 별로 없다.

다만 자폐아가 어느 정도 발전해서 기초인지를 획득하고 놀이에 대한 즐거움을 어느정도 느낄 수 있게 되어서 학습이나 놀이에 대해서 인지나 즐거움을 스스로 느끼게 되면 그때는 스스로 학습이나 놀이에 어느 정도 정신을 집중할 수 있게 되기 때문에 교육자 한 사람이 서너명의 자폐아를 교육시키는 일이 가능해지지만 이 경우에도 역시 자폐아는 수시로 시각의 세계에 빠지기 때문에 자폐아에 대한 세심한 정신적 통제는 계속되어야 한다. 그러나 특히 자폐아의 초기상태에서는 오직 1:1교육을 통해서만이 자폐아의 정신을 현실의 세계로 돌려놓을 수 있기 때문에 상당기간은 필히 1:1교육을 실시해야 한다.

상협이의 경우에 학교에서 수학시험을 보면 간단한 문제는 거의 다 맞는 편이나 복잡한 문제는 틀리는 경우가 있는데, 이러한 학교에서 틀린 문제를 집에서 다시 해 보면 정답을 제대로 쓰는 경우가 많다.

즉 아직은 학교와 같이 열린 공간에서 누군가의 간섭이 없이 그대로 두면 정신이 산만해져서 '시각의 세계'와 '현실의 세계'를 정신이 오락가락하기 때문에 복잡한 문제의 현실에 정신을 집중시키지 못하지만, 집에서 나와 같이 1:1로 정신을 집중시키고 공부를 하면 복잡한 문제의 뜻을 알 수 있기 때문에 정답을 쓸 수 있는 것이다.

상협이가 수학 문제를 맞는지 틀리는지의 문제는 상협이가 그 문제를 풀 능력이 있는지 없는지의 문제라기보다는 상협이가 그 문제에 대하여 얼마나 정신을 집중하는지의 문제라는 것이다. 그래도 다행인 것은 1-2년 전에는 일단 집 밖으로 나오면 정신이 많이 흩트러져서 거의 수습이 어려운 상황이 되어서 수학문제를 푸는 자세를 갖는 것 자체가 어려웠지만, 요즘은 집 밖의 1:1이 아닌 상황에서도 간단한 수학문제를 풀 수 있는 정도까지 정신을 현실에 집중할 능력을 가지게 되었으니 과거에 비하면 많이 발달했다고 볼 수 있고, 이러한 발달 정도는 시간이 흐르면 좀 더 발달할 수 있을 것이다.

비교개념

  일원동에 있는 장애아 종합 복지관에서 여러가지 유용한 책을 구하였는데 그 중에 하나가 '나도 말할 수 있어요'란 책으로서 여러 가지 기초개념 및 비교개념을 가르치는데 도움이 컸다.

  당시 상협이의 수준은 주로 그림을 보고 '명사'를 말하는 수준이었는데 그 상태로 지지부진하게 있다가는 평생 그 수준을 벗어나지 못할 것 같았다. 그래서 일단 밀어 붙이기 식으로 기초개념 공부를 시작했다. '뇌의 백지상태'인 자폐아에게 기초개념이 얼마나 중요한지는 두말할 필요도 없을 것이다.

  여기서 또한 가지 말할것은 것은 '비교개념'의 중요성이다. 대개의 자폐아들은 '시각적 영상'에 의한 절대개념의 소유자 같다. 예를 들어 어머니의 개념이 시각적으로 정해지면 그 절대적 영상이 일종의 가치관이 되어 버리는 것 같다. 그러기 때문에 모자를 쓰지 않은 모습으로 정형화 되어버린 어머니가 모자를 쓰면 그렇게 참지를 못하고 울부짓는다.

자폐아의 절대적 영상개념을 마치 종교 광신자의 '신'에 비슷한 것 같다. 그것만이 절대적이고 다른 그 무엇도 거부하며, 그것이 무너지면 세상이 무너지는 고통을 느끼는 것 같다

다른 예를 들면 자동차를 정확히 일렬로 늘어 세운다든지, 한번 간 길로만 계속 가려 한다든지 하는 등의 전혀 융통성이나 응용성이 없는 행동들이 대부분의 자폐아들에게서 보이는 공통적인 현상이다.

그래서 나는 기초개념 못지 않게 상협이에게 비교개념을 확립시키도록 많은 노력을 했다. 예를 들면 '크다, 작다', '많다, 적다', '길다, 짧다' 등의 개념인데 이를 통해서 긴것도 있고 짧은 것도 있으며, 큰것도 있고 작은 것도 있고, 두꺼운 것도 있고 얇은 것도 있을 수 있다는 것을 가르쳐 주었다. 이를 통해서 과연 상협이가 얼마나 절대 개념을 상대적 개념으로 바꿨는지 정확히 수치화 할 수는 없지만, 분명히 그토록 극악했던 절대개념이 많이 유화된 것은 사실이다.

일단 비교개념을 가르친 뒤에는 이를 현실에 많이 적용해서 이해의 폭을 넓혔다. 예를 들면 '수박은 크고 무거우며 딸기는 작고 가볍다' 든지 '우리 가족중에서 아빠가 제일 키가 크고 상빈이가 제일 작다' 든지 '태권도 장까지는 거리가 가깝고 동물원까지는

거리가 멀다' 든지 하는 것이다. 처음에는 물론 혼동되고 당혹스러워 했으나 계속해서 많은 양의 교육을 시키니까 서너달이 지나면서 부터는 거의 틀림없이 정확히 표현하게 되었다.

실생활의 예는 내가 여유시간에 준비했는데 백개를 준비할 수도 있고 오백개를 준비할 수도 있을 정도로 예는 무궁무진 하다.

비교개념이 어느 정도 확립되면 비록 감상적인 것은 아니지만 최소한 현실의 객관적 사실을 알 수가 있어서 후에 감상적인 부분을 이해하는 기초가 된다.

이에 관련해서 여담으로 말할 것은 '왼쪽, 오른쪽'과 가위, 바위, 보를 해서 누가 이기는 지의 개념이다. 20분 정도 같이 해 보면 어느 정도 정확히 알게 된다. 그러나 며칠이 지나면 다시 개념이 흐려지고, 다시 20분정도 같이 하면 또다시 개념이 정확해지기를 수차례 거듭했다. 이 후 어느 정도 개념이 정확해지기는 했지만 빨리 하면 가끔씩은 틀린다. 일반인의 경우 왼쪽, 오른쪽과 가위, 바위, 보는 굳이 생각해서 판단하는 것이 아니라 무의식적으로 알 수 있을 만큼 머리속에 굳게 뿌리박혀 있다. 그러나 상협이는 이들을 아직 실생활에 적용하여 쓰지는 않기 때문에 머리속에 깊이 뿌리박혀 있지는 못하는 것 같다. 고등학교때 어떤 영어 선생님이 영어시간마다 영어 문장 몇 개를 외우는 숙제를 냈었다. 그러면서 하시는 말씀이 '영어를 말할 때 생각해서 말하면 안된다. 한국어처럼 그냥 나와야 한다. 그러기 위해서는 영어문장을 외우는 것이 최고의 방법이다'라고 말씀하셨다. 자폐아들도 한국어를 그냥 자연스럽게 말하기 위해서는 그 정도의 노력이 있어야 할 것 같다.

비교 개념은 논리의 시작인 만큼 너무나 중요한 개념이라서 필히 계속 반복해서라도 스스로 응용할 수 있을 정도까지 머리 속 깊이 교육시켜야하며, 이것을 직접 현실에 적용시켜서 이해하도록 하는 작업이 필요하다.

학습지 교육

현재 초등학교 2학년인 상협이에게 나는 1학년 학습지와 2학년 학습지로 주로 교육을 시키고 있는데 그 이유를 말해 보겠다.

첫째, 1학년 학습지를 작년에도 공부했음에도 불구하고 또다시 복습교육을 시키는 이유는 '반복적인 학습'을 위해서이다. 정상아도 마찬가지겠지만 자폐아는 특히 정상아에 비해서 현실에의 집중시간이 짧기 때문에 비록 한때 이해했던 것이라 할지라도 계속해서 반복작업이 이루어지지 않으면 다시 습득한 사실을 잃어버리고 과거의 원위치로 돌아갈 가능성이 크다. 즉 과거와 현재가 연결되지 못하고 단절되어 버리는 것이다.

그렇기 때문에 이미 획득한 사실이나 인지에 대해서도 계속적으로 반복해서 상협이의 뇌에 아주 뿌리깊게 박아놓기 위해서 자꾸자꾸 반복작업을 계속한다. 필요한 경우에는 1학년 학습지 뿐만 아니라 5-6세용 학습지도 다시 보아가면서 학습을 하는데, 정상아에 비해서 기초가 약한 상협이에게는 현재의 학습도 중요하지만 과거에 배웠던 것을 계속해 줌으로써 기초를 강화해 주는 것이 필요하기 때문이다.

둘째, 상협이에게 2학년 학습지가 약간은 무리한 부분이 있지만 계속 학습해 주는 이유는, 학교생활을 하면서 최소한의 자기가 이해할 수 있는 부분을 마련해 줌으로써 상협이의 정신을 학교생활에 집중할 수 있게 하기 위해서이다.

요즘의 초등학교 2학년 아이들은 과거의 우리때와는 달라서 정신적으로 웬만한 것들을 다 아는 '절반은 어른'정도의 수준인데 객관적으로 봐서 상협이가 이런 정도의 수준과 분위기를 따라가는 것은 불가능하다. 굳이 따라서 할 수 있는 것이 있다면 아이들이 하는 간단한 놀이 정도일 것이다.

이런 상황에서 상협이가 학교 생활에서 무엇인가를 효과적으로 얻을 수 있고, 정신을 집중시킬 '요인'은 '학습'이라는 공부인 것이다. 만약에 학습마저도 이해를 못하고 따라가지 못한다면, 상협이는 학교생활에서 잡을 수 있는 지푸라기 하나도 없는 상태로, 정신적으로 방치된거나 다름없을 것이기 때문이다.

만약에 학습을 따라 갈 수 없다면 일반학교 보다는 차라리 특수학교에서 자기의 정신연령에 적합한 수업을 하는 것이 도움이 될 것이다.

또한 수업을 적절히 따라가야지만 친구관계의 유지에도 어느 정도 도움이 될 것이다.

셋째, 학습지로 공부하는 이유는 상협이에게 공부시킬 '거리'를 제공받기 위해서이다.

기초적인 인지교육은 여러 곳에서 출판되는 특수교육 교재를 사용하여 공부할 수 있지만, 그 다음의 과제, 즉 단편적인 기초인지를 바탕으로 하여 연속적인 줄거리를 만들어 주는 작업이나, 혹은 이것을 현실에 적용시키는 작업에 대해서는 적절히 도움받을 만한 책이 별로 없다. 그렇다고 해서 나 자신이 자료를 직접 만들고 준비할 만한 능력이 없기 때문에 당황스러운 경우가 있는데, 학습지를 공부시키면서 상협이에게 '의미를 공부시킬 거리'를 찾아서 '의미공부', 즉 살아있는 교육도 함께 시킨다.

예를 들어 학습지에서 '산'에 대한 글이 나오면, 나는 상협이와 10-20분동안 대화를 하는데, '상협이는 어느 산에 가 보았지?' '어떤 나무가 있었지?', '어느산이 제일 높았지?', 'OO나무는 또 어디에서 보았지?', '상협이는 어떤 나무가 제일 좋니?', '왜 그 나무가 좋으니?', '상협이는 산이 더 좋으니, 바다가 더 좋으니?', '왜 바다가 더 좋으니?' 등의 질문을 함으로서, 그동안 상협이가 경험하고 보았던 '산'에 대해서 '시각 속의 산'에서 탈피하여 '인지'하고 '의미'를 깨닫게 하는 작업을 실시하는 것이다.

만약에 학습지에서 '청소'에 대한 이야기가 나왔다면, 나는 상협이에게 또 다시 여러 가지 질문을 하는데, '상협이는 학교에서 어디를 청소하지?', '누구하고 같이 청소하지?', '청소하면 기분이 어떻지?', '교실은 왜 더러워지지?', '누가 쓰레기를 가장 많이 버리지?', '우리 집에서는 어디가 제일 더럽지?', '그럼 상협이가 어떻게 해야 되겠어?' 등의 질문과 대답의 대화를 10-20분 동안 하고 필요한 경우는 실습도 같이 해 보는데, 이렇게 현실의 상황을 파악하고 의미를 부여하고 대처하는 작업의 훈련이 상협이의 발달에 큰 도움을 주는 것 같다. 사실 학습지를 공부한다고 해서 둘째번에 쓴것과 같은 본래의미의 학습의 비중은 30정도이고, 셋째 의미의 학습, 즉 '생각할 거리'를 학습지에서 찾아내어서 상협이와 같이 대화하면서 생각하도록 유도하는 의미의 비중이 70정도인 것 같다.

넷째는 학습지에 쓰여진 글의 의미를 읽으면서 바로바로 이해할 수 있도록 하기 위해서이다.

정확한 답을 알아내는 것은 나중의 문제이고, 자폐아에게는 우선은 주어진 문제의 뜻을 알도록 하는 것이 급선무이다.

자폐아들이 글을 읽을 때, 정신은 '시각의 세계'에 빠진 상태에서 눈으로만 글을 읽기 때문에, 사실은 글을 읽는 것이 아니고 단순히 '글씨'만 읽는 경우가 많기 때문에, 글을 읽고 난 후에 무엇을 읽었는지조차도 모르는 경우가 많다. 그래서 나는 상협이가 문제를 읽은 후에는 손으로 문제를 가린 다음에 상협이에게 문제가 어떤 문제였는지를 거의 다시 물어본다.

　이렇게 함으로서 상협이가 문제를 읽을 때 정신을 집중해서 문제가 어떤 내용인지 이해하면서 읽도록 유도하고, 또 이해한 사항에 대해서 적절히 언어로 표현하는 능력을 향상시키기 위해서이다.

　예를 들어 '청소를 해야 하는 까닭'에 대해서 ① 에서 ⑤ 까지 5개의 글이 있다면, 먼저 청소를 해야 하는 까닭에 대해서 물어보아서 생각해 보도록 하고, 후에 ① 에서 ⑤ 까지 읽은 다음에는 다시 손으로 글을 가리고 상협이에게 말해보도록 한다.

　이렇게 해야지만 상협이가 제대로 읽은 글의 내용을 이해하게 되지, 그냥 눈으로만 읽고 지나가면 상협이의 정신에 들어온 것은 거의 없어서, 글을 읽지 않은 것과 별반 차이가 없기 때문이다.

6하 원칙

 97년 말 경에 '누가, 언제, 어디서, 무엇을, 어떻게, 왜'라는 6하 원칙을 책에 써 놓고 상협이에게 읽어보라고 한 후에 약 1주일 동안 계속 암기해서 말해보도록 해서, 6하 원칙을 입에 달고 다니게 한 적이 있었다.
 이제 겨우 간단한 명사 정도를 말하고, 2음절어는 거의 하지도 못하던 시절이었는데 6하 원칙을 가르치는 것이 어떻게 보면 황당하게 보일 수도 있으나 나는 나름대로 생각한 바가 있었다. 상협이가 8살이 되도록 말을 못하는 것은 '입'이나 '말' 자체에 문제가 있는 것이 아니고, 기본적으로 '말'로 표현할 인지가 없었기 때문이었다. 언어장애자의 경우에는 인지는 있지만 언어가 되지 않기 때문에 언어나 말에 대해 특수교육을 실시함으로서 발전을 할 수 있겠지만, 자폐아는 전혀 상황이 달라서 기본적인 인지를 확장

함으로서 '말'이 나오게 해야지, 그 외의 별다른 방법은 아무리 노력해도 근본적인 해결책이 되지 않을 것 같았다.

　많은 자폐아 부모들이 잘못하는 것 중의 하나가 자폐아에게 인지를 심어주는 작업은 게을리 하면서 자폐아의 입에서 적절한 말이 나오기를 기다리는 것이다. 마치 벼를 심지도 않고 쌀이 나오기를 기다리는 것하고 똑 같은 경우이고, 이렇게 되면 평생을 기다려도 자폐아는 말을 하지 못하게 된다.

　더욱 잘못된 것의 하나는 '말'도 하지 못하는 아이에게 무슨 동사, 형용사, 6하원칙등을 가르킬 수 있겠느냐고 이리 자포자기하고 교육을 포기하는 것이다.

　순서적으로 볼 때 동사, 형용사, 대명사, 추상명사, 6하원칙등을 먼저 이해하게 됨으로서, 후에 결과적으로 자연스럽게 의미있는 말이 나오는 것이지, 먼저 말부터 하고 나중에 인지를 획득하는 것은 절대 아니라는 것이다.

　3-4세 정도 아이의 예를 보더라도 비록 말은 하지 못하더라도 부모가 하는 이야기를 어느 정도 알아듣고 이해하며, 적절한 행동으로서의 반응은 나오며, 정상아인 아이인 경우도 이렇게 2-3년 동안의 인지훈련 작업후에 말이 나오기 시작하는데, 자폐아 역시도 신동이 아니라면 정상아가 훈련되는 만큼의 시간을 훈련받아야지만 말이 나오게 될 것이란 생각이다. 다만 앞에서도 몇번 이야기 했지만 자폐아는 '시각의 세계'에 사로잡혀 스스로는 인지훈

련과정을 습득할 수 없으니까, 이러한 과정을 누군가가 강제적으로라도 해 주어야 한다는 것이다. 자폐아에게서 스스로의 입으로 의미있는 말이 나오기를 기다리는 '우'를 범하였다가는 평생을 두고 치명적인 잘못을 저지르는 것이다. 내 경험으로 볼 때 인지훈련 과정을 하루에 8시간 정도씩 약 1년 정도 실시하면, 비록 단순하지만 그래도 의미 있는 말들이 조금씩 입에서 나오기 시작하는 것 같다.

누가, 언제, 어디서, 무엇을, 어떻게, 왜 라는 6개의 단어를 일단은 무조건 외워서 입에서 나올 수 있을 정도로 훈련시킨 다음에, 각각의 단어들이 가지는 의미를 이해시키는 작업을 시작했다.

동화책에서 6하 원칙의 글들을 100여개 정도 뽑아서 예문을 작성했는데 예를 들면 '홍길동이 어제 저녁에 보물을 훔치려고 호랑이를 타고 관가에 가서 활을 쏘았다.'라는 등의 문장이었으며,

질문: (   ) 갔습니까?
답: 홍길동이 갔습니다.
질문: (   ) 갔습니까?
답: 어제 갔습니다.
질문: (   ) 갔습니까?
답: 보물을 훔치러 갔습니다.

이러한 (　　　　) 질문을 6개를 만들어서 답을 보고난 후 적절한 말을 6개 중에서 찾아서 써 넣도록 하는 교육을 한달 정도 실시하였다.

　처음 언뜻 6하 원칙이라는 말을 들으면 괜히 어려운 느낌이 들지만 사실 5세 정도의 어린이에게 '누구랑 갔니', '언제 갔니' 등의 질문은 그렇게 어려운 것은 아니고 기본적으로 대답할 수 있는 것들이다.

　물론 처음에는 '아닌 밤중에 홍두깨'라고 상협이는 어쩔 줄 몰라 할 뿐 제대로 알아서 답을 쓰는 것은 한 개도 없었는데, 당연한 것이 6개 단어의 개념을 전혀 모르는 상황에서 제대로 상협이가 이해할 수 있는 것은 하나도 없었다.

　그러나 설명을 자세히 하면서 하루에 2시간 정도씩 약 1달 동안 실시한 결과, 어느 정도 인지를 하게 되었으며 제법 정확히 답을 써 넣게 되었다. 그러나 정상아에 비하면 그 속도가 느려서 한참을 생각한 뒤에 답을 썼었는데, 이렇게 시간이 많이 걸리게 되면, 실제적인 대화에서 적절히 단어를 사용하거나, 단어에 적절한 답을 바로 대답할 수는 없었으며, 시간을 단축해서 바로바로 답이 나오게 하기 위해서는 방법은 단 한가지, 즉 계속해서 반복학습을 하도록 해서 정상아처럼 머리속에 동시동작이 되도록 깊이 각인시키는 일이었고, 그 작업은 지금도 계속되고 있다.

　그 결과 지금은 정신을 현실의 세계로 집중시킨 상태에서는 거의 동시동작으로 대답이 나오게 되었으나, 정신이 '시각의 세계'에 가 있을 때 질문을 하면 여전히 허둥대는 모습을 보인다.

6하 원칙의 단어를 교육시키며 가장 어려웠던 단어는 '왜'라는 단어였는데, '왜'라는 단어는 자폐아 뿐만 아니라 정상아에게도 그 수준에 따라서는 얼마든지 어렵게 느낄 수 있는 단어였으며, 인지교육의 최종 부분이기 때문에 누구에게든지 살아있는 동안은 계속 될 질문인데, 내가 하루에 상협이에게 '왜'라는 질문을 평균 50번 정도 했으니까, 2년 동안 3만번은 넘게 질문한 것 같다.

'왜'라는 질문은 자폐아에게 단편의 사진 같은 영상을 영화와 같이 줄거리가 있는 연속장면으로 이어주는 '연결고리'의 역할을 하기 때문에 앞으로도 상협이에 대한 '왜'라는 질문은 계속될 것이고, '왜'라는 단어에의 적절한 대답 여부는 '자폐의 탈출' 정도를 가늠할 수 있는 척도이기도 하다.

또 하나 상협이가 어렵게 생각했던 것이 '언제'의 개념이었는데, 상협이에게 하루, 한달, 1년, 어제, 오늘, 내일, 2시 30분등의 시간 개념을 가르켜 준 후에는 '시간개념'을 가르키는 언제, 즉 '어제저녁, 내일아침, 한달전' 등에 대해서는 제법 답을 하게 되었으나, '조건개념'을 가르키는 언제, 즉 '비가 올 때, 추울 때, 배고플 때' 등에 대해서는 처음에는 대답을 하지 못하였는데, '조건개념'을 가르키는 '언제'는 사실상 내용적 의미를 보아서는 '왜'의 개념과 비슷하기 때문에 혼돈을 하는 것 같았다.

사실 시간개념을 나타내는 '언제'의 개념도 처음에는 쉽게 인지되지 못해서 상당한 시간이 지난 후에야 어느 정도 인지하게 되었는데, 왜냐 하면 자폐아는 단지 시각적 영상으로만 기억하기 때문에 시각적 영향을 받은 일은 수년 전의 일도 기억하지만 시각적 영향을 받지 않은 일은 오늘의 일조차 인지적으로는 기억하지 못하기 때문이다.

또한 시각적 영향을 받아서 시각적으로 기억하는 일도 단순히 영상만을 기억할 뿐이지 언제 있었는지에 대해서는 모르며, 예를 들어 결혼식장에 간 일에 대한 영상은 기억하지만 결혼식장에 간 날이 어제였는지, 한달전이었는지, 1년 전이었는지 모르며, 다만 95년 5월 1일이라는 식으로 단순 날짜만 기억할 뿐이었다.

이러한 상협이에 대해서 매일매일 상협이의 주위에서 일어난 일에 대하여 오늘, 어제, 1달전, 1년전에 각각 일어났던 일들을 뽑아서 설명해 주는 일을 2-3개월 동안 실예를 들어서 이야기해 줌으로서 비로소 어느 정도 시간적 개념을 획득하게 되었다.

내 생각에 교사나 부모들이 자폐아의 이상한 행동들이나, 말을 하지 못하는 것을 보고 지나치게 아이의 상태를 비관적으로 생각하거나, 혹은 초자연적인 기적이 일어나기만을 기대하면서, 아이를 좀 더 좋은 상태로 도약시키기 위한 준비작업을 아예 하지 않거나, 게을리하는 경우가 있는데, 그렇게 현실상태에서 벗어나지 못하면 아이의 발전을 기대하기 어려울 것 같다.

아이가 하는 이상한 행동들은 인지가 확충되면 자연히 소멸되는 현상이므로 크게 신경 쓸 부분이 아니며, 말을 못하는 것 역시도 인지가 확충되면 말은 당연히 나오게 되는 것이기 때문에, 자폐아의 현실의 상태에 크게 실망하거나 신경 쓸 필요는 없으며, 다만 정상아로서 인지해야 할 것이라고 생각되는 부분을 아이의 상태에 맞게 과감히 그리고 열심히 교육시켜야 할 것 같다.

정공법

이 책을 보시는 분들은 느꼈겠지만 자폐아인 상협이에 대한 나의 교육방법은 '암기적'도 아니고 '임시방편적'인 것도 아니고 '조건적'인 것도 아니며 '대안적'인 것도 아닌, 철저하게 자폐아의 핵심부를 파고 드는 '정공법'적인 방법이었다.

왜냐 하면 정공법이 아닌 그 어떤 방법으로도 자폐아가 가지는 '시각의 세계'라는 튼튼한 벽을 허물 수가 없다는 것을 깨달았기 때문이다. 그리고 비록 힘들었지만 상협이의 벽을 정면으로 공격해서 허물어 트리자, 의외로 기대했던 이상의 좋은 결과가 나왔다.

처음에 이러한 일종의 '스파르타'식의 강인하고 힘겨운 작업이 혹시 상협이에게 지나친 스트레스를 주어서 무엇인가 잘못된 결과를 도출할지도 모른다는 우려도 많이 했지만, 이미 학교에 입학

할 나이가 지나버린 지금까지도 별다른 큰 발전이 없다면 앞으로도 영원히 자폐아의 한계를 극복할 수 없을 거라는 우려감에서, 일종에 모험을 한 것이다.

이러한 강행군 속에서 상협이는 많이 힘들어 했으나, 나로서는 계속 '당근과 채찍'의 방법을 병행하면서 '인지'와 '논리'라는 무기로 '시각'이라는 거대한 성을 공격했고, 드디어는 그토록 깨지지 않을 것처럼 보이던 '시각'의 성벽이 조금씩 깨어져가는 것을 보았다.

지금 생각해 보면 이것이 자폐아 수정 작업의 1차 관문이었는데, 그 성벽이 너무나 공고하고 튼튼해서 정공법이 아닌 다른 방법으로는 결코 깨지지 않을 것 같다.

내가 최소한의 학습시간이나, 교육자의 조건등에 대해서 이야기 한 것도 결국은 이 '시각'의 성벽을 깨트릴 조건에 대해서 이야기 한 것과 다름없다.

사실 내가 처음에 이런 '교과서에도 없는' 방법으로 교육을 실시하자 주변에서 아이를 이상한 아이로 만들어 버릴지도 모른다는 우려의 말과 시선을 보낸 사람도 있었고, 심지어 상협이를 4-5년동안 데리고 특수학원을 다녔던 애 엄마조차 생전 처음보는 이상한 방법이라고 걱정하기도 했다. 그러나 어쨌거나 애 엄마로서는 나처럼 교육시키지 못할 뿐만 아니라, 교육에 따른 상협이의 변화도 과거에 비하면 빠른 속도로 발전의 모습을 보였기 때문에 별다른 이의를 제기할 수 없었다.

  또하나 나의 분석과 판단에 자신이 있었던 이유는, 상협이가 97년 6월 경부터 초등학교 입학 전까지 특수언어 학원에 다녔었는데 애 엄마의 얘기로는 그 담당교사가 실력도 있고 상협이에 대해서 잘 파악할 줄 아는 좋은 교사라고 했는데, 상협이에 대한 그 교사의 생각과 나의 생각이 거의 일치한다는 점이었다. 즉 나의 분석이 나 혼자만의 독단적인 것이 아니고 객관적으로 타당하다는 자신감이 생긴 요인이었으며, 그 올바른 판단을 기초로 했다면 해결방법 역시도 크게 어긋나지는 않으리라는 믿음도 생기게 되었다.

역으로(반대로) 가르친다

어차피 자폐아들은 처음부터 아무런 인지도 없으며, 아무런 감정적인 느낌도 가지지 못한다. 정상아의 경우에는 아픔, 무서움, 기쁨, 슬픔등의 원초적인 느낌을 태어나면서부터 현실을 직시하면서 느끼고 배워나가지만, 자폐아의 경우에는 처음부터 끝까지 시각의 세계에 사로잡혀 아무것도 획득할 수 없다.

그렇다고 해서 그냥 그대로 둘 수는 없고, 억지로라도 교육을 시키다보니 그 교육방법이나 과정이 정상아에 비하면 '반대'의 과정을 거치면서 교육되어 진다는 것을 느꼈다.

정상아들은 우선 원초적으로 인지와 감정의 느낌을 가지고, 후에 이러한 것들을 논리적으로 연결시키며 언어를 획득하고 사회성을 습득하는 과정을 거치는 반면에, 자폐아들에게는 우선 언어의 뜻을 가르쳐서 각각의 행동을 언어로 단편적으로 인지시킨 다음에 각각의 인지화된 행동의 의미를 자폐아의 생활속에서 찾아내어 그 의미를 깨닫게 함으로써 감정적으로 혹은 논리적으로 확신시켜 전체적으로 느낌과 지식을 획득하여 나가는 과정을 겪는다.

이러한 과정이 계속되다 보면 언젠가는 적절한 사회성도 어느 정도 획득할 것으로 예상되지만 현재로서는 확실히 자신있게 얘기할 수는 없고, 앞으로 몇 년은 더 지난 다음에 두고 봐야 할 것 같다.

처음에 이러한 사실을 몰랐을 때에는 상협이에게 사전적인 인지교육도 없이 억지로 '이것은 이렇지 않느냐', '이럴 때는 슬퍼해야 하지 않느냐', '그것은 그렇게 하는 것이다'라는 식으로 가르쳤는데 상협이는 멍한 얼굴로 나를 멀뚱멀뚱 바라볼 뿐이었고, 그러한 상협이를 바라보는 나는 가슴이 답답하고 화가 나서 속상한 마음을 억누를 수 없었던 시행착오를 겪었었다.

처음부터 상협이에 대해서 잘 알고 역으로 깨닫게 하는 작업을 실시한 것은 아니었으며 차츰 상협이에 대해서 알기 시작하면서 상협이에게 모자라는 부분을 채워 넣는 작업을 실시하다 보니, 결과적으로 이렇게 정상아와는 반대의 순서로 상협이에게 세상을 깨닫게 하고 있는 나의 모습을 발견한 것이다.

운동

 자폐아 관련 TV 프로그램에서 보면 상다수의 부모들이 자폐아들에게 주로 시키는 운동이 수영, 달리기, 등산, 줄넘기 등이다. 상협이도 5세경에 수영이 좋다는 말을 애 엄마가 어디서 듣고 와서 1년여 동안 수영을 시킨 적이 있다. 당시의 나는 수영이 특별히 자폐아에게 좋은 이유를 찾아낼 수 없었지만, 전체적인 분위기가 수영을 배우는 분위기였고 나 자신도 당시에 회사 생활로 상협이에 대해서 잘 모르던 때였기 때문에 특별히 찬성할 것도 아니고 반대할 것도 아니였으며, 그래도 안하는 것보다는 하는 것이 좋을 것 같아서 수영을 가르쳤었다

 그러나 지금의 생각은 다르다.

 수영, 달리기, 줄넘기의 공통적인 특징은 단순 반복운동이라는 것이다. 처음 배울 때는 어려울지 모르나 어느 정도 배우고 나면

단순 반복 행동으로 그 운동을 계속 할 수 있다. 즉, 어느정도 익숙해 지면 겉으로 보이는 육체는 운동을 하고 있으나, 속에 있는 정신은 '시각의 세계'로 가서, 결과적으로 육체와 정신이 따로 분리될 가능성이 충분히 있다.

물론 어느 운동이든지 안 하는 것보다는 하는 것이 육체적으로나 정신적으로 좋다. 자폐아의 경우 운동부족으로 인한 비만을 해결해 줄 수도 있고 자기 몸에 대한 느낌을 갖도록 하는 것도 아주 중요하기 때문이다.

그러나 이왕 운동을 할 바에는 정신과 육체가 일치될 수 있는 운동이 더 효과적이며, 이런 의미에서 보면 공놀이가 좋을 것 같다.

손으로 던져서 주고 받는 놀이나 축구를 할 경우 공을 잡기 위해서는 공이 앞, 뒤, 좌, 우 어느 방향으로 어느 정도의 속도로 가는지를 판단해야 하고, 또 적절히 몸을 움직여 대응하여야 한다.

자폐아의 경우 기본적인 인지와 이해는 책을 통해서 어느 정도 가능하나 현실에서의 '판단'과 '대응'의 문제는 또 하나의 넘어야 할 거대한 산인데, 마땅하게 효율적으로 가르칠 방법이 별로 없다.

그러나 공놀이의 경우 자폐아의 정신을 방향과 속도의 다양함을 통해서 현실에 오랫동안 묶어놓을 수 있을 뿐더러, '절대적' 개념에서 벗어나 '상대적' 개념과 '다양성'의 개념을 깨닫게 해 줄 수 있고, 판단과 대응의 개념을 알게 할 수 있을 뿐더러 몸을 적절하게 목적하는 바에 따라서 움직이게 하는 기능을 향상시킬 수도 있다.

처음 상협이와 같이 생활할 무렵, 집에서 상협이에게 공을 공중으로 던진 후에 받아보라고 했는데, 공을 공중으로 던지지도 못했고, 떨어지는 공을 잡지도 못하는 것을 보고 상협이에게 공놀이를 가르쳐 줘야겠다고 생각하고 같이 동네 공원으로 갔었다.

그러나 상협이는 손이나 발로 공을 잡으면 즉시 공을 가지고 아무런 방향감각도 없이 아무곳으로나 한없이 뛰어갔고, 나는 그런 상협이를 뒤쫓아 뛰어가서 다시 데리고 오기를 보름정도 계속 했다.

이후 상협이가 어느 정도 안정을 되찾은 후 드리볼, 제기차기, 뛰어넘기, 공돌리기 등 공으로 할 수 있는 기초적인 운동 10여가지를 연습했으며, 그 후에는 페널티 킥을 해서 상협이가 이기면 과자를 사주기로 해서 슛 연습을 했으며, 농구도 같이 했다.

처음 페널티 킥을 차면서 상협이에게 골인을 10개 넣으면 과자를 사주기로 했는데, 상협이가 슛한 것을 내가 계속 막아내자 상협이는 화난 얼굴로 내게로 와서 나를 골대 밖으로 밀어내려고 했다. 아직은 골 키퍼가 어떤 역할을 하는 사람인지 인지하지 못하는 것 같아서 이번에는 반대로 내가 슛을 하고 상협이가 골 키퍼를 하도록 해서 골 키퍼의 역할을 인식시켰다.

이후 상협이는 내가 골키퍼를 하면서 왼쪽에 서 있으면 오른쪽으로 공을 차고, 오른쪽에 서 있으면 왼쪽으로 공을 차는등 제법 축구에 대한 인지가 좋아졌으며, 한번은 내가 공을 공중으로 강하게 차서 계속 골인시켰는데, 골키퍼를 보던 상협이가 나에게 '아빠, 세게 차면 어떻해, 천천히 차란 말이야'라고 제법 당시로서는 의미있는 말을 하기도 하였다.

공을 던지고 받기를 할 때에도 나는 상협이에게 앞, 뒤, 좌, 우, 상, 하, 강, 약의 여러 종류로 공을 던져 주었는데, 어느 정도 연습을 하자 제법 공의 성질에 따라 잘 쫓아다니며 공을 잘 잡는다. 요즘도 상협이와 가끔 놀이터에서 공놀이를 하는데, 헤딩하기, 높이 던지기등도 제법 잘 한다. 그러나 또래 아이들과 같이 축구를 하기에는 판단력, 패스, 스피드등이 모자라서 적절한 역할을 수행하지는 못하고 그냥 같이 뛰어다니기만 하는 정도이다.

또한 공놀이라고 해서 계속적으로 정신을 현실에 집중시키는 것은 아니고, 20-30분 정도 지나면 눈의 초점이 풀어지면서 '시각의 세계'에 다시 빠지고는 하는데, 현실의 논리 세상에 정신을 20-30분 정도 집중시키면 정신적으로 피곤함을 느껴서 자동적으로 편안한 시각의 세계로 정신이 빠져 드는 것 같다.

그러나 어쨋거나 단순한 운동보다는 다양성을 가진 공놀이가 '판단력'과 '대응력'이라는 자폐아가 미래에 풀어야 할 숙제에 대해서 미리 준비할 수 있는 좋은 운동이라는 생각이다. 또한 공놀이를 하면 나 아닌 상대방에 대한 인지를 해야 하기 때문에 사회성의 기초를 준비하는 데에도 도움이 될 수 있다.

공놀이를 싫어하는 아이에게 공놀이를 시키기 위해서는 일반적인 아이의 생활을 공놀이보다 더욱 싫은 긴장의 상황으로 계속 유지해 주어서 아이가 상대적으로 일반적인 생활보다는 차라리 공놀이를 하는 것이 더욱 편하다는 느낌을 갖도록 해야 한다.

만약에 부모의 마음이 유약해져서 애틋한 마음으로 아이를 강하게 지도하지 못하면 아이 역시도 현재의 타성에서 쉽게 빠져나오기 어려울 것 같으며, 예를 들어 자폐아의 일상적인 생활을 여러 가지의 공부 등으로 계속적인 논리적 사고를 하도록 지도한다면, 자폐아는 이러한 일상의 논리적 사고가 주는 스트레스를 피하기 위해서라도 상대적으로 편한 공놀이를 선택할 것이다.

내 생각에는 이러한 자폐아의 초기상황의 난제를 정면으로 도전해서 극복해야지만 한계상황을 탈출할 수가 있는데, 물론 아이의 상태에 따라 부모가 어느 정도의 유연성을 가질 필요는 있지만, 그렇다고 해서 포기하게 되면 아무것도 얻을 것이 없게 된다는 것이다.

또 한가지 등산에 대해서 이야기 해 보겠다.

상협이와 같이 몇 번 등산을 한 적이 있었는데, 등산의 경우에는 다른 단순운동과는 달리 울퉁불퉁한 산을 넘어지지 않고 올라가거나 내려가기 위해서는 계속적으로 길의 상태라는 현실에 정신을 집중시켜야 하기 때문에 자폐아에게 어느 정도 현실세계에의 정신집중이라는 효과가 있었다.

그러나 상협이는 등산을 하면서 자기의 정신을 100% 길의 상태에 집중시키지는 못하고 50% 정도만 집중시키며, 나머지 50%는 정신이 시각의 세계로 가 있는 느낌을 주었다.

이렇게 정신의 절반은 현실의 세계에 있고 나머지 절반은 시각의 세계로 가 있는 상태가 되다 보니까 등산을 하면서 자주 넘어지지는 않았지만, 그렇다고 전혀 넘어지지 않는 것도 아니어서, 불안한 자세로 걸어가다가 가끔씩 넘어지는 현상을 보였다.

이렇게 상협이의 정신이 현실의 세계와 시각의 세계에 양다리를 걸치는 현상이 가끔 발견되었는데, 예를 들어 차를 타고 가면서 동화 TAPE를 틀어주고 따라하도록 하면 정신의 절반은 차창 밖으로 보이는 시각적 세계의 쾌감을 찾아서 부지런히 눈동자가 움직이며, 나머지 절반의 정신으로 동화 TAPE를 따라하기 때문에 틀리는 경우가 자주 발생하고는 했다.

가능하다면 되도록 자폐아의 정신을 100% 현실의 세계에 집중시키는 것이 좋겠지만, 그래도 최소한 정신의 50%만이라도 현실의 세계에 집중하는 것도 자폐아에게는 가치가 있기 때문에 울퉁불퉁한 길에서의 등산은 자폐아에게 좋은 운동이라고 생각된다.

신체의 느낌 강화

　자폐아가 가지는 이상현상 중의 하나는 신체적인 아픔, 간지러움, 감각등의 저하나 과민반응과 더불어 자기의 신체에 대하여 조차도 적절히 느낌을 가지지 못하여 심지어는 자기의 몸을 자기의 의지대로 움직이지도 못하는 경우이다.
　예를 들어서 팔을 옆이나 앞으로 뻗거나 돌릴 때 적절히 팔을 뻗거나 돌리지 못할뿐더러 손가락이나 발가락같은 세부기관 같은 경우는 아예 움직이지도 못해서 1-2살 정도의 어린아이의 모습을 보인다.
　이런 현상을 근본적으로 치유하기 위해서는 느낌과 기초인지의 교육이 우선되어야 하는 것이 중요하며, 또한 이와 더불어 신체의 접촉을 통한 신체적 느낌강화도 중요한데, 예를 들어 자폐아의 등 뒤에서 몸의 각 부분을 손가락으로 찌른 다음 자기의 어느 신체부

위에 느낌을 받았는지를 알아맞히는 게임을 한다면 자폐아가 정신을 효율적으로 현실의 세계에 집중해서 자기 몸의 각 부분의 느낌을 감지하고 강화 할 수 있으며, 더 나아가서는 뭉툭한 도구와 뾰족한 도구를 사용해서 어떤 도구로 찔렀는지를 알아맞히는 게임을 한다면 신체의 느낌을 한층 더 강화할 수 있을 것이다.

또한 '옆'이라는 개념의 인지를 강화시켜 주어서 옆이라는 개념이 90° 정도의 직각을 이루는 개념이라는 것을 심어주면 자폐아가 팔을 옆으로 벌릴 때 과거의 엉거주춤한 자세에서 벗어나서 제법 정확한 자세를 취하는데 도움이 될 것이며, 팔돌리기를 할 경우에는 먼저 '돌리는' 것에 대한 개념을 충분히 자세하게 인지시켜 주어서 이해하게 한 후에 팔돌리기를 시도하면 효과적일 것이다.

신체의 각 부분부분에 대한 훈련을 통해서 자기 신체에 대한 감각을 강화시켜 주는 것은 자폐아가 정신을 현실의 세계로 집중시키는 것을 도와 주어서 학습의 효율성도 도와 줄 수 있으며, 궁극적으로 자폐의 탈출에도 도움을 준다.

예를 들어서 손가락의 경우에 각각의 손가락을 적절히 움직이게 해서 세모나 동그라미 등의 모양을 만들어 보거나, 왼손가락과 오른손가락을 서로 어긋나게 붙이거나, 양손가락을 이용해서 간단한 숫자나 글자를 만들어 보는 등의 훈련은 신체의 느낌 강화에 큰 도움을 주며 발가락, 어깨, 눈, 코, 다리 등의 경우에 한쪽 눈만 감고 윙크하기, 다리의 경우에 무릎 사이에 공을 넣고 걸어가기,

어깨의 경우에 으쓱으쓱하기, 발가락의 경우에 각각의 발가락 움직이기, 허리의 경우에 허리돌리기 등 각각의 신체의 부위별로 몇 가지의 적절한 움직임을 할 수 있도록 지속적으로 훈련시키면 아이의 전체적인 발달에 도움을 준다.

창피해요(자해 행위)

　자폐아 부모들과의 대화 도중에 어느 자폐아 부모가 '열 서너살 된 아들이 자위행위를 해서 걱정이에요'라는 말을 들었었다.
　나로서는 아직 상협이가 그런 상황에 있지는 않아서 깊이 생각해 보지는 않았고 또 당시에 여러 사람들이 있었기 때문에 그 문제에 대해서 별다른 깊은 이야기를 나누지는 못했지만, 집에 와서 생각해 보니 사실 자폐아의 부모로서는 큰 걱정거리라고 생각되었다.
　자폐아의 자위행위는 자위행위 그 자체가 문제가 아니라 첫째는 자위행위를 지나치게 많이 한다는 것이 문제이며, 둘째는 사회적으로 적절하지 않은 공개된 장소에서 자위행위를 한다는 것이 문제인데, 내 생각으로는 이러한 적절하지 않은 행동을 짧은 기간 동안에 근본적으로 적절한 행동으로 바꾸어 놓을 뾰족한 묘수는 없다.

 다만 원칙적이고 장기적인 계속적인 교육을 통하여는 어느 정도 적절한 통제가 가능하다고 보는데 첫째는 현실적인 확대를 통한 현실적인 놀이의 즐거움을 깨닫도록 해서 자폐아의 사고와 신경을 다양한 곳에 관심과 재미를 느끼도록 유도하는 방법이고 둘째는 '창피해요'라는 개념에 대해서 이해하도록 해주는 것이다.

 첫째의 경우에 자폐아가 십오세 정도 되면 시각의 세계에 빠져드는 강도가 점점 약해지는데, 이렇게 자폐아의 정신이 시각의 세계에 빠져나왔을 경우에 현실적으로 사전을 외우는 등의 '단순한' 행동밖에 할 수가 없으며 이러한 단순한 행위의 일종으로 자위행위의 쾌감에 깊이 빠져드는 것 같다.

 따라서 자위행위의 빈도를 줄여 주기 위해서는 어렸을 때부터 느낌, 기초인지, 감정들을 강화시켜 주고 또한 이러한 것들을 현실에 적용할 수 있도록 교육해 주어서 현실에서의 이해와 인지의 정도를 넓혀 주고, 이에 따라서 상대적으로 자위행위 등의 행동에 대한 관심을 줄여줌으로서 자위행위의 빈도를 줄여 줄 수 있다.

 앞에서 말한 '생황의 정신적 긴장도' 유지의 목적을 넓게 보면 정신적 유지→현실적 놀이의 즐거움 이해→자위행위의 감소로 이어져서 서로 연결되는 공통인 개념인 것이다.

 둘째의 경우는 '창피하다'는 개념은 5-6세 정도가 되어서야 획득할 수 있는 높은 수준의 개념이며 차갑다거나 뜨거운 것과 같은 절대적 개념이 아니고 지역이나 시대에 따라 바뀔 수 있는 사회적 개념이기 때문에 인지된 경험의 축척이 없이 단순히 교육만으로 획득하기에는 오랜 세월이 걸릴뿐더러, 단순히 '창피하다'는 개념 하나만을 획득하는 것은 어렵고 여러 가지 기본 개념에 대한 복합적 이해가 되어야지만 비로소 획득할 수 있는 복합적 개념인데, 자폐아에게 '창피하다'라는 개념을 제대로 이해할 수 있게 하기 위해서는 다음의 두 가지의 조건이 적합하게 교육되어져야 한다.

첫째, 자위행위 하나의 행동에 대해서만 창피하다라는 개념이 심어질 경우에는 자폐아는 창피하다라는 개념에 대해서 일반적인 의미를 이해할 수 없기 때문에 다양한 경우의 창피한 경우를 예시해 줌으로서 창피하다는 뜻에 대한 일반적인 의미를 이해할 수 있을 정도가 된 후에 자위행위가 창피하다고 가르쳐야 제대로 뜻을 이해하게 된다.

예를 들면 팬티만 입었을 경우, 얼굴이 더러울 경우, 식사 도중 반찬을 흘릴 경우, 문제를 틀렸을 경우, 선생님에게 혼났을 경우 등 20-30여 가지의 다양한 경우에 대해서 자폐아가 그런 행동을 했을 경우에는 즉시 '창피하다'거나 '부끄럽다' 등의 말을 일반화를 시켜 주어서 뜻을 이해할 수 있게 해 주어야 한다.

이러한 선행 작업으로 자폐아가 '창피하다'라는 의미를 일반적으로 이해한 후에 자위행위에 대해서 창피한 행동이라고 말해 주면 자폐아는 어느 정도 이해를 하게 되고 사람이 많은 곳에서는 자위행위를 하지 않게 될 것이다.

둘째, 자폐아는 어떤 개념만을 설명해 줄 경우에는 이해가 어렵기 때문에 필히 상대적 개념과 같이 설명해 주어야 한다.

'창피하다'라는 개념을 이해하기 위해서는 상대적 개념인 '자랑스럽다'나 '잘했다' 등의 개념을 함께 사용해서, 예를 들면 '100점을 받으면 자랑스럽고 0점을 받으면 창피해요', '얼굴이 깨끗하면 잘 생겼고 얼굴이 더러우면 창피해요', '수업 시간에 책상에 앉아 있으면 잘 했고 돌아다니면 창피해요' 등 상대적 개념을 함께 비유하면 이해의 속도가 빨라진다.

이러한 현실에서의 인지 교육이 상당 기간 열성적으로 생활 속에서 계속되면 비로소 자폐아는 개념의 이해가 가능해지는데, '창피하다'라는 감정의 인지는 단순히 자위행위뿐만이 아니라 자폐아의 전체적인 생활의 사회적 균형성의 틀을 잡아 줄 수 있는 중요한 개념이다.

내가 느낌, 기초인지, 감정에 대한 어렸을 때부터의 강한 교육의 필요성을 주장하는 이유는 이와 같이 모든 생활에 있어서 이러한 기초 개념의 바탕이 있어야지만 자폐아의 발전을 모색할 수 있기 때문이다.

식욕이라는 지푸라기

　처음 상협이와 공부를 시작할 때는 다른 자폐아와 마찬가지로 도대체 어디서부터 어떤 방법으로 이 아이를 통제할지가 정말 난감하였다. 시도 때도 없이 시각의 세계에 정신이 빠져 이상한 표정과 이상한 행동으로 산만하게 움직이는데, 다만 난감할 뿐이었고 포기하고 싶은 생각 뿐이었다.

　지금 생각해보면 1-2세 정도의 정신연령에다 기초적인 느낌과 인지를 획득하지 못한 상태에서 몸만 7세가 되었으니 얼마나 상협이 자신도 혼란스러웠을지 이해와 동정이 가지만, 당시에는 상협이라는 자폐아에 대한 이해를 못하였고, 나로서도 상협이를 정상인의 관점에서 보았으니 속상함과 답답함이 더욱 컸었다.

　그러나 그 와중에서도 상협이를 효과적으로 통제할 수 있는 딱 한가지의 방법이 있었는데, 그것은 상협이가 식욕이 많다는 것이었다.

 상협이가 현실의 세계에 대하여 제대로 인지할수 있는 것은 바로 먹는다는 것에 대한 욕심 한가지였는데, 바로 이 식욕이 상협이를 발전시키는 단 하나의 지푸라기같은 구명줄이었다.

 단순한 상협이는 다른 통제는 아예 이해할 수가 없었으니 따를 수도 없었지만 먹는 것에 대한 회유와 협박에는 지나칠 정도로 잘 따랐는데 오늘은 내일 무엇을 사 주겠다고 꼬였으며 아침에는 저녁에 무엇을 사 주겠다고 꼬였는데 그 하나를 먹을 욕심으로 상협이는 몇 시간씩이나 무던히도 잘 참고 따라왔으며, 오전과 오후에 공부할 때는 말을 듣지 않으면 점심밥이나 저녁밥을 주지 않겠다고 협박했는데, 상협이로서는 굶는다는 고통에 지나치게 민감해서 굶지 않기 위해서는 세상의 어떤 어려운 일도 할 정도로 강한 반응을 보였다.

 다른 자폐아와 마찬가지로 상협이도 채식은 강한 거부감을 가지고 있었으며 육식만을 좋아했는데, 상협이가 말을 듣지 않을 경우에 '상협이는 산에 가서 혼자서 채소만 먹고 살아라'라고 말하면 후다닥 정신을 바짝 차리고는 했는데, 그렇다고 오래 간 것은 아니었고 10-20분이 지나면 또다시 정신이 풀어져서 멍한 표정이 되었고, 또다시 먹는 이야기를 하면 다시 정신을 차리는 것의 연속이었다.

 이후에 더럽고 깨끗한 것에 대한 느낌인지가 생기고, 향긋하고 고약한 냄새에 대한 느낌인지가 생기면서부터는 돼지우리에 보내겠다느니, 혹은 하마와 함께 냄새나는 곳에서 살라고 하는 등의 협박에도 강한 반응을 보이면서 무서워하곤 했는데, 그래도 역시 식욕에 대한 반응이 가장 강해서, 지금도 어지간한 협박에는 별로 무서워하지 않고 시큰둥한 표정을 짓지만 먹는 것에 대한 유혹에는 쉽게 넘어가고 강한 반응을 보인다.

어느 부모든지 처음에 말이 통하지 않는 자폐아를 적절히 통제시킬 마땅한 방법을 찾지 못하여 애가 타는 경우가 많은데, 상협이의 경우 그나마 식욕에라도 강한 현실적 욕구를 느끼는 것이 불행중 다행한 일이었던 것 같다. 이후에 상협이가 의미있는 말을 시작한 부분도 주로 먹는 것과 관련된 부분이 많아서, '피자 먹으러 가요', '더 주세요', '공부 끝나고 밥을 먹자' 등 식욕과 관련된 부분부터 의미있는 말이 시작되었었다.

강제 교육

 교육자가 자폐아를 교육시키는 과정에서 힘든 것들 중의 하나는 자폐아가 특정한 사항에 대해서 지나치게 강한 강도로 거부하는 자세를 보일 때 과연 억지로라도 교육을 시켜야 할 것인지, 아니면 강제적인 교육을 삼가야 할 것인지에 대하 판단이다.
 이러한 문제에 대한 나의 입장은 강제적으로 교육을 시키지 않는 것도 하나의 방법이겠지만, 만약 필요하다고 생각되면 강제적으로라도 교육을 시켜도 무방하다는 것이다.
 왜냐 하면 초기의 자폐아가 보여주는 쾌, 불쾌감이나 좋고 싫어하는 판단의 근거가 논리적 사고에 근거하는 것이 아니고 시각우선성향이나, 이로 인한 오감의 불균형에 근거를 둔 판단이기 때문에 이러한 자폐아의 행동에 지나치게 큰 비중을 둘 필요가 없다는 것이다.

자폐아의 초기적 시각우선성향에 근거를 두는 쾌, 불쾌감은 자폐아가 성공적으로 논리우선자로 전환되면 언제 그랬느냐 싶게 논리적 감정에 기초를 두는 쾌, 불쾌감으로 변해서 과거에 행했던 행동과는 전혀 다른 모습으로 판단 기준이 바뀐다는 것이다.

예를 들어 상협이의 경우에 과거에는 한 쪽 길로만 가려고 하고 물렁물렁한 것을 만지려 하지 않고, 채소를 절대로 먹지 않고, 꺼칠꺼칠한 옷을 입으려 하지 않고, 물에 가는 것을 싫어하는 등 특정한 사항에 대하여 지나치게 거부하는 성향이 강하였으나, 요즘에는 어느 길로 가든지 목적지만 갈 수 있으면 개의치 않고, 찰흙으로 모형을 만드는 것을 좋아하고, 채소를 먹으라고 하면 어느 정도는 먹으며, 옷의 애벌레 무늬를 좋아해서 꺼칠꺼칠한 옷도 입으며, 쉬는 날에는 스스로 수영장이나 물가에 가자고 부모에게 졸라대는 모습을 보인다.

즉 과거에는 판단의 기준이 시각우선성향과 오감의 불균형에 근거를 두는 의사 표현이었지만, 요즘에 보여주는 선택의 근거는 정상적인 논리적 사고에 근거한 것이라는 것이다.

내 생각으로는 자폐아가 초기에 보여주는 시각적 판단 성향은 자폐아의 발전을 위해서는 필히 수정되어야 할 사항인데, 만약에 자폐아의 이러한 시각적 성향을 존중해 주다 보면 자폐아가 그러한 상황에 안주하게 되어서, 후에는 개선이 불가능할 정도가 될 가능성도 있기 때문에 가능하다면 자폐아에게 계속적인 간섭과 통제를 가해서 이러한 한계 상황을 극복하도록 적극적으로 노력해야지만 개선이 가능하다.

비록 초기의 자폐아가 심하게 거부하는 모습을 보여도 시간이 흘러서 자폐아가 논리우선자로의 전환이 성공하면, 과거의 모습은 엄밀히 말하면 시각우선자라는 잘못된 형상이 보여주었던 허위적 모습이었을 뿐이고 그 아이의 참된 모습은 아니었으며, 그 아이의 진실된 모습은 논리 우선자로 변한 후에서야 나타난다.

교육자나 부모가 진실로 존중해 주어야 할 부분은 이러한 시각우선자의 허위적 모습이 아니라, 논리우선자로 변환된 후에 나타나는 논리적 감정에 기인한 진짜 아이의 모습이다.

따라서 교육자가 비록 강제 교육을 실시해도 그 목적이 자폐아를 시각우선자라는 허위적 껍데기의 모습을 극복해서 참된 아이의 진짜 모습을 찾아 주기 위한 것이라면 합당하다는 것이다.

시간 낭비

자기 자식이 자폐아라는 사실을 알게 되면 부모는 너무 큰 걱정과 두려움 때문에 정신이 혼미해져서 자식을 구할 수 있는 특별한 방법을 찾아서 이곳 저곳을 몇 년동안 헤메이며 다니게 되는데, 이러한 과정에서 부모는 자폐아에게 황금같은 시간을 허비하게 되는 '죄'를 범할 수도 있으니 조심해야 한다.

예를 들어서 성남에 집이 있는 자폐아가 강북에 있는 유명한 특수 학원을 다니기 위해서 집에서 아침 9시에 출발해서 11시부터 12시까지 1시간 동안 특수교육을 받은 다음 강남으로 가서 오후 2시와 4시에 각각 언어 치료와 수영의 교육을 한 시간씩 한 후에 6시에 집으로 돌아갔다고 가정해 보자.

겉으로 보기에는 자폐아의 어머니가 자식을 위하여 하루 종일 열심히 노력한 것 같지만, 사실은 자폐아는 3시간 동안의 특수교육을 통하여 교육자와 자폐아의 정신이 일치되는 참된 교육은 2시간도 제대로 받지 못한 반면에 길거리에서 6시간 정도를 허비하고 다닌 어리석음을 범한 결과를 초래한 것에 불과하다.

정확히 말하면 어머니의 이러한 행동을 칭찬 받을 행동이 아니라 반성해야 할 행동이라는 것이다.

내 생각에는 자폐아에게 '살아 있는' 느낌의 교육'이 실시된다면 어느 곳에서 교육을 받아도 큰 차이는 없으며, 오히려 살아 있는 느낌의 교육은 부모를 통해서 더욱 제대로 시행될 수 있는 장기간에 걸친 생활 교육인데 일부 부모들은 자폐가 마치 암이나 정신병처럼 단기간에 걸친 수술 같은 과정을 거쳐서 치료될 수 있다고 잘못 생각한 결과 하루의 상당 기간을 길거리에 허비해 버려서 나중에 자폐아가 성장한 후에는 어떻게 손쓸 수 없을 정도가 되어 버리는 '우'를 범할 수 있다.

그렇다고 해서 특수 교육을 받는 자체가 나쁘다는 것은 아니며, 자폐아에게 어느 정도의 사회와의 관계를 유지해 주기 위해서도 어느 정도의 특수 교육은 필요하다.

그러나 자폐아에게 하루에 8시간 이상의 정신의 현실 집중 시간을 유지해 주기 위해서는 지나치게 이곳 저곳 다니다가는 8시간은 고사하고 4시간조차도 제대로 시간을 확보할 수 없게 된다.

부모의 경우에는 그래도 이런저런 방법을 통하여 자식의 정신을 현실에 붙잡아 두기가 쉬우며 또한 집에서는 자폐아의 정신이 어느 정도 안정된 모습을 갖게 되지만, 자폐아가 일단 밖으로 나오면 정신이 더욱 흐트러지는 경향이 있는데 이런 흐트러진 자폐아의 정신을 부모가 아닌 교육자가 다시 집중시키는 것 역시도 그리 쉬운 일은 아니기 때문에 지나치게 여러곳을 다니다가는 오히려 특수 교육을 다니지 않고 집에서 부모가 교육할 것보다 못한 결과가 될 수도 있다.

 나와 같이 이야기를 하던 어떤 자폐아 어머니가 말하기를 과거에는 자폐인 자기 자식이 원망스럽고 미운 적도 있었는데, 다시 생각해 보니 자식이 원망스러운 것이 아니라 자식에게 제대로 교육시켜주지 못한 자기 자신이 오히려 자식에게 미안하다고 실토한 적이 있다.

 아무리 자식을 위한 것이라고 해도 무조건 다 좋은 것만은 아니며 현명하고 냉철한 판단을 해서 진실로 자식을 위한 방법을 부모가 선택할 의무가 있으며, 만약 이러한 선택의 과정에서 잘못된 방법을 택하게 되면 후에 자폐아에게 치명적인 악영향을 끼칠 수도 있다.

 사실 현실적으로 자폐아와 부모가 하루종일 집안에만 있기는 어렵기 때문에 어느 정도의 특수 교육을 받는 것은 중요하다.

 그러나 이러한 특수 교육에 집착한 나머지 길거리에 상당 시간을 허비해 버려서 진실로 중요한 부모의 교육 시간을 갖지 못한다면 안되기 때문에, 부모는 자기 스스로 자식을 교육하는 시간을 먼저 5시간 이상을 확보한 후에 나머지 시간을 현실적 여건에 맞게 특수교육에 할애하는 것이 타당할 것 같다.

생활의 정신적 긴장도

　시각 우선자인 자폐아를 그냥 방치할 경우에는 하루종일 정신이 시각의 깊은 늪에 빠져서 스스로는 빠져나올 수 없기 때문에 자폐아가 보여주는 외적인 행동은 정신과 육체가 분리되어서 망가진 모습을 보여주게 되며 이러한 자폐아 특유의 이상한 행동들은 부모의 마음을 아프게 한다.

　이러한 자폐아의 이상한 행동들을 제어하기 위해서는 자폐아의 정신을 현실의 세계로 돌려놓아서 정신과 육체가 일치되도록 해야 하며, 자폐아의 정신과 육체를 일치시키는 계속적인 작업은 '간섭'이라는 부모의 통제로 이루어지게 되는데, 자폐아는 이러한 간섭을 통하여 타율적으로 '생활의 정신적 긴장도'를 유지하게 된다.

　자폐아의 비록 타율적이라도 간섭에 의한 생활의 긴장도를 계속 유지해 주어야 하는 까닭은 자폐아가 생활의 긴장도를 계속 유지할 경우에는 정신이 시각의 세계에 깊이 빠지지 않고 현실의 세계에 머물러 있기 때문에 현실적인 느낌, 인지, 감정의 이해 및 획득이 가능해 지지만, 긴장감이 없이 시각의 세계에 깊이 빠져버리면 현실적인 느낌, 인지, 감정들을 의식할 수 없어서 현실세계의 이해가 불가능하기 때문이다.

간섭에 의한 생활의 긴장도 유지를 다른 말로 표현하면 자폐아의 뇌를 계속적으로 시각이 아닌 논리의 세계로 잡아두는 것인데, 이러한 작업을 계속 실시할 경우 처음에는 자폐아가 논리적 사고에 따른 스트레스와 거부감을 느껴서 괴성을 지르거나 자해 행위를 하면서 괴로워 하지만 어느 정도 논리적 사고에 익숙해지고 인지가 늘어나면 괴성을 지르거나 자해 행위를 하는 대신에 '현실의 즐거움'을 찾아서 이러한 스트레스의 상태를 벗어나려고 노력하게 된다.

정상인의 경우에는 '심심하다'고 느끼는 고통 때문에 즐거움을 찾아서 쾌감을 느끼는 반면에 자폐아는 '논리적'인 것에 대한 고통 때문에 즐거움을 찾아서 쾌감을 느끼려고 하는데, 생활의 긴장도가 유지되는 상태에서는 시각적 즐거움을 찾는 것이 아니고 현실의 즐거움을 찾게 되어서 현실에 대한 느낌이 강화되지만, 생활의 긴장도가 풀어지게 되면 현실의 즐거움이 아닌 시각의 즐거움에 탐닉하게 되기 때문에 자폐아에게 별다른 도움이 되지 못한다.

상협이의 경우에도 집에서 교육 도중에 10-20분 정도의 자유시간을 주면 교육의 긴장도가 계속 유지되기 때문에 주사위 놀이, 동화 읽기, 공놀이, 총놀이, 동생과의 놀이등 현실적인 놀이에 집중하게 되지만, 자유시간을 30분이나 1시간 정도 주게 되면 소파에 눕거나, 위인이나 탤런트 이름 수십 명을 낙서장에 쓰거나, 상가 건물에 있는 수십 개의 상가 이름을 그림으로 그리거나 하는 등의 시각적 즐거움의 세계로 빠져 버리는 등 자유시간의 길이에 따라 놀이의 종류가 확연히 달라진다.

즉 상협이가 아직은 긴 시간 동안의 자유시간을 스스로의 의지대로 현실의 세계에 정신을 집중시킬 능력이 없기 때문에 긴 시간 동안 방치할 경우에는 생활의 긴장도가 떨어져서 시각의 세계로 빠지기 때문에 이러한 현상을 막기 위해서는 계속적인 간섭에 의한 생활의 긴장도 유지가 필요하며, 이러한 교육이 계속될 경우에는 언젠가는 스스로 자기의 정신을 현실의 세계에 계속 집중할 수도 있을 것 같다.

상협이의 경우에는 생활의 긴장도가 장소나 시간에 따라서 아직은 큰 차이를 보이는데, 예를 들어서 집안에서는 생활의 긴장도가 어느 정도 유지되어서 안정적인 모습을 보이지만 집밖으로 나가면 바깥 세상이 주는 시각에의 유혹들로 정신적인 긴장이 풀어져서 '흩트러진' 모습을 보이는 경우가 있으며, 또한 2-3일 동안의 여행이나 명절로 인한 정신적 이완 후에는 논리적인 현실적 사고를 하는 것에 대하여 보통 때보다 더욱 짜증을 내는 것을 쉽게 발견할 수 있다.

　자폐아에게 일상생활에서의 정신적 긴장도를 꼭 유지하게 해야 하는 이유는 자폐아가 이러한 정신적인 논리적 긴장으로 인하여 정신을 시각의 세계로 집중시킬 수 있을 뿐만 아니라, 이러한 정신적인 논리적 긴장의 고통에서 벗어나려는 노력의 일환으로 현실적인 놀이의 즐거움에 대해서 관심을 많이 가질수록 자폐아의 현실 이해, 다양성, 사회성 등의 발전에 큰 도움이 되기 때문이다.

육체적 고통의 인지

 이 부분은 쉽게 이야기하기 힘들다. 표현이 적절해야지, 잘못된 표현을 하면 내가 어린아이를 학대하는 파렴치한이 될 수도 있다. 그러나 내가 느꼈던 것에 대해서는 사실대로 표현하는 것이 도리라고 생각하고 솔직하게 적어 보겠다.
 어떤 사람이 자폐아 교육을 잘 하는 사람으로 유명했는데 알고 보니 자폐아를 상습적으로 체벌하는 질 나쁜 사람이었다는 것과, 자폐아를 때리면 커서 인성이 잘못될 수도 있지 않겠느냐는 글을 책에서 읽은 적이 있다.
 자폐아 중에서도 아픔을 느끼고 싫어하는 자폐아라면 굳이 체벌할 필요가 없다. 그러나 만약에 육체적 아픔조차도 인지할 줄 모르는 자폐아라면 육체적인 타격을 가해 줄 필요가 있다.
 육체적 타격을 가하는 목적이 체벌을 하기 위해서가 아니고, 육체적 아픔을 느끼게 해 줄 필요가 있다는 말이다. 예를 들어 높은 곳에 스스로 떨어진 후에 바보처럼 웃는 아이와 같이 무서움과 육체적 고통을 모르는 아이에게는 필히 육체적 아픔의 불쾌감을 가르쳐 주어야 한다.

언젠가 T.V에서 국민 연금 관계자가 하는 말이 '인간에게는 가장 큰 서러움이 두 가지 있는데 첫째는 몸이 아픈 서러움이고 둘째는 배고픈 서러움이다. 몸이 아픈 서러움을 위해서 의료보험을 만들었고, 이번에는 배고픈 서러움을 위해서 국민 연금을 확대한다'라는 것이었다.

육체적 아픔 및 불쾌한 느낌을 갖는 것은 인간뿐만 아니라 모든 생물에 있어서 필연적인 조건이다. 바로 이 육체적 아픔을 느낌으로 인해서 자기의 생명을 보호하게 되는 것이다. 육체적 아픔 및 불쾌감의 인지는 살아 있는 생명에 있어서는 필수적인 원초적 조건이다. 그러나 바로 이런 육체적 아픔을 인지하지 못하는 자폐아가 상당수 있다. 97년도에 어떤 자폐아 부모와 이야기하면서 '우리 아이가 몸이 아플 때 어디가 아프다고 말할 수만 있어도 소원이 없겠다.'라고 이야기하는 것을 들었고, 나 또한 동감했다. 참으로 처절하도록 슬픈 이야기였다.

육체적 아픔의 인지에는 두 가지가 있는데 첫째는 배탈이 나서 배가 아픈 것처럼 병으로 인한 육체적 아픔이고, 둘째는 상대방에게 뺨을 맞은 경우처럼 육체적 아픔 및 불쾌감을 느끼는 2차적인 경우이다.

자폐아에게 가르쳐야 할 가장 중요하고 기본적인 것 중의 하나가 바로 이 육체적 아픔과 불쾌감을 인지하도록 하는 것인데 이것은 병이나 외부의 침입으로부터 자기를 보호하는 모든 동물의 생존 법칙인 것이다.

상협이와 처음 생활을 시작하던 몇 개월간은 며칠 걸러 하루씩 상협이의 뺨을 몇 대씩 제법 아프게 때렸다. 우선 상협이의 눈과 정신을 현실의 세계로 유도한 다음 상협이가 잘못한 점을 설명해 주고 (상협이가 알아듣던, 못 알아듣던 상관하지 않고) 뺨을 때려 줬는데, 주로 혼잣소리를 한다거나 딴 생각을 한다거나 (정신이 시각의 세계로 가 있을 경우)하는 이유로 체벌을 가했었다. 솔직히 말하면 상협이에 대해서 너무 답답했던 감정도 섞여 있었다. 그러나 어쨌거나 나의 생각은 잘못했으면 혼이 난다는 것을 알도록 해야 하고, 맞았을 때는 아프고 불쾌하다는 것을 알도록 해야 한다는 것이었다. 그래서 때릴 때는 언제나 상협이에게 '맞으니까 기분이 어때?'라고 물어 봤고, 상협이가 울면서 '아프고 기분이 나빠요'라는 대답을 하도록 했다.

처음 맞았을 때는 허둥대며 어쩔 줄을 몰라 했고, 좀 지나서는 괴성을 지르며 눈물, 콧물을 흘리며 울어댔고, 최종적으로는 아빠를 원망스러운 눈으로 쳐다보며 울어댔다. 즉 몇 달이 지나서야 아빠를 '불쾌하고 원망스러운 눈으로 쳐다 볼 줄 아는' 현실의 인지가 생기고, 정상인의 눈빛이 되었던 것이다.

　지금은 상협이를 때릴 필요가 없다. 왜냐하면 안 아프게 약간 때리기만 해도 아빠를 눈으로 흘겨보며 서럽게 우는 모습을 보면 상협이가 육체의 아픔과 불쾌감을 깨달았다고 판단되기 때문이다. 아니, 때리려고 해도 때릴 수가 없다. 자식의 그런 눈망울을 쳐다보며 자기 자신을 때릴 부모는 없다.

　이제는 자기 몸에 대한인지가 높아져서 예를 들어 뛰어가다 엎어지거나 모기에 물려서 몸에 작은 상처만 나도 상협이는 스스로 약을 바르고 반창고를 붙이는 등 자기 몸의 보호에 엄살일 정도로 신경을 많이 쓰며, 타인의 몸에 상처난 것을 보았을 때에도 '왜 다쳤어요'하고 물으며 '육체의 아픔'과 '치료'에 대해 적절한 관심을 보여주기 때문이다.

　'육체의 아픔과 불쾌'를 억지로라도 가르쳐야 하는 또다른 이유는 원만한 학교생활을 위해서이다.

　초등학교에 다니는 자폐아의 상당수가 친구들로부터 공격을 당하면 속수무책으로 당하며, 심지어 어떤 아이는 이상한 괴성을 지르기 때문에 그것이 재미있어서 친구들이 계속 때리는, 마치 친구들의 장난감에 불과하게 되는 경우가 있어 부모의 가슴을 찢어지게 한다.

　그러나 육체적 아픔과 불쾌를 훈련을 통해서라도 정확하게 인지하게 되면 필연적으로 적절한 대응 행동이 나오게 된다. 상협이의 경우 초등학교에서 싸우는 경우는 있어도 일방적으로 맞는 경우는 없었는데 왜냐하면 태권도를 2년여 동안 배운 것도 있지만, 맞았을 때의 불쾌감이 상대방에게 격한 반응으로 되돌아가기 때문에 친구들이 상협이를 쉽게 때리지 못한다. 물론 문제가 전혀 없는 것은 아니다. 상협이가 상대방을 공격할 때는 배나 가슴 등을 공격하지 못하고 얼굴만을 주먹으로 치는 등 적절한 공격 포인트를 잡지 못하며, 친구들의 행동에 대한 공격과 장난을 잘 구별하지 못하여, 때로는 친구들의 장난에 대해서도 일정한 강도가 넘으면 주먹으로 대응하여 싸움으로 발전하는 경우가 있다. 그러나 부모의 입장에서 과연 장난감처럼 일방적으로 매맞는 자식이 좋은지, 때론 과잉 반응을 보일지라도 적절히 대응할 줄 아는 자식이 좋은지는 자명하다.

일단 대응하는 능력을 갖게 되면 후에 대응하는 방법에 대해서는 인지의 확장에 따라 사회적으로 적절하게 수정하는 작업이 가능하지만, 아예 대응하는 능력이 없을 경우에는 평생 스스로의 독립적인 생활에 대한 보장을 할 수가 없게 되는 까닭에 자폐아에게 필히 대응하는 능력을 키워 주어야 한다.

방법이 비록 서툴더라도 자기 보호와 자기 방어를 적절히 할 수 있도록 강인하게 만들어야 한다는 것이 내 생각이다. 물론 정상아 부모의 입장이나 전문가의 입장에서 보면 자폐아의 지나친 과격 대응으로 자기 자식이나 남의 자식에게 혹시 피해를 줄 우려가 있어서 나의 생각에 반대할 수도 있다. 그러나 최소한의 자기 방어 능력이 없이 평생을 산다는 것은 상상할 수 없을 정도로 슬픈 일이며, 자폐아의 인지가 발전될수록 대응의 방법도 점차 세련되기 때문에 문제될 일이 아니다. 구더기가 무서우면 장을 담글 수 없다. 매를 맞거나 싸우는 과정을 통해서 판단 능력과 대응 능력을 향상시킬 수 있기 때문에 자폐아의 발전을 위해서는 이러한 과정을 필히 경험하게 해야 한다.

어떤 사람이 '자폐아를 때리면 후에 성격이 안 좋아질 수 있다'라고 말했는데 이는 정상인의 입장에서 본 로맨틱한 오해에 불과하다. 왜냐하면 초기의 자폐아는 '맞는다'는 것에 대한 기본적인 인지가 없거나 부족한데 오죽하면 높은 곳에서 스스로 떨어지고, 또 멍-하고 웃고 있겠는가.

물론 다른 아무런 인지와 느낌이 없이 단지 불쾌감만을 교육했을 경우에는 후에 잘못될 가능성도 있으나, 자폐아에게 불쾌감뿐만 아니라 사랑, 즐거움, 행복 등의 개념이 같이 교육되어지면 후에 성격이 잘못될 염려는 없다.

자폐아에게 육체의 아픔과 불쾌감을 충분하게 인지하기까지는 느낌을 갖도록 훈련시켜 주어야 한다. 그렇게 되면 때리려고 해도 때릴 수 없는 아이의 눈망울을 보게 될 것이다.

굳이 꼭 뺨을 때려야 한다는 것은 아니고, 육체적 아픔과 불쾌감을 현실로 느낄 수 있는 다른 방법이 있다면 더욱 좋다. 그러나 초기에 상협이의 손바닥과 종아리를 약하게 때린 적이 있는데 상협이는 이를 장난의 일종으로 생각하고 매를 맞으면 오히려 즐거워하면서 더 때려 달라고 한 적이 있다. 자폐아에게 초기에 정말로 아픔의 불쾌감을 느끼게 하기 위해서는 어느 정도 상당한 충격을 줘서 강한 느낌을 갖도록 할 필요는 있다.

정신 전환 방법

　자폐아들이 깊은 시각의 세계에 빠져서 도대체 현실의 세계로는 정신이 돌아오지 못할 때에 부모들은 참으로 안타까운 심정이 든다.
　시각의 세계에서 혼자 눈을 멍하고 있는가 싶더니 갑자기 쾌감을 느껴서 정신없이 웃어대기도 하고 또 때로는 울기도 하는데, 부모로서는 의사소통이 되지 못하니까 도대체 아이가 무슨 생각을 하며, 왜 웃는지 이유조차 알지 못하고 그냥 바라만 보고 있을 수밖에 없다.
　그렇다고 아이의 정신을 현실의 세계로 돌려놓을 별다른 방법도 없어서 설령 꾸중을 한다 해도 알아듣지 못하니 꾸중을 해봤자 별다른 방법이 되지를 못한다.
　그렇다면 과연 어떻게 해야지만 자폐아의 정신을 시각의 세계에서 현실의 세계로 정신을 돌려놓을 수 있는지 단계별로 나누어서 생각해 보자.

1) 육체적 충격

원초적인 방법으로 자폐아의 육체에 충격을 주면 정신이 현실의 세계로 돌아오는데, 예를 들면 육체를 구속하거나, 때리거나, 간지럽히면 어느 정도는 시각의 세계에서 빠져나온다.

그러나 정신이 현실의 세계로 돌아와서 머무는 시간이 짧아서 조금만 지나면 다시 시각의 세계로 정신이 돌아가고 마는데, 하루에 수십번이나 수백번씩 육체적 충격을 줄 수는 없어서 계속적으로 자폐아의 정신을 현실에 묶어두는 데에는 한계가 있다.

2) 물질적 유혹

자폐아가 좋아하는 음식이나 자동차등의 장난감을 이용해서 자폐아의 정신을 현실의 세계로 유도하는 방법인데, 자폐아가 글을 이해하거나 말의 뜻을 이해할 때까지는 효과적으로 자폐아의 정신을 현실의 세계로 붙잡아 둘 수 있다.

자폐아의 경우 절대적 사고방식이나 단순성이 강하기 때문에 교육이나 훈련에 대한 보상으로 자기가 좋아하는 것을 해주겠다는 조건을 붙이면 정상인보다 더 맹목적으로 따라오기 때문에 효과적인 방법이기는 하지만 계속 이러한 단순한 방법을 쓸 수는 없으며, 자폐아의 수준이 향상되면 방법을 바꾸어야 한다.

3) 고통에 의한 통제

자폐아의 인지가 어느정도 발전해서 아픔, 무서움, 더러움, 싫음등의 고통에 대한 개념이 생기면 이를 이용해서 자폐아의 정신을 통제할 수 있는데 예를 들어 '때려 줄 거야', '귀신을 오라고 할 거야', '돼지우리에서 살게 할거야', '저녁밥 반찬으로 오이를 줄 거야' 등의 고통의 느낌이 인지되는 겁을 주면 통제가 가능해서 어느 정도는 정신을 잡아 둘 수 있다.

자폐아가 성장하는 각각의 과정에서 그때마다 무서워하는 대상이 바뀌는데, 예를 들어 한때는 귀신을 무서워하다가, 나중에는 스님을 무서워하고, 또 시간이 좀 더 지나서는 개를 무서워하는 등의 변화가 있기 때문에 교육자가 그때 그때의 자폐아의 무서움의 대상을 적절히 포착하고 대응하여야 한다.

4) 책에 의한 정신전환

1), 2), 3)의 방법이 인간의 원초적인 감각이나 감정을 이용하는 통제방법이라면 4)부터는 논리적 사고 방식을 이용하는 통제방법인데, 4)부터의 통제방법이 가능하기 위해서는 사전에 느낌, 기초 인지, 감정등에 대한 교육이 어느정도 이루어져서 글의 내용을 약간은 이해할 수 있어야 한다.

자폐아가 어렸을 때 책을 많이 보는 경우가 있는데 이것은 글의 내용을 이해하고 재미를 느껴서가 아니고 단순히 책의 그림에 도취되어서 책을 보는 것이기 때문에 진정한 의미에서의 독서는 아니며, 또한 자폐아의 정신이 책에 집중되었다기 보다는 시각의 세계의 연장선상에 있다고 보아야 타당할 것이다.

여기에서 의미하는 책에 의한 집중은 그림에의 집중이 아니고 책의 내용에의 집중이기 때문에 상당량의 교육이 이루어져야만 가능한 부분인데, 만약에 자폐아가 이러한 수준에 이르게 되면 지나칠 정도로 책에만 매달리게 되는 현상이 발생하게 된다.

자폐아의 경우에는 비록 인지와 느낌이 강화되어도 현실에 대한 인지된 경험이 없기 때문에 쉽게 인지를 현실에 적용할 능력을 바로 취득하지는 못하며, 대신에 경험이나 상대방 없이도 쉽게 혼자서 인지의 세계를 느낄 수 있는 책에 맹목적으로 사로잡히게 되는데, 책에서 시각적 즐거움과 인지적 즐거움을 함께 맛볼 수 있기 때문에 더욱 심취된다.

자폐아가 책의 내용에 심취하게 되면 일단은 시각의 세계에서는 빠져나왔기 때문에 일견 바람직한 현상이기는 해서 어느 정도는 책을 보면서 책의 내용을 즐기는 것도 바람직하기는 하다.

그러나 자폐아의 최종목표가 책의 내용을 이해하는 것에 있는 것은 아니며, 최종목표는 현실의 세계를 인지하고 이해하는 것이기 때문에 지나치게 책에만 빠져드는 것은 어느정도 적절히 통제해야 하며, 책보다는 현실을 인지하는 쪽으로 방향을 잡아야 한다.

자폐아에게는 책의 세계가 단지 책의 세계로 끝날 뿐이지 현실의 세계로 연결되기는 쉽지 않아서, 예를 들면 동화책이나 위인전 책을 통해서는 기쁨과 슬픔, 사랑과 미움을 느낄 수 있지만, 똑같은 상황에서도 현실의 상황이 되면 그러한 감정을 느끼지 못하는데, 왜냐하면 현실적 인지와 경험이 아주 미약하기 때문이다.

5) 듣고 이해하는 정신전환

책으로 이해하는 세상은 어차피 비현실의 세상이기 때문에 자폐아의 교육에는 한계가 있으며, 자폐아에게 현실의 세계를 이해시키기 위해서는 필히 소리와 말의 의미를 듣고 이해하게 만들어야지만 자폐아는 하루의 생활속에서 계속적으로 들려오는 소리와 말을 이해하고 생각하기 위해서 자동적으로 하루 생활의 상당 시간을 스스로 시각의 세계에서 빠져나와 현실의 세계에 정신을 집중하게 된다.

예를 들어 딩동댕 소리가 나면 누가 찾아왔다는 인지를 하고, 물소리를 들으면 수도꼭지를 잠그지 않았다는 생각을 하며, 전화벨 소리가 나면 전화가 왔으니까 받아야겠다는 생각을 하게 되면 자폐아는 소리를 인지하고 반응하게 되어 정신이 스스로 현실에 집중하게 되어 상당한 발전을 이루게 되는 것이다.

또한 말을 듣고 이해하는 능력을 획득하게 되면 교육자의 의지대로 언제든지 편하게 교육을 시킬 수 있게 되어 한결 자폐아의 위급한 상태를 벗어나게 되는데, 물론 이러한 정도에 도달할 때까지의 힘든 노력이 수반되어야지만 획득할 수 있는 것이고 대충의 교육만으로는 획득하기 어려운 것이며, 설령 듣고 이해하는 능력을 획득하였다 해도 처음에는 단순히 교육자가 말하는 것을 듣고 이해하는 정도이지 예측할 수 없는 상황에서 예측하지 못했던 사람이 하는 이야기까지를 듣고 이해하는 정도는 되지 못하며, 모든 상황에서 모든 사람의 이야기를 듣고 이해하기 위해서는 계속적인 노력이 뒤따라야 할 것이다.

소리와 말이라는 것은 책처럼 비현실의 세계가 아니고 소리와 말 그 자체가 현실이기 때문에 소리와 말을 이해하는 능력을 향상시킨다는 의미는 자폐아의 정신을 현실의 세계로 잡아 두는 것과 직결되는 것이다.

6) 말을 하게 되는 정신 전환

시각의 세계라는 것이 느낌과 논리는 필요 없고 단지 시각적 영상만이 존재하는 세상이기 때문에 당연히 언어도 필요 없는 세상이다.

이러한 시각의 세계에서 논리적 세상으로 전환시켜 주기 위해서 책이나 듣기 등의 방법으로 자폐아의 정신을 논리의 세상으로 돌려놓아서 현실을 이해하고 느끼도록 해 주어야 하는데, 사실 책이나 듣기 등은 자폐아에게 수동적으로 세상을 받아들이도록 하는 방법이지 적극적인 방법은 아니다.

즉 책이나 듣기 등은 외부의 자극에 수동적으로 대응하는 것이지 스스로 적극적으로 자기 표현의 수단은 아니기 때문에 최종적으로 자폐아에게 스스로의 인지와 느낌을 말할 수 있도록 해야지 적극적으로 시각의 세계에서 스스로 빠져나오게 된다.

또한 듣는 것은 인지나 느낌에 대해서 듣기만 하면 되는 것이기 때문에 스스로 구체화해서 정리할 필요가 없는 반면에 말을 한다는 것은 인지나 느낌에 대해서 구체화되고 정리된 정신의 능력이 있어야만 가능한 것이다.

물론 이러한 듣는 것과 말하는 것이 자폐아에게 결코 쉬운 일만은 아니며 특히 여러 개의 의미가 담긴 한 문장을 자폐아가 듣고 이해하거나 말하는 것은 상당히 어려워서 템플 그래딘조차 성년이 된 이후에도 세 가지 이상의 의미가 담긴 말을 한번에 듣고 이해하거나 말하는 것에 대하여 상당한 부담을 느낀다고 말할 정도로 어려운 작업이다.

그러나 자폐아의 시각우선성향이라는 핸디캡에도 불구하고 듣고 말하는 훈련이 조기부터 집중적으로 계속 실시되면 어느 정도 수준까지의 듣고 말하는 능력을 갖출 것으로 예측된다.

때늦은 교육

　상협이와 같이 생활하면서 느꼈던 후회 중의 하나는 상협이와의 생활을 시작한 시기가 늦지 않았나 하는 점이었다.
　그렇다고 해서 3-4세때 상협이가 자폐아인 것은 안 이후에 그냥 방치한 것은 아니다. 7세가 될 때까지 4-5년을 집사람이 이곳저곳 데리고 다니면서 나름대로 많은 교육을 시켰다. 사실 내가 7세부터 교육을 시켰으니까 나름대로의 논리를 생각하고 여러 가지 관찰이 가능했지, 3-4세때 상협이와 함께 생활했다면 특별한 분석이나 방법이 나 역시도 별로 없었을 것 같다. 다만 여러 가지 놀이, 게임, 운동 등을 통해서 현실적인 균형을 가지도록 노력했을 것이고, 별다른 점이 있다면 그 교육 시간을 가능한 한 많이 가지도록 노력했을 것 같다. 그러나 5-6세가 되어서는 많이 달라졌을 것 같다. 당시 상협이는 하루 생활을 4시간 정도의 유치원 생활과 기타 특수 교육 2시간 정도 했던 것으로 기억한다. 그러면서 상협이의 입이 열리기를 기대 했는데 입은 열리지 않았다. 여기서 가장 후회가 되는 부분이 상협이의 입이 열리기를 기다렸던 수동적인 부모의 자세였다. 아무리 애타게 기다려도 자폐아 스스로는 절대로 입을 열지 못한다. 입을 열게 하기 위해서는 인위적이고 강제적인 아주 많은 시간과 노력이 필요하다. 나는 상협이가 8세 때부터 본격적인 듣기와 이해하기와 말하기를 통해서 입을 열게 하는 작업을 시작하였는데, 이 시기는 상당히 늦은 것 같으며 적절한 시기는 5세 전후인 것 같다. 이 시기에 본격적으로 듣기, 인지, 말하기의 훈련이 시작되면 적절한 것 같다. 예를 들어 하루 10시간의 현실 집중 시간을 갖는다면 5시간 정도는 놀이, 게임, 만들기, 운동 등을 해야 하겠지만 나머지 5시간은 듣기, 인지, 말하기에 투자해야 할 것 같다. 물론 처음 몇 달간은 아무리 설명해 주어도 '쇠귀에 경읽기'식이다. 그러나 알게 모르게 조금씩 흡수하게 되면 몇 달이 지나면 조금씩 말이 나온다. 물론 처음 나오는 말은 듣기도 어렵고 문장도 많이 틀리며, 주로 명사 위주로 말한다. 이것은 자폐아뿐만 아니라 정상아도 처음 3-4세때 말이 나올 때는 그 정도인 것 같다. 처음 몇달 동안은 자폐아가 반응을 못해도 실망할 필요는 없을 것 같고, 논밭에 비료를 주는 마음 자세로 임하면 될 것 같다.

어떤 책에서 읽었는데 자폐아가 5세 전후에 의미 있는 말을 하면 긍정적이고, 8세까지 의미 있는 말을 못하면 부정적이라는 글이 있었다. 그러나 저는 여기에 대해서 의견을 달리한다. 내가 많은 수의 자폐아와 오래 같이 생활해 보지 못했기 때문에 전부라고 이야기 할 수는 없지만 그래도 상당수의 자폐아는 하루 5시간 정도의 듣기, 이해하기, 말하기의 교육을 몇 달 동안 실시하면 의미 있는 말을 할 수 있을 것이고, 반면에 이러한 교육이 하루 2시간 이하로 이루어진다면 아무리 오랜 시간이 지나도 의미 있는 말을 못할 것 같다. 즉 의미 있는 말을 하느냐, 못하느냐는 노력의 문제이지 나이의 문제는 아니다. 지능이 낮다는 것은 고차원의 학습이 이루어지기 어렵다는 뜻이지, 지능이 낮다고 해서 기본적인 사회적 언어, 커뮤니케이션이 이루어지지 못한다는 뜻은 아니다.

구어적 표현을 얼마나 잘 사용하는지는 얼마나 정신이 현실에 오랫동안 많이 집중하는지의 습관에 관한 문제인 것 같다.

예를 들어 부부간에 부부 싸움을 할 때 주로 구어체로 현실에 관한 문제를 주제로 부부 싸움을 한다. 만약 문어체로 '인생'이나 '예술'이나 '철학'에 관한 이야기를 하면 부부 싸움이 아닌 '토론'이 될 것이다. 그런데 이 부부 싸움에서 주로 여자들이 구어체의 활용이 남자보다 능숙하여 거의 쉬지 않고 계속 말을 쏟아 내고 결국은 말싸움에서 주로 여자들이 이긴다.

그 이유는 여러 가지가 있겠지만 그 중 하나는 남자들이 주로 '사업', '회사일', '인생' 등의 추상적인 개념에 관하여 많은 정신을 집중하는 반면 여성들은 주로 부부 싸움의 주제인 '가족 관계', '부부 문제', '집안 경제 문제', '부모님 모시는 문제' 등의 현실적인 문제에 정신을 집중하여 많은 생각을 하기 때문이다. 그러나 이렇게 부부 말싸움에서 여자가 이긴다고 해서 여자가 남자보다 지능이 우수하다고 말하지는 않는다

자폐아의 지능에 대해서는 다시 얘기해 보겠지만 내 생각과 상협이의 경우를 종합해 보면 결코 일반적으로 책에서 나와 있는 것처럼 저능아는 아니라는 것이다.

다만 자폐아는 '시각우선자'라는 본성 때문에 현실에의 '눈마주침'을 통한 현실 논리의 교육은 어렵지만 책의 '문자와 그림'에는 집중할 수 있기 때문에 책을 통한 간접적 교육은 가능하다는 것이고, 5세 전후에 집중적인 교육이 이루어지면 다소간의 시각적 차이는 있겠지만 '기초적인 의미 있는 말이 문어적'으로 열리게 된다는 것이다.

교육 내용의 뒤섞임

　상협이와의 생활을 좀 더 일찍 시작했다면 상협이의 정신연령에 맞는 기초 교육을 좀더 많이 충실히 해 줄 수 있었겠지만 당시 상협이는 이미 취학연령을 지난 8세였다. 당시 상협이에게 4-5세에서 8세정도까지의 교육을 2개월 정도 간격으로 1년씩 뛰어 넘는 교육을 시켰는데, 당시 상협이의 정신연령이 2-3세 정도였다고 가정하면 2-3세의 정상아에게 4세에서 8세 정도까지의 교육을 시킨거나 다름없으니까 무리수도 상당한 무리수였으며, 억지도 상당한 억지였다.
　그러나 나로서도 어쩔 수 없는 선택이었던 이유는 상협이가 내년에 정신연령 8세들이 다니는 초등학교에 다녀야 했기 때문이었다 정신연령 2-3세와 정신연령 8세의 현격한 차이에서 오는, 전혀 다른 집단과의 갈등과 열등감을 감수할 수밖에 없는 상황에서,

그래도 가능하면 4세에서 8세까지의 상황들을 '맛보기'식이라도 접하게 해주고 싶었다.

여기서 7-8세의 교육이라는 것은 초등학교 기본 생활을 위한 자리에 앉기, 줄서기, 화장실 가기, 청소 등의 교육을 하였다는 것이 아니라 7-8세 정도의 단어, 문장 이해, 상황 판단, 동화 줄거리 내용 파악 등이었다. 그러다 보니 내 생각에 상협이의 뇌는 4-5년 정도의 상황이 체계 없이 뒤죽박죽 혼동의 상태일 것 같았다. 정상의 아이들이 7-8세가 되기까지는 육체적 나이에 알맞는 적절한 정신적 성장이 체계적으로 튼튼하게 기초를 다져서 육체적 나이와 균형을 이루어 취학연령에 이르게 되는데 반해서 상협이의 경우는 세월의 이곳 저곳에 너무나 빈틈이 많은 부실한 뇌의 소유자인 셈이다.

콘크리트 기둥으로 따지자면 정상아의 뇌는 콘크리트를 조금씩 넣으면서 다림질하여 빈틈없이 튼튼한 기둥이고, 상협이의 뇌는 한꺼번에 많이 부어 넣어서 이곳 저곳에 빈 구멍이 있고 쉽게 갈라지는 부실한 기둥인 셈이다. 5세 정도부터 시작해서 좀 더 시간적 여유가 있었다면 이러한 기초 작업을 좀 더 많이 튼튼하게 할 수 있었을 텐데 하는 아쉬움이 든다. 이러한 경험적(체험적) 기초가 따라 주지 못한 인위적 교육의 결과를 요즘 보이는 상협이의 상태 몇 가지로 설명해 보겠다.

ⅰ) '아빠, 이 집은 우리 집이에요'하고 말했다가 무엇인가 좀

생각한 후에 '아니야, 이 집은 우리 집이 아니야, 상협이네 집이야'라고 고쳐서 말하는 '우리 집'과 '상협이네 집'이 혼돈 되는 상황이 한달 여 동안 계속되었다. 물론 자세히 설명해 주고 둘 다 맞다는 이야기를 몇 번이나 해 주었지만 상협이가 정상아처럼까지 이해하지는 못하고 혼돈스러워 하는 것 같았다.

ⅱ) '아빠, 여기는 우리 동네 에요, 마을은 시골에 있어요'라고 말을 하는데 이는 구어체와 문어체의 다름을 이해하지 못해서 나온 현상 같았고, 나름대로 도시는 동네이고, 시골은 마을이라고 규정한 것 같았다.

ⅲ) '왕', '황제', '용왕', '폐하' 등의 개념에 혼돈을 보이면서 아빠에게 가끔 질문을 했고

ⅳ) 부부, 남편, 부인, 사위, 며느리, 등의 개념에 혼돈을 보여서 가끔 '나는 크면 남편이 되어서 아이하고 같이 오락실에 갈 거예요'라고 말하며 '아빠, 며느리는 뭐예요'라는 등의 질문을 하는데, 일단은 남자와 여자의 차이 정도로 구별해 주고 있다.

ⅰ), ⅱ), ⅲ), ⅳ)의 내용에서 알 수 있듯이 상협이가 알고 있는 단어들은 주로 친구들과의 대화에 나오는 구어체가 아니고 동화책이나 학습지에 나오는 문어체들이다.

ⅴ) '아빠, 절은 뭐예요?'라는 질문을 몇 번 했는데 상협이는 비록 산에 있는 절에 몇 번 다녀오기는 했지만 현실적인 종교적인 의미의 절보다는 몇몇 동화에서 본 '절'과 스님의 내용이 더욱 강

하게 머리에 각인되어 있어서 일반적인 종교적 의미의 절을 설명하기는 어려웠다. 내가 '절은 무엇 하는 곳이지?' 하고 물어 보자 '스님이 사는 곳이에요'까지만 대답했지 부처님의 개념까지는 파악하고 있지 못하였다. 왜냐 하면 동화에서 보았던 절은 부처님은 나오지 않았고 큰스님과 어린 스님 정도만 나왔기 때문이다.

상협이에게 '절에서 사는 것이 좋으니, 싫으니?'라고 물어 보자 한번은 '머리를 깎아서 싫어요'라고 대답했고 다른 한 번은 '무서워서 싫어요'라고 대답했는데, '왜 무섭니?'라고 질문하자 '너 이놈아 썩 나가지 못해'라고 대답했는데 아마 혼자 절을 돌아다니다가 스님에게 혼난 기억이 있는 것 같았다.

어쨌거나 기본적이나마 절이 가지고 있는 현실적인 종교적 의미를 파악하지 못하고 동화 속의 절 수준에 머물러 있는 것 같았다.

vi) 초등학교 1, 2학년 학습지에서 나오는 '바른 생활'이나 '즐거운 생활'의 내용에 대해서 잘 알고 있으며, 4지 선다형이나 간단한 주관식 문제에 대해서도 제법 정확히 답을 쓴다. 예를 들어 집안 정리를 어떻게 해야 한다든지, 아픈 사람을 대할 때는 어떻게 해야 한다든지, 아는 사람을 만나면 어떻게 해야 한다든지 등에 대해서 4지 선다형의 제법 어려운 문장에 대해서도 거의 정확하게 답을 골라낸다.

그러나 이것들은 단지 '책'의 내용에 대해서 아는 것이지, 실제 생활에 있어서는 별로 연결이 되지 않는다. 주변에 누가 와 있거나, 누가 아플 때 등에 대하여 적절한 관심이나 표현이 나오지 못하고 옷을 벗으면 무의식적으로 아무 곳에나 옷을 처박아 둔다. 그래도 옛날에는 주의를 줘도 말뜻을 이해하지 못하니까 수정이 이루어지지 못했는데 지금은 주의를 주면 행동의 수정이 이루어진다는 면에서 다르다.

어쨌거나 이러한 학습과 실제 상황의 대응이 다른 이유 중의 큰 이유 하나는 앞에서 말한 급작스러운 단기간의 교육 때문이라고 여겨진다.

그래서 나는 지금 상협이가 2학년이지만 1, 2학년의 학습지를 함께 공부하고 있으며, 다른 교육을 시킬 때는 5-6세 정도의 기준에 맞는 교육을 시키고 있다. 가능하면 지금이라도 상협이의 비어 있는 부분을 계속 채워 주고 싶은 생각 때문이다.

어느 책에서 읽었는데 정상아들도 어떤 일을 인지하고 대응할 때 한 두 번의 경험으로 이루어지는 것이 아니고 수십 번의 반복적인 교육을 통해서 이루어진다고 한다. 자폐아 역시도 수십 번의 반복적인 교육이 있어야 이해 및 대응이 가능할 것 같다.

또 하나 이야기할 것은 일종의 '시너지 효과'인데 사실 이것은 객관적 사실이라기보다는 나의 경험에서 나온 추측이지만 느낀 대로 적어 보겠다. 예를 들면 하루에 한 시간씩 교육을 받는 아이와 하루에 두 시간씩 교육을 받는 아이는 수치상으로는 두시간씩 교육받는 아이가 두배의 효과가 있다고 판단되지만 실제로는 두

배 이상의 효과가 있는 것 같다. 통상적으로 자폐아에 관련된 책에서 교육을 많이 시키면 시킬수록 결과가 좋다는 통계가 많이 나와 있는데, 이 말이 맞을뿐더러 그 이상의 의미가 있다고 생각된다.

만약에 내 추론이 맞다면 하루 24시간 뇌가 작동하는 일반 아이와 하루에 교육 시간 2-3시간 동안 뇌가 작동하는 자폐아의 정신 발달 차이는 10배 이상의 차이가 있다고 보아야 할 것이다. 이러한 시너지 효과의 측면에서 본다면 하루 4시간 미만의 교육이 이루어진다면 별다른 발전을 기대하기 어렵고, 대신에 하루 8시간 이상씩의 교육이 이루어진다면 어느 정도 희망이 있다고 볼 수 있다.

일반 아이의 경우 뇌가 하루종일 작동한다면 잠을 자는 시간에도 꿈을 통해서 뇌가 작동한다고 보아야 할 것이다.

꿈과 관련해서 자폐아와 관련된 미국의 연구 결과를 하나 적어보겠다. 미국에서 정신과 의사들이 과연 아이들도 꿈을 꾸는지에 대해서 여러 가지 실험과 연구를 하였는데 그 결과 2-3세 정도의 어린이도 꿈을 꾸기는 하는데 어른들처럼 연속된 장면으로 꿈을 꾸는 것이 아니고 사진처럼 하나 하나의 단절된 장면으로 꿈을 꾼다는 것이었다. 이 아이가 5-6세가 되면 비로소 어른처럼 연속적인 영화 장면처럼 꿈을 꾼다는 것이었다. 즉 정상아들도 2-3세 경까지는 세상의 현실을 논리적, 연속적으로 이해하는 능력이 없으나 계속적인 스스로의 자율 학습에 의해서 5-6세 경에는 논리적, 연속적으로 인지하여 언어적으로 체계화하는 작업이 완성되어 비로소 연속적인 영상의 꿈을 꿀 수 있다는 것이다. 어떤 자폐아 전문가가 말하기를 자폐아는 '연속적인 연상'의 생각을 할 능력이 없고 단지 사진처럼 '단면의 장면'만을 생각할 수 있기 때문에 가능하면 사진을 많이 찍는 것처럼 다양한 경험의 사진을 많이 찍어서 정신 속에 많이 간직하도록 해야 한다는 것이었다. 그 이야기는 마치 정상아 2-3세 수준에서 5-6세 수준으로 발전하기가 불가능하다는 이야기와 비슷하다.(사실 정상 성년인 우리들이 기억할 수 있는 가장 어린 시절의 기억은 보통 5-6세 정도의 기억인데 바로 이 5-6세가 '논리의 체계적 언어화'가 완성된 시기인 것 같았다. 국민학교 시절에 대한 기억도 소풍이나 운동회, 혹은 선생님에게 혼이 났던 '기뻤거나', '즐거웠거나', '무서웠던' 느낌의 논리적 언어화가 된 부분은 기억하지만 단순히 '산수', '자연', '바른 생활' 등의 학습했던 기억은 거의 나지 않는다. 자폐아는 '감정의 체계적 언어화'가 안 된 상태이기 때문에 '기억할 능력이 없는' 상태이고, 발전되지 않는 한에는 경험했던 것들을 느낌으로 기억할 수가 없는 것이다.)

논쟁의 초점은 과연 자폐아가 2-3세의 '사진 속 수준'에서 5-6세의 '영상속 수준'으로 논리적 발전이 가능하냐의 문제인데, 나는 발전이 가능하다고 생각된다. 다만 앞에서 말한 시너지 효과 등을 감안할 때 정상아에 비해서 훨씬 발전의 속도가 느리기 때문에, 엄청난 시간과 노력의 기초인지 및 기초 감정 교육을 시켜서 자기의 경험과 느낌을 언어로 '논리적 일체화'를 시켜 주어야만 가능하다는 것이다.

문어체와 구어체

    한국에서 70년대 영어를 배운 사람의 특징이 문법적인 영어는 잘하는데 회화적인 영어는 못한다는 것이다. 문법적으로는 영어 원서를 읽고 이해할 정도의 수준인데 반해서 회화는 거의 못해서 예를 들어서 엘리베이터에서 미국 사람에게 몇 층까지 가냐고 물어 본다든지, 지하철에서 미국인이 발을 밟았을 때 발을 치워 달라고 하는 등의 생활 영어는 벙어리 수준이다. 이러한 문어체와 구어체의 차이는 한국말에 대해서는 잘 이해가 가지 않으나 영어를 가지고 생각할 때는 이렇게 큰 차이가 있다. 사실 한국말도 우리가 무의식적으로 자유자재로 표현하니까 그렇지 따지고 보면 문어체와 구어체는 큰 차이가 있다. 좀 심하게 얘기하면 문어체와 구어체는 마치 별도의 언어처럼 느껴질 정도이다.

    여기서 얘기하고 싶은 것은 자폐아의 경우 문어체와 구어체에 있어서 상당히 큰 차이를 보인다는 것이다. 마치 영어를 배운 한국 사람이 문법적인 영어는 잘하면서 회화적인 영어는 못하는 것과 비슷하다. 문법적인 언어는 책을 통한 교육을 통해서 상당한 수준까지 발전이 가능한 것 같다. 그러나 대화 위주의 구어적인 언어는 주로 동년배와의 어울림을 통해서 획득하는데 자폐아는 육체 연령과 정신연령의 차이 때문에 상당 기간 동년배와의 어울림이 불가능하고 따라서 구어적인 언어는 발달이 어렵다. 그러나 자폐아가 구어 적인 표현 능력이 모자란다고 해서 실망할 필요는 없을 것 같다.

대개의 경우 사람을 평가하기 위해서 독해력이나 수리력 시험지를 들고 다니면서 TEST를 해서 평가하지는 않다. 그렇기 때문에 자폐아는 금방 정상인의 눈에는 이상한 아이로 눈에 띤다. 그러면서 그 아이의 전체에 대해서 이상한 아이로 평가한다. 그러나 사실 자폐아에게 적절한 교육이 실시될 경우 이상한 부분은 단지 대화가 부족한 아이라는 것이지 인지나 수리능력등이 모자란 아이는 아니라는 것이다. 예를 들면 미국 사람이 한국 사람과 기초적인 영어 회화가 되지 않을 경우 그 사람을 영어에 실력이 형편없는 사람으로 평가하겠지만 사실 그 사람이 어려운 영어 책을 읽고 이해할 수 있을 정도의 높은 영어 실력을 소유한 사람일 수 있다는 것이다.

내가 이러한 얘기를 자신 있게 할 수 있는 것은 억지를 부리는 것이 아니고 상협이의 경우를 통해서 확신을 가졌기 때문이다. 처음에 공부를 시작할 때는 앞이 캄캄했었으나 지금은 제법 2학년 학습을 따라간다. 늦게 시작한 것을 감안하면 상당히 빠른 속도이고, 어떨 때는 다른 사람에게 자랑하고 싶을 정도로 학습인지가 좋은 편이다. 그러나 아직도 또래 집단과의 계속적인 대화는 거의 불가능하고 어른들과의 대화는 어느 정도 가능하나 구어체가 아닌 책으로 배운 문어체적 표현이어서 듣는 사람에게는 좀 어색하게 들린다. 그러나 기본적인 뜻 자체가 틀린 것은 아니다. 예를 들면 '엄마랑 아빠랑 같이 가자'라고 표현해야 할 것을 '부모님, 같이 갑시다'라고 표현한다든지 '화가 났어'라고 표현해야 할 것을 '화가 머리끝까지 났어'라고 표현한다든지 하는 것들이다.

　기본적인 인지나 학습이 되지 않는 상태에서 대화마저 되지 않는다면 걱정하겠으나 인지와 학습이 되는 상태이기 때문에 크게 걱정하지는 않다. 예를 들면 동생 상빈이와 간단하게 놀이를 할 경우에 즐거워 할 부분에서는 즐거워하고, 화를 내야 할 부분에서는 적절히 화를 낸다. 단지 그러한 경우에 필요한 적절한 구어적 표현을 못한다는 것이다. 그러기 때문에 즐거운 부분에서 지나치게 웃거나 화가 나는 부분에서 주먹이 나가는 현상이 발생한다.

　사실 구어적인 대화도 중요한 것이기 때문에 틈틈이 상황에 맞는 적절한 대화적 표현 방법을 가리키기는 하지만 문어적 언어만큼 받아들이지 못하고 더디며, 또 표현 방법을 자주 기억하지 못한다. 구어적 표현을 단시간에 획득할 것은 기대하지도 않는다. 현실 상황 인식이 더욱 좋아지면 15세나 20세쯤 되어야 어느 정도 가능할 것이라고 예측된다.

요즘 상협이가 획득한 구어적 표현 두 가지 예를 들어보겠다. 어디서 들었는지 자기에게 불리하거나 어색한 상황을 맞으면 '아이 썰렁해'라는 표현을 가끔 쓰곤 한다. 썰렁하다는 것의 진짜 의미와는 좀 다르지만 완전히 어긋나지는 않는 것 같다. 또 하나는 '배가 고파 죽겠어요'라든지 '심심해 죽겠어요'와 같은 '죽겠어요'라는 표현을 자주 쓴다.

오락실에 가고 싶을 때는 '아빠, 심심해 죽겠어요, 오락실에 가요'라고 표현하고 피자를 먹고 싶을 때는 '아빠 배고파 죽겠어요, 피자 먹으러 가요'라고 표현한다.

대단히 중요한 것은 아니지만 어쨌거나 구어적 표현을 쓰기 시작한 것은 바람직해 보인다.

다시 한번 얘기하는 것이지만 상협이의 인지나 학습 수준은 겉으로 보이는 상협이의 행동이나 언어로 평가되는 수준보다는 상당히 높다는 것이다. 즉 자폐아는 육체 연령과 정신 연령이 서로 다르며, 정신 연령도 사회성 연령과 학습적 연령이 서로 다르다는 것이다. 이러한 차이를 구별하지 않고 뭉뚱그려서 전체적으로 정상 아동과 비교하면 대안 없는 고통만 뒤따른다. (육체적인 나이와 정신연령이 다른 이유는 정상아의 경우 정신이 현실을 주시하기 때문에 자연적으로 스스로 학습이 되는 반면 자폐아는 정신이 현실이 아닌 '시각의 세계'에 있기 때문에 강제적인 학습이 이루어지는 만큼만 정신 나이를 먹기 때문이며, 정신적인 나이중 사회적인 나이와 학습적인 나이가 차이가 나는 것은 자폐아가 초기에 현실을 통하여 배우지는 못하고 책이라는 수단을 통해서만 배울 수 있기 때문이다.)

문어적 이해가 구어적 이해보다 높을 경우에 가장 걱정이 되는 것은 '관념적인' 인간이 되어 버리는 것이다. 현실에 집중하는 강도나 시간이 정상인보다 약하기 때문에 복잡한 현실의 관계를 이해하는 정도가 약한 상태에서 주로 책을 통해서 인지를 하는 교육이 계속되다 보니까 상협이의 세상은 '현실을 직접 보는 세상'보다 '책을 통해서 보는 세상'의 정도가 훨씬 강하다.

처음에는 일단 책을 통해서 기초인지를 교육시킨 다음 이를 현실에 적용시키려고 계획했던 나의 의도는 현실에 적용시키는 과정에서 생각했던 것보다 많은 어려움에 봉착해 있는데 이는 당초 계획하던 시점에서는 상협이가 '시각우선자'라는 사실을 파악하지 못했었기 때문인데, 사실 처음부터 시각 우선자라는 사실을 알았더라도 그 외의 별다른 뾰족한 방법은 없었을 것이고, 나로서는 다만 책에서 배운 기초인지를 현실에 적용시키는 작업을 계속하는 일이다.

예를 들어 교육을 처음 시작했을 때에는 '콩쥐와 팥쥐'라는 동화의 내용을 전혀 이해하지 못하고 그림만 봤을 뿐인데 6개월 정도 지나면서는 전체적인 내용을 이해하면서 동화책을 본다. 책의 내용의 이해 정도를 확인해 보려고 몇 가지 질문을 해 보면 제법 내용을 이해한다. 전체적인 줄거리도 알고 왜 화가 났는지, 왜 울었는지, 왜 행복해졌는지도 책의 내용에 대해서 제법 알고 있다. 그러나 문제는 책의 내용은 현실이 아닌 단지 동화일 뿐인데 상협이에게는 '콩쥐와 팥쥐'가 동화가 아닌 '현실의 세상'이 되어 버린다는 것이다. '콩쥐와 팥쥐' 속에 들어가서는 내용을 이해하고 기뻐하고 슬퍼하면서도 같은 수준 정도의 현실에 대해서는 이해력이 많이 뒤진다. 단순히 어린아이이기 때문에 그럴 수도 있다고 치부하고 넘어갈 수준보다는 심각한 정도이다.

책으로 배운 인지를 어떻게 현실의 세계로 넓혀 가야 하는지는 나의 숙제이기도 하지만 현실의 세계에 정신을 집중하지 못하는 '시각 우선자'에게는 어느 정도의 '시각적 한계'와 '정도의 한계'를 인정해야 할 것이다.

자폐아가 문어체가 아닌 구어체를 사용한다는 의미는 '책의 세상'에서 탈출하여 '현실의 세상'으로 정신이 전환되었다는 것을 이미하기 때문에 가치있는 일이지만, 짧은 시간에의 정신의 전환은 어려우며 인지된 현실의 경험을 바탕으로 하는 수년동안의 노력이 필요하다.

가속도(시너지 효과)

    이 이야기는 논리적 확신은 아니며 경험에서 나오는 추측이기 때문에 책임질 수 있는 이야기는 아니지만, 그래도 전혀 허무맹랑한 이야기는 아니기 때문에 내가 느꼈던 점을 써 보겠다.

    상협이와 같이 생활하던 처음 1년까지는 나의 마음은 낙담과 울분의 연속이었다.

    그러나 약 1년이 지난 시점, 다시 말하면 앞에서 말한 세 개의 산중에서 하나를 넘은 시점부터는 상협이가 약간 인간다워 지면서 혹시나 하는 기대를 걸 정도로 발전을 보였었는데, 그 이후의 발전 속도가 내가 느끼기에 처음 1년의 발전 속도보다 빠르다는 것을 느꼈다.

    이러한 느낌이 혹시 나의 상협이와의 오랜 생활에서 오는 타성에서 기인한 것은 아닐까 하는 생각도 해 보았지만, 상협이의 발전 속도가 좀 빨라졌다는 느낌은 객관적으로 보아도 틀린 것 같지는 않았다.

그래서 과연 이러한 현상이 사실이라면, 왜 이런 현상이 일어났는지에 대해서 곰곰이 생각해 보았는데, 한가지 추리를 해 보았다.

예를 들어 뇌에서 '시각'의 부분과 '논리'의 부분이 9:1의 비율을 차지하는 상태에서 10시간의 노력을 해서 10의 효과를 본다면, 자폐아가 발전을 해서 뇌의 구조가 시각과 논리가 8:2의 비율이 될 것이고 이렇게 되면 10의 노력을 했을 때 얻어지는 효과는 10이 아니고 20이 될 거라는 추측이며, 따라서 더욱 발전해서 뇌의 구조가 시각과 논리가 7:3의 비율이 된다면 10의 노력을 해서 30의 효과를 볼 거라는 것이다.

즉 처음 자폐아에게 느낌과 인지의 논리를 심어 주기는 무척 어렵지만, 일단 어느 정도 이러한 기초가 확립되면 마치 새끼를 낳듯이 스스로 논리를 소화하고 생산하는 능력이 갈수록 커진다는 것이다.

만약에 이러한 나의 생각이 사실이라면 단순히 자폐아가 정상아에 비해서 30%정도의 발전을 해서 20세 경에는 최고 7세 정도의 능력을 갖게 될 것이라는 이야기가 틀린 이야기가 될 것이고 노력 여하에 따라서는 더 많은 발전을 기대할 수 있다는 이야기가 되겠지만, 아직은 확신을 가지고 이야기할 단계는 아니며, 결과를 좀 더 두고 본 후에 다시 한번 논의해 볼 사항인 것 같다.

자폐아의 작은 행동들

　자기의 자식이 자폐아라는 사실을 알게 되면 부모들은 낙담한 나머지 깊은 회한에 빠지게 되며, 자신의 이러한 상황에서 빨리 벗어나기 위해 조급해지기 때문에 일반적이 아닌 특별한 무엇인가를 통해서 상황이 역전되기를 바라지만, 사실 내가 내일 갑자기 프랑스어를 프랑스 사람처럼 말할 수 없는 것처럼 자폐아 역시도 내일 갑자기 말문을 열거나 정상아가 되는 것은 불가능하다.

　이러한 상황에서 자폐아의 부모들은 자폐아의 작은 행동들에 대하여 신경을 곤두세우며 일희일비하게 되는데, 예를 들어 자폐아가 엄마와의 눈마침을 잠깐 하거나, 병아리를 유심히 쳐다보거나, '안녕' 등의 말을 하게 되면 마치 자폐아가 자폐상태에서 탈출한 것처럼 기뻐하며, 자폐아가 단순 반복 행동을 계속하거나 길바닥에서 뒹굴며 낙담하게 된다.

그러나 자폐아가 엄마나 병아리를 쳐다 본 것이 정상아처럼 사랑이나 귀여운 논리적 개념이 아니고 단지 시각우선자의 시각적 영상과 엄마, 병아리를 일치시키려 쳐다본 것에 불과할 수도 있으며, '안녕'이란 말도 인간이 할 수 있는 수십 만개의 단어 중의 하나에 불과하기 때문에 그리 크게 기뻐할 일은 아니며, 또한 자폐아가 단순 반복 행위를 하거나 자해 행위를 하는 것도 자기 나름대로의 자신이 할 수 있는 범위에서의 행동과 기분의 표현이기 때문에 그리 크게 슬퍼할 일도 아니다.

  자폐아를 판단할 때 중요한 것은 자폐아의 단편적인 행동이 아니고 자폐아에게서 느낄 수 있는 일반적이고 종합적인 느낌인데, 이러한 사실을 망각할 경우에는 자꾸만 자폐아에게 부모를 기쁘게 할 수 있는 단편적인 행동들을 하도록 교육 방향을 설정하는 우를 범할 수 있는데, 이렇게 단편적이고 부분적인 것에 대하여 집착할 경우에는 '나무만 보고 숲을 보지 못하는' 실수를 범할 가능성이 많기 때문에 조심해야 한다.

  물론 자폐아를 자식으로 둔 부모의 입장에서 자식의 하나 하나의 행동에 신경이 쓰이는 것은 인정하지만 자칫 이러한 관심이 지나칠 경우에는 오히려 자폐아에게 피해를 주어서 특별한 몇 가지는 잘하면서도 일반적이며 상식적인 것들을 못하는 아이를 만들 수 있으며, 혹은 뿌리 없는 나무처럼 세워 놓으면 금방 넘어지는 교육을 실시해서 결과적으로 아무런 소득이 없는 교육을 실시할 가능성도 있다.

　자폐아에게 중요한 것은 부분적이고 특별한 것이 아니고 일반적이며 기초적인 커다란 줄기의 근본이라는 것을 교육자는 명심할 필요가 있다.

말짓기 놀이

 상협이에게 가르쳐 준 여러 가지 기초 인지와 느낌의 단어들에 대하여 상협이가 어느 정도 추상적으로는 이해를 하게 되었지만, 그러한 단어들을 현실의 생활에 적용하는 것은 어려웠기 때문에 이를 극복하기 위한 수단으로 상협이와 말 짓기 놀이를 가끔 했는데 효과가 제법 있었다.
 처음에는 끝말잇기 놀이나 특정한 말로 시작하는 단어를 말하는 게임이었는데, 예를 들면 '사'자로 시작하는 단어 말하기 게임을 하면 사자, 사슴, 사물놀이, 사고, 사계절 등의 단어를 말하는 게임이었다.
 그러나 이러한 게임들은 단순한 명사만을 나열하는 게임이어서 상협이에게 기초 인지나 느낌을 강화시켜 주기에는 적절하지 않아서 그만 두었으며, 이후에는 예를 들어 '길다', '무겁다', '즐겁다', '슬프다' 등이 들어가는 말 짓기 놀이를 주로 했었다.

'길다'의 경우에는 연필이 길다, 젓가락이 길다, 기린 목이 길다, 코끼리 코가 길다등의 '길다'는 개념을 가진 사물을 생각해 내서 말 짓기를 하는 것이었고, '즐겁다'의 경우에는 오락을 하니까 즐겁다 등의 상협이가 즐겁다고 느끼는 것들을 생각해 내서 말 짓기를 하는 것이었다.

이러한 말 짓기 놀이가 효과가 있었던 이유는 말 짓기를 하기 위해서는 상협이가 실제 현실 생활에서 길거나 즐거운 사물이나 일들을 스스로 생각해서 찾아내야 하기 때문에 이러한 말놀이를 통하여 상협이 주위의 사물이나 일들에 대하여 스스로 이해를 하고 의미를 깨달을 수 있게 할 수 있었기 때문이었다.

자폐아의 경우에는 비록 책에서는 어느 정도 이해를 해도 이것을 실제의 현실 생활에 적용시키는 것에 대해서는 시각 우선자의 특성상 어려움이 많은데, 이러한 놀이를 하면 자폐아의 정신을 일정 시간 동안은 현실의 세계에 집중하게 함으로서 현실을 이해하는 시간을 가질 수 있다.

물론 처음에 시작할 때는 상협이가 거의 말 짓기를 하지 못해서, 예를 들면 '무겁다'가 들어가는 말 짓기 놀이를 했을 경우에 내가 먼저 '텔레비전은 무겁다'라고 말했음에도 불구하고 상협이는 '냉장고가 무겁다'거나 '책상이 무겁다'라는 말조차 하지 못하고 머뭇거렸는데, 처음에는 내가 손가락으로 냉장고를 가리키거나 책상을 가리키는 등의 힌트를 주면서 말 짓기 놀이를 유도했으며 이러한 과정이 몇 번 계속되자 나중에는 '수박이 무거워요', '책가방이 무거워요' 등 제법 현실인지가 확장되었다.

나중에 상협이가 어느 정도 이러한 놀이에 익숙해진 후에는 틀린 이야기를 하면서 틀린 부분을 듣고 찾아내는 놀이도 함께 병행했는데, 예를 들면 '무겁다'라는 말 짓기 놀이를 하면서 내가 '풍선이 무겁다'라고 말하면 나에게 '아빠, 틀렸어요'라고 말하게 하는 것이었다.

처음에는 상협이가 자신의 생각에만 집중해 있기 때문에 내가 틀린 말을 해도 제대로 지적하지 못하였으나 이러한 게임이 계속되면서는 나중에는 제법 정확히 나의 틀린 이야기를 지적하게 되었다.

이렇게 내가 틀린 말 찾아내기 놀이를 한 이유는 첫째는 상대방의 말을 정신을 집중해서 듣고 이해하는 능력을 키우기 위해서였으며, 둘째는 순간적으로 빨리 맞는지, 틀리는지를 판단하는 능력을 키우기 위해서였는데 이러한 두 가지의 문제는 자폐아가 발전하기 위해서 필히 획득하여야 하는 핵심 사항들이다.

예전에 어느 자폐아 부모가 나에게 상협이를 가르치는 '비법'이 있으면 알려 달라고 농담 반 진담 반으로 이야기 한 적이 있는데, 바로 이러한 말 짓기 놀이도 비록 평범한 것이지만 비법이라면 비법이라고 말할 수 있는 부분이다.

구체적 교육 방법

　몇몇의 자폐아 부모로부터 상협이를 교육시킨 하루동안의 구체적 교육방법에 대해서 이야기해 달라는 부탁을 받고 처음 몇일 동안은 대답을 하지 못했는데 첫번째 이유는 자폐아 마다 성격이 다르기 때문에 일방적으로 나의 교육방법이 절대적으로 올바른 방법이어서 모두에게 적용할 수 있는 것 같지는 않았고 각각의 자폐아마다 자기에게 적정한 교육방법은 각각의 부모들이 자기 자식에 맞게 설정해야 할 것 같았으며, 두번째 이유는 나 자신이 그 동안의 교육방법에 대해서 어떤 의미와 어떤 효과가 있었는지를 정확히 구분해서 이야기하기가 힘들었기 때문이다.
　며칠동안 과거에 내가 행했던 교육방법에 대해서 생각해 본 후에 어느 정도 정리는 하였지만, 사실 어떤 방법이 어느 분야에서 어느 만큼의 효과가 있었는지는 잘 모르겠으며 단지 참고사항으로 적어보겠다.

단 중요한 것은 첫째는 하루 8시간 이상씩 자폐아의 정신을 현실의 세계로 집중한 상태에서 교육이 이루어져야 한다는 것이며, 둘째는 어느 특정한 분야에 치중한 교육이 아니라 일반적이고 종합적인 교육이 실시되어야 한다는 것이다.

1) 느낌, 감정의 교육 (2시간)

느낌, 김정의 교육은 앞에서 이야기한 것처럼 일정한 교재나 틀이 없으며 일상생활에서 일어나는 크고 작은 모든 일상의 생활들이 교육의 대상이 될수 있는데, 이러한 교육을 시키는 목적은 자폐아에게 현실의 세계에서 일어나는 모든 일들에 대해서 느끼고 인지하여 의미를 갖도록 하기 위해서이다.

물론 자폐아를 둔 대부분의 부모들이 이러한 교육은 어느 정도는 시키고 있지만 중요한 것은 생각날 때 가끔 한번씩 시키는 것이 아니고 철두철미하게 하루종일의 모든 세세한 사항에 대하여 수백개의 질문과 설명을 함으로서 자폐아가 정신을 흩트리지 않고 계속 현실의 세계에 정신을 집중시킬 수 있다는 것이다.

예를 들어 친척집에 가서 식사를 한다는 상황을 가정해 보면
① 가족이 어디에 가는지를 물어보고 알려주어서 목적지에 대한 개념을 심어주고, 친척집에 가는 기분이 어떤지를 물어보아서 감정을 가지도록 하며

② 옷 신발 등을 입을 때는 서너가지의 종류를 보여주면서 어느 것을 입을건지를 선택하는 인지를 갖도록 하며, 선택한 후에는 선택한 이유를 물어보고 대답을 잘 못할 때는 적절히 설명해 주어서 선택의 이유를 언어로 표현하는 능력을 도와주며

③ 엘리베이터를 탈 때는 엘리베이터가 위로 올라가는지 아래로 내려가는지 물어보아서 위, 아래의 개념을 갖도록 하며

④ 밖에 나와서는 오늘의 날씨가 어떤지를 인지하도록 하고

⑤ 차를 탔을 때는 차 안의 온도가 뜨거운지, 시원한지, 추운지를 물어보아서 온도의 느낌을 갖도록 하며

⑥ 차를 타고 갈 때는 길이 넓은지 좁은지 물어보아서 비교개념을 가지도록 하며

⑦ 어느 차가 빨리 달리고 어느 차가 천천히 달리는지 설명해 주어서 속도의 개념을 갖도록 하며

⑧ 친척집에 먹을 것을 사 가지고 갈 때는 자폐아에게 알려주어서 선물개념을 갖도록 하며

⑨ 친척을 좋아하는지 싫어하는지를 물어보고 왜 좋아하고 싫어하는지를 적절히 설명해 주어서 무엇이 좋은 것이고 무엇이 싫은 것인지를 느끼도록 하며

⑩ 친척집에 들어가면 친척집과 자기 집 중에서 어느 집이 넓은지를 물어보아서 넓이에 대한 공간개념을 갖도록 하며

⑪ 친척집과 우리집의 다른 물건들을 물어보고 설명해 주어서

같다는 개념과 다르다는 개념을 알도록 하고
⑫ 식사할 때 고기를 먹으면 고기가 부드러운지 딱딱한지를 물어 보아서 느낌의 인지를 갖도록 하는 등

크고 작은 생활속에서 자폐아에게 현실을 느끼도록 교육시킬 재료는 너무나 많으며, 친척집에 가면서 인지시킬 사항도 예를 들어 본 12개 외에도 수십, 수백개의 더 많은 것들이 있으며, 하루생활을 통해서 인지시키고 교육시킬 사항은 찾아보면 거의 무궁무진할 정도이다.

문제는 이러한 사소한 사항들에 대하여 무심히 지나가면 안되고, 쉬지 않고 말을 할 수 있을 때까지 지속적으로 관심을 가지고 간섭을 해 주어야 한다는 것이다.

물론 처음에는 이런 질문에 대하여 대답은 둘째치고 질문의 내용조차 이해를 하지 못하는 것이 보통인데, 아이의 정신적 나이가 1-2세에 불과하기 때문에 자폐아를 1-2세 정도의 어린아이라고 생각하고 참으면서 지속적으로 아이가 이해할 수 있도록 적절한 설명과 더불어 1년 정도 계속 인지와 느낌을 심어주면 결국에는 자폐아도 어느 정도 깨닫게 된다.

자폐의 정도에 따라 다소간 차이는 있겠지만 자폐아 교육에 실패하는 이유중의 하나는 바로 이러한 생활속에서의 느낌의 인지를 갖도록 하는 것에 소홀히 하고 학교의 시간표처럼 틀에 짜여진 교육에만 치중하기 때문일 것이다.

2) 기초인지 (2시간)

　기초인지 교육은 다른 교육에 비해서 다양한 교재가 많기 때문에 비교적 편하게 할 수 있으며 굳이 부모가 아니어도 다른 교육자가 맡아서도 할 수 있는 교육인데 중요한 것은 첫째는 자폐아가 아는 것 같다고 해서 소홀히 하면 안되고 몇번이든 몇십번이든지 간에 계속해서 반복적으로 많이 해 주어야 한다는 것이며, 둘째는 자폐아가 인지된 현실의 경험이 부족한 이유로 기초인지에 대해서 정상아에 비해서 응용능력이 뒤떨어지기 때문에 획득한 기초인지를 현실에 적용시키는 것에 대해서도 어느 정도는 교육을 해 주어야 한다는 것이다.

　예를 들어 자폐아에게 과일을 줄 경우에 단순하게 하나의 종류로만 줄 것이 아니고 두 종류로 해서 크고 작게, 많고 적게, 길고 짧게, 두껍고 가늘게 해 주는 등의 방법을 이용해서 자기가 좋아하는 것을 선택하게 한 다음에 큰 것을 선택했다든지 혹은 많을 것을 선택했다든지 하는 비교인지 개념을 이해하고 말하도록 해 주는 등 기초인지를 현실에서 실제로 사용할 수 있도록 해 주어야 한다.

　또한 기초인지를 충분히 습득하게 되면 자폐아가 상대적 개념을 통한 다양성을 이해해서 기존의 절대적 시각 사고와 단순행동의 틀을 벗어날 수 있다.

3) 학습지 교육 (1-2시간)

앞의 글 '학습지 교육' 참조

4) TAPE듣고 이해하고 따라서 말하기 (1-2시간)

듣고 이해하고 따라하는 능력이 중요해서 상협이에게 적절한 TAPE를 찾아보았으나 별로 적절한 것이 없어서 외국어학원에서 외국인에게 한국말을 가르치는 TAPE를 구해서 쉬운 부분만 골라서 듣고 따라하기 교육을 시켰는데, 느낌과 감정을 느끼게 하는 부분은 없어서 아쉬웠지만 각각의 현실적 상황에 대한 단편적인 대화가 많아서 상협이가 일상적으로 들려오는 말에 대한 듣고 이해하는 능력을 어느 정도는 키워 준 것 같으며, 예를 들면

A: 내일이 갑순씨 생일이군요

B: 그렇군요, 언제 갈까요?

A: 내일 저녁 7시 30분에 갑시다.

B: 무슨 선물을 살까요?

A: 과일 선물을 삽시다.

B: 무엇을 타고 갈까요?

A: 지하철을 타고 갑시다.

이러한 짧은 대화의 내용을 문장별로 듣고 따라하는 훈련을 시켰는데 단순히 듣고 따라하기만 하면 내용파악을 상협이가 쉽게

할 수 없기 때문에 각각의 문장에 대해서 이해가 필요한 사항에 대해서는 충분히 설명해 준 후에 듣고 따라하도록 했다.

위의 대화의 예에서는 내일, 생일, 저녁, 선물, 지하철등의 개념에 대해서 설명해 주었는데 사실 어제, 오늘, 내일등의 시간적 개념을 다양하게 설명하고 상협이가 한 일이 오늘 한 일인지, 어제 한 일인지, 한달 전에 한 일인지를 시간적으로 정리하는 일만 해도 하루에 1시간씩 몇번이나 몇십번을 계속 이해해서 개념화하도록 하여야 하는 힘든 일이며, '선물'의 경우에는 자기가 받고 싶은 선물은 과자나 음식의 종류를 수십개나 이야기하면서도 아빠나 엄마에게 해 주고 싶은 선물에 대해서는 전혀 인지를 하지 못해서 담배나 화장품등의 개념을 인지하도록 하는 데만 또 몇시간이 지날 정도였다.

즉 단순히 듣고 따라하는 교육만 할 경우에는 TAPE만 틀었다가 껐다가 하면 되기 때문에 쉽고 빠르게 교육할 수 있지만 각각의 내용에 대한 설명과 질문을 통해서 이해를 시키면서 듣고 따라하는 교육을 하다보니까 10초나 20초 정도의 TAPE내용에 대해 설명해주고 물어보는 시간이 1시간을 넘는 경우가 비일비재했다.

동화 TAPE의 경우에는 느낌이나 감정등은 풍부해도 현실적인 실용어는 별로 없는 반면에, 이러한 외국인을 위한 한국어 TAPE의 경우에는 느낌이나 감정은 별로 없으나 실용적인 언어에 대한 감각을 익히는 데는 도움이 되었다. 처음에 언뜻 생각하기에는 자폐아에게 말을 듣게 하고 이해하도록 시키는 작업이 무리라고 생각할 수도 있으나, 사실 인간이 말을 하기 전에 먼저 듣고 이해하는 과정을 거치는 것은 필수이기 때문에 필히 자폐아에게 듣고 이해하는 능력을 키워줘야만이 후속적인 자연스러운 스스로의 말이 나오게 된다.

정상아와는 달리 자폐아는 스스로는 듣고 이해하는 능력을 취득하기가 어렵기 때문에 어느 정도는 인위적으로 듣고 이해하는 능력을 교육시켜서 키워야 한다.

5) 동화 TAPE듣고 행동과 말 따라하기 (1-2시간)

앞의 글 '듣고 이해하기' 참조

6) 운동 (1시간)

주로 공놀이를 1시간 정도 실시했는데 중요한 것은 다른 교육과 마찬가지로 '위로 던져', '옆으로 던져', '세게 던져', '약하게 던져', '공에 맞으면 아파' 등의 기초인지와 느낌을 공놀이의 한순간 한순간마다 의미를 부여해서 공놀이와 인지를 연결시키며 공놀이를 했다는 것이다.

위와 같은 대강의 틀을 유지하면서 상협이에 대한 교육을 실시하였는데, 그렇다고 해서 입시생의 시험준비처럼 딱딱하게 정확히 시간을 지키면서 행한 것은 아니었고 학습 내용에 따라서는 춤도 추고 노래도 부르며 때로는 가게에 군것질하러 가기도 하고 운동을 하기도 하는 등 유연성을 가지면서 교육을 이끌어 갔다.

초기 교육의 어려움

　앞에서도 이야기했지만 상협이와 같이 생활을 시작하던 처음 1년은 지금 생각하면 어떻게 참고 지내왔는지 모를 정도로 막연함과 낙담과 분노와 좌절의 감정들이 점철된 치열한 세월이었다.

　이성적이고 합리적인 생각이나 느낌은 전혀 통하지 않았고 상식적으로 이상한 행동만을 계속하는 자식을 옆에 두고서 본다는 자체가 마치 고문과 같이 고통스러워서 때로는 1분조차 참기 힘들 정도로 울분을 느끼기도 했었다.

　그렇다고 해서 당시에는 상협이가 앞으로 좋아질 거라는 것에 대한 희망도 불투명해서 내가 쓸데없는 짓을 공연히 하고 있지 않나 하는 생각도 들었으며, 포기해야겠다는 생각도 가끔은 들 정도로 초기에 상협이의 발전은 더디기만 해서 더욱 답답하였다.

　전혀 합리적인 통제가 되지 않는 아이와의 하루생활은 지금 다시 생각해 보면 억만금을 준다 해도 다시는 생각해 보고 싶지 않을 정도로 피곤하고 답답한 시간들이었지만 그나마 다행한 것은 어쨌거나 하루종일 상협이의 곁을 떠나지 않고 계속해서 간섭해 주면서 느낌과 인지를 가지도록 철저히 노력한 결과가 1년정도를 지나면서 나타났다는 것이다.

물론 나의 상협이와의 생활이 상협이가 과거에 비해서는 어느 정도 상태가 좋아진 7세경에 시작해서, 그 전부터 많은 노력을 기울인 다른 자폐아의 어머니에 대해서 나 자신이 많은 노력을 했다고 할 수는 없으며 오히려 자폐아와의 2년여의 생활을 짧은 것인지도 모른다.

그러나 나 자신이 자신할 수 있는 점은 상협이에 대한 분석을 철저히 하고 발전방법을 나 자신이 주체가 되어서 직접 철저히 시행했다는 점이다.

자폐아의 초기교육의 목표는 기본인지와 느낌을 갖도록 해서 자폐아를 시각우선자에서 논리 우선자로 전환시키는 기초를 닦는 것인데, 이러한 것들을 이루기 위해서 기울여야 하는 노력의 정도는 너무나 힘들기 때문에 부모 아닌 다른 사람들은 도저히 정면으로 도전할 수 없으며, 부모의 경우에도 여러 가지 현실적인 여건이 따라주지 않으면 시행하기 어려울 정도로 험하고 고단한 길이다.

밖에 나가기만 하면 갑자기 뛰어서 어디론가 사라져버리고, 집안에서는 이상한 단순행동을 반복하면서 정신없이 돌아 다니는 아이를 보면서 과연 어디에서부터 어떻게 손을 대야 할 지 정말 막막하기만 해서, 설령 부모가 자기자식을 포기한다고 해도 도덕적으로 비난 할 수 없을 정도로 자폐아의 초기교육은 인간의 한계를 벗어나는 고통이 뒤따른다.

내가 판단하기에는 이러한 초기교육의 어려움과 전문성의 부족을 이유로 상당수의 자폐아들이 부모가 아닌 전문교육 기관에 맡겨지게 되지만 전문교육 기관 역시도 자폐아의 초기 교육의 어려움 때문에 정면돌파를 하지 못해서 자폐아의 초기교육의 목표인 논리적 인간의 틀을 잡는데 실패하게 되며, 따라서 자폐아가 도약적인 발전을 이룩하지 못하고 원점에서만 맴도는 한계상황을 연출하며 실패로 돌아가는 경우가 많은 것 같다.

그렇다고 해서 부모조차도 힘든 초기교육을 부모가 아닌 교육자에게 100% 책임을 지라고 주장하기에는 어쩔수 없는 인간적 한계가 있음을 인정하지 않을 수도 없기 때문에, 굳이 자폐아인 자기 자식을 자폐에서 탈출시키고 싶으면 이토록 어려운 초기교육의 70%정도는 부모가 책임진다는 마음가짐과 함께 구체적인 실행이 있어야지만 자폐의 탈출이 가능한 것 같다.

다행히도 이렇게 험난한 초기교육이라는 첫 번째 산을 넘고 나면 '하늘이 무너져도 솟아날 구멍이 있다'는 속담처럼 이성적이고 합리적인 통제가 가능한 때가 오게 된다.

발전과정의 도표

앞에서 부분적으로 자폐아의 발전과정에 대해서 언급을 하였는데, 이러한 부분에 대해서 통합적으로 도표화하여 다시 한번 전제적인 흐름에 대해서 이야기해 보겠다.

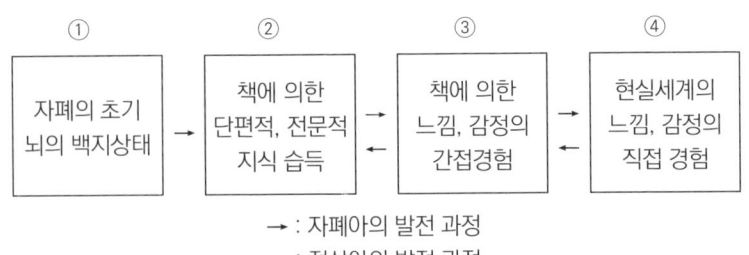

i) 정상아의 경우에는 초기에 스스로 현실적인 느낌, 감정을 직접 경험한 후 유아기에 동화책등을 통하여 이러한 느낌, 감정, 인지를 세련시키며, 이후에 학교에 입학해서는 책을 통한 전문적

지식을 습득하는 단계로 발전하여 ④ →③ →②의 발전과정을 거친다.

ii) 이에 대하여 자폐아는 초기에 현실세계를 느끼지 못하고 뇌의 백지상태에서 출발하며, 이후 책에 의한 단편적 지식에 몰두하는 과정을 거치고, 책에 의한 간접적 느낌, 감정의 경험을 가진 후에 이를 바탕으로 현실세계의 느낌과 감정을 직접 경험하는 과정으로 발전되어져서 ① → ② → ③ → ④의 발전과정을 거친다.

그런데 문제는 정상아의 경우에는 ④ → ③ → ②의 발전과정이 자연스럽게 이루어지는 반면에 자폐아는 ① → ② → ③ → ④의 발전과정이 스스로는 획득되어지지 못해서 교육자의 인위적인 노력에 의해서만 가능한데, 특히 자폐아가 ①, ②, ③의 과정을 거치면서 각각의 과정에 안주하려는 경향이 강하기 때문에 각각의 발전단계를 거칠 때마다 자폐아의 저항이 심해서 쉽게 각각의 과정을 거칠 수는 없으며 교육자의 상당한 노력이 뒤따라야 한다.

iii) 물론 이러한 자폐아의 발전과정상에 겪는 어려움이 모든 자폐아가 똑같이 경험하는 것이 아니기 때문에 만약에 상태가 좋은 자폐아라면 ②와 ③의 과정을 쉽게 지나가거나 혹은 ②와③의 과정이 없이 바로 ①에서 ④의 과정으로의 교육이 가능할 수도 있지만, 대다수의 자폐아의 경우에는 ①에서 바로 ④의 과정으로 진입하기는 어려우며 어느 정도는 ②와 ③의 강약의 과정을 거쳐야 하며, 경우에 따라서는 각각의 단계로의 발전이 상당히 어려울 수도 있다.

ⅳ) 자폐아와 정상아가 같이 ②의 과정에서 전문지식을 습득한다 해도 사실 진행과정에서의 차이는 심한데, 정상아의 경우에는 ④와 ③의 과정을 성공적으로 거친 후에 최종적으로 사회적 가치를 추구하기 위한 수단으로 ②의 과정의 전문지식을 습득하는 반면에, 자폐아는 단순히 시각의 세계에서 탈출 후 다른 대안이나 능력이 없는 관계로 맹목적으로 ①에서 ②의 과정으로 옮겨져서 몰입하는 것이기 때문에 '인격의 완성도' 측면에서 보면 현실적 경험의 바탕이 없어서 사상누각에 불과하게 된다.

만약에 자폐아가 참된 의미에서의 ②의 가치를 얻기 위해서는 ①에서 ②로 바로 전환되는 것이 아니라 ① → ② → ③ → ④의 과정을 거친 후에 다시 ④ → ③ → ②의 과정으로 되돌아 오는 과정을 거쳐야지만 진실로 정상아와 같은 의미에서의 전문지식의 습득이라고 볼 수 있다.

ⅴ) 앞에서 이야기한 자폐아의 교육방법이 정상아와 비교해서 반대로 교육되어진다는 의미는 바로 이렇게 정상아와 같이 ④ → ③ → ②의 과정을 거치는 것이 아니라 역으로 ① → ② → ③ → ④의 과정을 거치기 때문에 반대로 교육한다는 것이다.

ⅵ) ①, ②, ③, ④의 각각의 자폐아 유형이 폐인형, 목석인간형, 돈키호테형, 템플 그래딘형인데, 앞에서 이야기한 첫 번째 산을 넘거나 10,000시간의 교육시간이 필요하다는 것은 바로 ③까지의

발전을 이루기 위해서 필요한 조건들이다.

사람의 뇌를 컴퓨터에 비유하면 자폐아의 뇌의 경우에는 컴퓨터의 모니터와 본체는 있지만 컴퓨터를 작동시켜 줄 기본적인 프로그램이 없는 것이나 비슷한데, 시각 우선자를 논리 우선자로 전환시켜 준다는 의미는 컴퓨터로 비유하면 컴퓨터를 작동시킬 기본 프로그램을 깔아준다는 의미가 있어서, ③의 과정에 도달하게 되면 뇌를 작동시킬 수 있는 프로그램이 깔렸다는 의미가 있다.

물론 자폐아마다 정도의 차이는 있지만 내가 보기에는 이러한 과정을 성실히 계속적으로 노력해서 거치게 되면 자폐아의 발전은 필연적이라고 보여진다.

자폐아의 성장 후 유형

자폐아가 성장을 해서 20세가 넘어갈 경우에 형성될 모습을 예상해 보면 크게 4가지로 나뉘어 질 것인데, 앞에서 이야기한 '논리적 생각의 틀'과 '세개의 산'을 기준으로 해서 나누어 보면 다음과 같다.

유형별 도표

	기초인지, 학습	느낌, 감정	인지된 경험
1	폐인형	×	×	×
2	목석인간형	○	×	×
3	돈키호테형	○	○	×
4	탬플 그래딘형	○	○	○

① 폐인형

느낌과 감정을 획득하지 못하였을 뿐더러 기초인지와 학습마저도 획득하지 못하여, '인지할수 있는 경험'은 전혀 할 수가 없으며, 따라서 육체만 20세의 육체가 되었을 뿐이고 정신은 전혀 형성되지 못해서 텅 비어 있으며, 기초적인 마음조차도 없어서 도저히 '인간'이라고 할수 없을 뿐더러, 심하게 이야기하면 동물만도 못한 인간이 되어 버리는데, 그이유는 동물의 경우 최소한의 자기 보호본능과 번식능력은 가지는데 반해서 자폐아의 경우는 최소한의 자기 보호본능과 번식능력 조차도 획득하지 못하기 때문이다.

이러한 인간의 경우 자기를 움직이게 하는 명령자는 '논리적 사고'와 '느낌의 인지'가 아니고 '시각적 절대 환상'과 '불균형적인 감각'이 되어 버려서 자폐아는 오직 시각적 환상과 불균형적인 감각의 쾌감을 얻기 위한 행동을 보일 뿐이고 인지된 경험이나 합리적인 언어에 의한 통제는 거의 불가능 해지는데, 그렇다고 해서 20세 이후에 새롭게 교육을 실시하기도 현실적으로 어려워서 전혀 희망을 가질 수 없다.

예를 들어 하루종일 스스로의 독립적인 생활을 거의 할 수 없이 가만히만 있거나 때때로 신경질적인 반응을 보이고 또 때로는 혼자서 웃으며 심지어는 부모조차 알아보지 못하는 경우인데, 자폐아를 아무런 교육없이 방치할 경우 이런 현상이 일어날 수 있으니 자폐아 부모로서는 최소한 이런 상황은 되지 않기 위해서라도 자폐아에 대한 부단한 노력을 해야 한다.

② 목석 인간형

'느낌'과 '감정'은 획득하지 못하고 기초인지와 학습만을 주로 습득하며 성장했을 경우 예상되는 자폐아의 유형인데, 어느정도 자기 스스로 자기 주변의 일은 해서 틀에 짜여진 인위적 환경에서의 독립적인 생활은 가능하지만, 이러한 제한된 독립적인 생활이라는 것이 자기 스스로의 느낌과 감정에 의한 것이 아니고 오랫동안의 기초인지 교육과 행동수정 교육의 인위적 결과에 의한 것이다.

이런 인간의 유형은 주로 부모에 의한 느낌과 감정의 교육은 별로 이루어지지 않은 상태에서 외부적 교육에만 의존했을 경우 나타날 수 있는 인간 유형인데, 주로 유럽이나 미국과 같이 자폐아에 대해서 국가적으로 제도적 지원체계가 잘 이루어져서 대부분의 교육이 부모가 아닌 제도적인 기관에서 이루어지는 나라에서 발생할 가능성이 높다.

기본적으로 자폐아가 자폐상태에서 탈출하기 위해서는 느낌과 감정을 획득하는 것이 필수적이며, 이러한 느낌과 감정을 획득하지 못하면 자폐아가 보이는 이상한 행동들을 제거하지 못할 뿐더러 스스로의 자율적인 독립행동도 기대하기 어려운데, 기관에서 행동수정 위주로 교육되어질 경우에는 자폐아의 이상한 행동들이 근본적으로 제거되는 것이 아니라 다만 인위적 행동수정으로 숨겨진 틀 안에서의 반복적이고 구조화된 '다람쥐 쳇바퀴 도는' 식의 행동만이 나타날 뿐이다.

이러한 교육은 단기적으로 보면 자폐아를 부모나 주변 환경의 입장에서 다루기 편하고 통제 가능하게 만들어주는 장점이 있는 반면에, 장기적으로 보면 자폐아를 진정한 발전으로 이끌지 못하고 최소한의 어떤 형태에 고착시켜 버리는 치명적인 단점이 있는데, 이러한 교육은 어떻게 보면 진실로 자폐아를 위한 교육이 아니라 부모를 위해서 자폐아를 짜맞추는 식의 교육이라고도 볼수 있다.

자폐아를 교육시키는 특수학원이 가지는 치명적인 잘못인 이러한 한계가 극복되지 못하고 부모가 자폐아 교육에 참가하지 못했을 경우에는 나타날 수 있는 최고의 인간형은 바로 이러한 '목석 같은 인간'에 불과할 것인데, 앞에서 말한 세 개의 산중에서 첫 번째 산을 넘지 않으려는 편법에서 기인한 결과이기도 하며 이렇게 되면 자폐아의 발전은 기대하기 어려우며 성인이 되어서 할 수 있는 최대의 직업은 자동차 세차와 같은 극히 단순한 일을 넘어서지 못할 것이며, 앞에서 이야기한 '나의 남편 이야기'와 같은 왜곡된 인간으로 고착할 가능성이 크다.

③ 돈키호테형

자폐아에 대한 교육이 인지와 학습뿐만이 아니라 느낌과 감정까지 골고루 실시되어서 성공했을 경우 나타나는 인간형인데, 이러한 자폐아의 가장 큰 특징은 자폐아 스스로 느낌과 감정을 가지게 되며, 이러한 느낌과 감정을 바탕으로 하는 기쁨, 슬픔, 즐거움, 호기심등의 활동적이며 살아있는 느낌을 주는 행동들이 나타난다는 것이다.

단지, '세개의 산'중에서 첫 번째 산은 넘었으나 두 번째 산인 '인지된 경험'의 부족으로 인하여 그러한 행동들이 사회적으로 자기의 나이에 적절하지 못함으로써 주위의 눈총을 받을 수 있을 것인데, 예를 들어 15세의 나이가 되어서 정상아 7세 정도가 즐기는 총싸움에 재미를 느낀다든지 하는 것들이다.

언젠가 T.V에서 본 대전의 쌍둥이 형제들의 모습이 바로 돈키호테형의 자폐아인데, 어머니가 아픈 것에 대하여 슬픔을 느끼며, 버스에서 처음 보는 아가씨에게 인사를 하고 말을 거는 등의 사춘기적 행동들이 비록 중학생인 나이에 정상인이 보기에는 어색한 행동들이기는 하지만 스스로 현실에 대하여 무엇인가를 느끼고 대응해가는 바람직한 모습을 보여주어서 감동적이었다.

이러한 유형의 자폐아를 돈키호테형 이라고 이름붙인 까닭은 대부분의 자폐아가 느낌, 인지, 감정, 학습등을 받아들이면서 여러 가지 경험을 하게 되는데 이러한 경험이라는 것이 주로 책을 좋아하는 자폐아의 특성상 현실에 대한 직접적인 경험보다는 책에 의한 간접적인 경험을 하기 쉽고, 그러다 보니까 자폐아의 책에 의한 간접적인 경험이 실제의 현실과 맞부닥치게 되면 여러 가지로 돈키호테식의 현실과 환상이 맞지 않는 경우가 발생되기 때문이다.

　현실의 경험은 없고 책에 의한 간접경험만이 있을 경우에는 예를 들어 풍차를 적으로 생각해서 창을 들고 달려가거나, 평범한 여자를 여왕으로 생각해서 절을 하는 등의 행동이 나올 수 있는데, 사실 이러한 행동들이 40대의 어른에게서 나왔기 때문에 우스운 행동이 되는 것이지 만약에 7세 정도의 어린아이가 이런 행동을 했다면 별로 우스운 행동이 아니며 오히려 어린이다운 귀여운 행동일 것이다.

　즉 돈키호테식의 행동이라는 것은 근본적으로 자폐에서 나오는 이상한 행동은 아니며 단지 육체연령과 정신연령의 괴리에서 나오는 행동이며, 기준을 육체연령이 아닌 정신연령으로 한다면 굳이 비인간적인 행동이거나 자폐적인 행동은 아니라는 것이다.

　또 하나는 자폐아의 정신나이를 구분해 보면 감성적 능력, 인지적 능력, 학습적 능력, 사회적 능력등이 각각 차이를 보이기 때문에 정신연령을 하나의 일관된 나이로 정하는 것은 잘못이며 각각의 정신연령을 구분해서 관리해야 하는데, 예를 들어 학습적 나이 10세, 사회적 나이 5세등으로 자폐아가 가지는 특성을 인정해야 한다.

　이러한 유형의 자폐아들은 비록 현재는 나이에 비해 사회적으로 부적절한 모습들이 있기 때문에 어색해 보이기도 하지만 나이를 먹으면서 인지되는 경험이 확충될수록 계속적으로 정상인에 비하면 어색한 모습을 보이면서 발전할 것이데, 그러한 것들은 자폐아의 어쩔수 없는 한계인 것이다.

그리고 또 하나 대전의 쌍둥이 자폐아를 보면서 느낀 것은 그들이 그 정도까지의 느낌과 감정을 획득하기까지는 일상생활에서의 부모의 노력이 아주 많았을 것이며 어떻게 보면 어머니와의 생활을 기초로 하는 '한국형 자폐아'의 발전모습이기도 했다.

④ 탬플 그랜딘 형

자폐아에 대한 기초적인 느낌, 인지, 감정, 학습의 교육이 오랫동안에 걸쳐 적절하게 이루어지고, 이를 바탕으로 하는 '인지되는 경험'이 5년 이상 이루어져서 그야말로 인지와 감정을 바탕으로 하는 사회화가 가능하고 적절한 사회적 판단력이 생겨서 정상인이 되는 경우인데, 자폐아로서는 도달할 수 있는 최고의 목표이며, 이 정도까지 도달하기 위해서는 최소한 어렸을 때부터 지속적으로 적절히 교육을 실시하여 30세 정도는 되어야 가능 할 것 같다.

그러나 이러한 탬플 그래딘형은 모든 것이 완벽하게 이루어져야만 가능한 것이고, 여러 요소들 중에서 교육 시간, 교육 방법, 교육방향등의 어느 한가지 요소만 잘못되어도 도달하기 힘든 어려운 목표이다.

자폐아의 예상되는 성장 후의 모습을 4가지의 전형적인 TYPE으로 나누어 놓고 이를 극복하기 위한 방법들을 적어 보았지만,

사실 자폐아들이 정도나 형태별로 여러 종류가 있어서 어떤 아이들은 아무리 노력해도 학습이나 감정을 획득하기 어려운 경우도 있고, 또 어떤 아이들은 상대적으로 적은 노력으로서도 학습이나 감정을 획득하고 계속적인 발달 과정을 밟아 가는 아이도 있을 것이다.

또한 상당수의 자폐아들은 정확하게 ①, ②, ③의 전형적인 한가지 모습이라기보다는 ①, ②, ③의 내용들이 혼재된 상태여서, 예를 들면 ①과 ②가 혼재된 상태라면 기초적인 가정 생활은 가능하지만 자기 스스로의 자율적인 생각이나 활동은 불가능하여 언어를 이해하거나 말을 할 수 있을 정도의 수준은 되지 못하여 그냥 집안에서 가족들과 단순한 의식주 생활만을 하며 조용히 지낼 것이고, ②와 ③이 혼재된 상태라면 전체적으로 유치원생 정도의 수준을 보여서 기초적인 생활은 가능하지만 인지와 감정의 수준이 너무 어리기 때문에 정상적인 과정의 학교생활이나 사회생활은 불가능하여 특수 기관에서 생활 할 수밖에 없을 것이다. 내가 직접 박윤서군을 만나보지는 못했지만 아마도 박윤서군은 ③과 ④의 중간지점 쯤에 위치하고 있을 것 같으며, 지금도 ④를 향해서 발전하고 있는 유형이라고 생각된다.

내가 여기서 자폐아를 4가지 유형으로 나눈 이유는 단순히 4가지의 유형이 있음을 밝히려는 것이 아니고, 궁극적으로 템플 그래딘 형이 되기 위해서는 자폐교육의 방향이 목석 인간형이 되어서는 안되며 돈키호테형이 되어야 한다는 것을 이야기하기 위해서이다.

현재 자폐에 대해서 활발한 연구를 하는 나라들은 주로 미국이나 유럽들인데, 이들의 대부분이 부모가 아닌 전문가가 교육의 주체가 되는 상황인 까닭에 자폐아에게 느낌과 감정의 교육을 충실히 실시할 수 없고, 그러다 보니까 마치 자폐아 교육이 이룰 수 있는 최고의 목표가 목석 인간형으로 한정지어진 듯한 분위기이며, 이러한 분위기가 한국까지도 영향을 주어서 심지어는 자폐아의 부모들조차도 자기 자식의 교육 방향과 한계를 목석 인간형에 두는 오류를 범하고 있는 것 같다.

분명히 목석 인간형이 자폐의 한계는 아니며 부모의 역할에 따라서는 돈키호테형이나 탬플그래딘형까지의 발전이 가능하다고 보는데, 부모들도 아이들이 목석 인간형의 틀에 박힌 정형화된 행동을 한다고 해서 이를 다행이라고 생각하거나 발전된 상황이라고 생각하지 말고, 오히려 말괄량이 짓을 하거나 나이에 적절하지 않은 행동을 하더라도 느낌과 감정을 가지는 살아 있는 행동을 하도록 유도해서, 예를 들어 학교에서 가만히 있는 것보다는 비록 선생님에게 혼날지라도 싸우거나 호기심에서 나오는 사고를 범하는 쪽으로 교육 방향을 설정해야 한다.

III.
자폐아에 대한 오해

행동 수정

　내가 행동 수정에 대해서 정확히 알지는 못하며, 더구나 미국 등지에서 행하는 행동 수정 교육에 대해서는 문외한이기 때문에 그 동안 노력하여 개발된 여러 행동 수정 교육에 대하여 비판하거나 평가하자는 것은 아니다. 내가 여기에서 얘기하고 싶은 것은 일반적으로 느껴지는 '행동 수정'이라는 일반 개념적인 의미에서의 행동 수정에 대해서이다.

　자폐아들이 기초적인 용변 가리기, 세수, 책상에 앉기 등에 대하여조차도 제대로 수행이 어려운 경우가 많아서 부모 입장에서 생활하기에 너무 힘들고, 이러한 불편을 해소하기 위하여 자폐아에게 기본 생활에 대한 행동 양식을 계속 반복적으로 훈련시켜서 생활의 고단함을 덜어줄 수 있다면 참 좋은 일이다.

　그러나 행동 수정의 한계에 대해서도 따져 봐야 한다. 행동 수정이 성공하여 적절한 행동이 이루어지고, 이것이 인지로까지 연결되어진다면 참 좋은 일이지만, 사실은 수정된 행동이 인지로까지 연결이 되지 않는다는 데에 문제점이 있다. 심하게 비유하면 코끼리를 훈련시켜서 앞발을 들게 할 수는 있지만 코끼리가 앞발을 들 수 있다고 해서 사람이 되는 것은 아니다. 코끼리는 단지 코끼리일 뿐이고, 다만 앞발을 들어올리는 기능을 습득하였다는 것에 불과하다는 이야기이다.

계속적인 반복 작업을 통하여 행동이 개선되었다고 해도, 그것은 단지 생활이 편안해졌다는 것이지, 전반적인 인지 능력이 좋아진 것을 의미하지는 않기 때문이다. 그런데도 마치 인지가 좋아진 것처럼 착각하여 현재의 아이의 상태보다 지나치게 높은 집단에 아이를 속하게 함으로써 계속적으로 그 집단에 따라가지 못하고 겉돌게 만들 가능성이 있다. 사실 인지의 발달을 통한 행동의 개선을 위해서는 100의 노력이 필요하다면, 행동 수정 방법을 통한 행동의 개선은 10이나 20정도의 노력이면 된다. 또한 주어진 1시간 동안의 단위 시간 동안에 여러 자폐아를 상대로 한 행동 수정 교육은 가능하나 여러 자폐아를 상대로 하는 인지 발달 교육은 거의 불가능하다.

현재의 한국 특수교육의 입장에서 보면 국비의 보조 없이 학부형이 내는 약간의 교육비로 자폐아를 교육해서 발전된 모습을 보여 줘야 하는 부담감을 크게 가지고 있다. 뭔가 짧은 시간에 변화된 모습을 보여줘야만 이 학부모 사이에서 잘한다는 소문이 돌고, 또 그래야 자폐아들이 많이 찾아와서 학원 운영이 가능하기 때문이다.

이러한 악순환 속에서 특수 학원은 더욱 외적인 변화 모습에 치중할 가능성이 있고, 이렇다 보니 1에서10까지 셀 줄 알게 되었다느니, ㄱ, ㄴ, ㄷ…을 읽을 줄 알게 되었다느니 하는 내가 보기에는 별 의미 없는 교육에 치중하게 될 수밖에 없게 된다. 그렇다고 행동 수정이 전혀 필요 없다는 것은 아니다. 순서의 차이인 것이다. 먼저 충분한 인지 교육을 시키고, 그 인지를 현실에 적용하는 실례로서의 행동 수정이 이루어져야지만 아이의 참된 발전을 기대할 수 있다는 것이다. 인지와 이해가 없는 해동 수정은 사상누각에 불과하다.

언젠가 책에서 읽었었는데 자폐아에게 청소를 시키기 위해서 ①에서 ⑩까지의 그림 카드를 만들어서 자폐아에게 ①번을 보여주면 빗자루를 잡고, ②번을 보여주면 빗자루로 바닥을 쓸고, ③번을 보여주면 걸레로 청소를 하는 등의 일관된 행동을 스스로의 의지가 아닌 시각적인 카드를 이용해서 하도록 하는 글을 읽었었다.

그러나 내 생각에는 자폐아가 청소를 하는 기계가 아니기 때문에 굳이 자폐아가 청소를 할 능력이 없다면 억지로 청소를 시킬 필요가 없으며, 설령 위와 같은 방법으로 청소를 할 수 있게 되다 해도 그것은 아무런 의미도 없고 가치도 없다는 것이다.

그렇다고 해서 자폐아에게 영원히 청소하는 방법을 알지 못하게 하면 안되고 언젠가는 스스로 청소하도록 유도해야 하는데, 그 방법은 바로 '깨끗하다', '더럽다', '정리되다', '흐트러지다' 등의 개념을 알게 해 주는 것이다.

자폐아에게 지속적으로 깨끗한 것과 더러운 것을 보여주면서 깨끗하고 더러운 것의 개념을 심어 주면 자폐아가 이러한 것들을 깨닫게 되는데, 일단 자폐아가 이러한 개념을 획득하게 되면 굳이 그림 카드를 보여주지 않아도 약간의 도움만 주면 빗자루와 걸레를 사용해서 스스로 적절히 청소를 할 수 있게 된다.

즉 청소를 하는 목적에 대한 기본 개념을 인지할 수 있게 해 줌으로서만이 자폐아가 스스로 적절히 자연스럽게 청소를 할 수 있게 되는 것이지, 행동 수정이나 그림 카드를 보여줌으로서 청소를 하게 하는 것은 바람직한 방법이 아니다.

상당수의 자폐아 관련 서적에서는 자폐아가 엄마의 품에 안기려 하지 않는다든지, 눈마주침이 되지 않는다든지, 단순 행위를 반복한다든지, 사회성이 모자라서 친구를 사귀기가 어렵다든지 하는 수십개의 2차적 행동의 결여를 예로 들면서 자폐아를 설명하고 있는데, 내가 보기에는 자폐아에 대해서 깊이 알지 못하기 때문에 이렇게 2차적 행동의 결여만을 나열하고 있는 것 같다.

내 생각으로는 자폐아에게 1차적인 느낌, 인지, 감정의 교육을 충실히 실시하면 2차적인 행동의 문제는 자연스럽게 해결되며, 반대로 1차적인 느낌, 인지, 감정을 자폐아가 획득하지 못하면 2차적인 행동의 근본적인 수정은 불가능하다.

예를 들어 버스타기나 지하철 타기의 경우 버스는 타고 이동할 때 사용한다는 개념과, 어느 곳에 놀러 가고 싶다는 논리적, 감정적 개념이 성숙되면 굳이 억지로 버스타기나 지하철타기 등을 훈련시키지 않아도 자연스럽게 버스나 지하철을 탈 수 있게 되며, 또한 아프다는 것과 고통의 느낌이 인지되면 자연스럽게 차가 올 경우 차를 피하게 된다.

버스타기, 심부름하기, 청소하기 등의 2차적 행동들은 1차적인 느낌, 인지, 감정등이 성숙되면 자연스럽게 해결될 쉬운 문제인데, 이러한 1차적 개념을 소홀히 하면서 억지로 2차적 행동들을 짜맞추기 식으로 습득시키는 것은 자폐아를 더욱 자폐의 상태에 고착시켜서 진정한 자폐아의 발전을 이루기 어렵다.

눈 마주침

우선 눈 마주침의 정의에 대해서 얘기해 보겠다. 정상인의 경우에 상대방과 대화를 할 때 눈을 보고 이야기한다고 하지만 사실은 그렇지 않다. 가끔씩은 상대방의 눈동자를 보기도 하지만 대개는 상대방의 얼굴 근처를 보면서 이야기하지, 눈동자를 보면서 이야기하지는 않는다. 상대방의 눈동자를 똑바로 쳐다본다는 것은 상대방에 대한 공격 의도를 뜻하는 것이다. 남자들끼리 싸움을 하는 이유 중의 하나가 상대방이 자기를 쳐다봤다는 것인데, 누구든지 상대방이 자기의 눈을 똑바로 쳐다 볼 경우 상당히 불쾌하고 곤혹스러움을 느낄 것이다. 이런 이야기를 하는 이유는 자폐아 역시도 눈동자가 마주치는 것에 대하여 곤혹스러워 하고 무서움을 느낀다는 것이다. 상협이의 경우 아직 그림과 현실을 확실히 구별하지 못하고 그림에서 느끼는 쾌감이나 무서움을 마치 현실에서 느끼는 즐거움과 거의 같은 강도로 느끼는데, 무서운 그림을 볼 경우에는 꼭 그림에 그려진 사람의 눈동자를 손가락으로 가리고 본다.

눈동자에서 느끼는 무서움을 피하기 위해서인데, 그림의 눈동자에서 두려움이나 무서움을 느낄 정도이면 실제의 현실 사람의 눈동자에 대해서도 비슷한 무서움을 가질 것 같다.

'눈 마주침'이라는 것이 '적절히 상대방의 얼굴 근처를 쳐다보는 것'이지, 결코 눈동자와 눈동자를 똑바로 쳐다보는 것은 아니라는 것이다. 사람이 아닌 물체에 대해서는 '적절히 목표의 물체에 눈의 초점을 맞추는 것'이 눈 마주침이다.

상협이가 5세 정도일 때와, 처음 상협이와 생활하기 시작했을 초기에 몇 번인가 상협이와 눈 마주침을 강제적으로 연습해 본 적이 있다. 책상을 사이에 두고 양쪽에 앉아서 서로 눈동자를 쳐다보는 것이었는데, 상협이는 싫어하면서 억지로 몇 초 동안 아빠의 눈동자를 쳐다보다가는 다른 곳으로 눈동자를 돌려버렸고, 결국은 별다른 소득 없이 중도에 그만둔 적이 몇 번 있었다. 지금 생각해 보면 그 교육은 자폐아를 알지 못해서 비롯된 잘못된 교육이었다.

정상인의 경우 상대방과 대화하면서 아주 지루하지만 않다면 몇 시간 동안 상대방과의 대화에 집중하면서 눈 마주침을 할 수 있다. 왜냐하면 첫째는 시각우선자와 같이 시각이나 촉각에 예민하지 않기 때문에 다른 감각의 방해를 받지 않기 때문이며, 둘째로는 몇 시간 동안 대화를 이끌어 갈 만한 충분한 논리와 느낌과 정보를 가지고 있기 때문이다. 같은 정상아라도 10세정도의 어린이라면 몇 시간 동안 대화를 이끌어 가지는 못할 것이다. 왜냐 하면 논리와 정보가 어른보다 부족하기 때문이다. 대신에 놀이에 대해서는 몇 시간 동안 친구와 함께 놀 수 있다. 논리보다는 놀이가 더 즐겁기 때문이다.

자폐아의 경우 상대방과의 눈 마주침이 되지 못하는 이유는 첫째로 현실에 집중하기에는 그보다 더 강력한 '시각' 감각의 방해를 받는다는 것이고, 둘째로는 상대방에 집중할 아무런 논리적 이유를 가지지 못한다는 것이다. 정상인도 현실이 아닌 다른 생각에 집중할 경우에는 눈의 초점을 맞추지 못하고 허공을 향해 있는 것이다.

그렇다면 자폐아에게 눈 마주침이 가능하려면 (눈 마주침의 시간을 늘리려면) 어떻게 해야 할 것인가?

첫째는 현실에의 집중을 방해하는 '시각' 우선 현상이 없어져야 하는데, 이것은 근본적으로 불가능하다. 자폐아는 타고 난 선천적 시각 우선 자이기 때문이다.

둘째는 논리적 능력을 키워야 한다는 것이다. 아무런 논리적 인지가 없는 상태에서는 전혀 현실적 집중이 불가능하지만, 인지와 관심이 커지면 그만큼의 눈 마주침은 가능하다.

예를 들어 인지가 늘어서 주사위 놀이에 즐거움과 관심을 가지게 되었다면 다음과 같은 정도의 대화가 가능하다.

; 아빠, 주사위 놀이하자.
; 싫어, 아빠는 윷놀이하고 싶어.
; 아냐, 난 주사위 놀이 할 꺼야.
; 그러면 공부 끝나고 주사위 놀이하자.
; 싫어, 먼저 주사위 놀이하고, 나중에 공부하자.

즉 현실에의 인지가 높아져서 현실의 놀이가 '시각'의 즐거움보다 더 크다고 느낄 경우에는 억지로 강제하지 않아도 위와 같은 대화가 이루어지는 1분여 동안은 자연스럽게 눈 마주침이 가능해진다. 주사위 놀이뿐만 아니라 다른 것에도 관심의 폭이 넓어지면 넓어질수록 눈 마주침은 길어진다.

그렇다면 위와 같은 기본 대화가 이루어지기 위한 전제조건은 무엇인가?
㉠ '즐거운' 것 등을 느낄 수 있는 기본적인지
㉡ 말의 뜻을 소리를 듣고 이해할 수 있는 청각적 능력
㉢ 기본적인 인지와 느낌에 대한 일반적 이해들일 것이다.

그렇다면 과거에 내가 억지로 상협이와 눈 마주침을 하려고 마주앉았던 것이 얼마나 무의미했는지 알 수 있다. 나무도 심지 않고 과일을 따먹을 생각을 한 것이다. 설령 억지로 눈 마주침을 시킨다고 해도, 그것은 단지 눈동자를 쳐다본다는 것 이상의 의미는

아니다. (어떤 사람은 눈의 '안과'적인 측면에서 이야기하기도 하지만 눈의 이상은 아니라, 그러나 너무 오랫동안 눈의 초점을 맞추지 못하고 살아왔기 때문에 습관적으로 눈의 초점을 맞추지 않으려는 성향이 있을 수도 있다.)

'눈은 마음의 창이다.'라는 것처럼 눈 마주침의 정도를 보면 자폐아가 얼마나 발전하는지를 알 수 있다. 이것을 강제로 어떻게 할 수는 없다.

사람이 아닌 물체에 대해서도 같은 이치이다. 정상의 어른이 호랑이를 10분이라는 긴 시간 동안 눈의 초점을 맞추고 쳐다 볼 수 있는 이유는 호랑이가 '멋있다'거나, '신비스럽다'거나 '신기하다'거나 '무섭다'거나 하는 논리적 인지의 느낌이 강하게 있기 때문이다. 그러한 느낌이 있기 때문에 호랑이가 걷는 모습, 우는 모습, 식사하는 모습 등을 호기심을 가지고 오랫동안 볼 수 있는 것이다.

자폐아가 동물원에서 코끼리에게 눈의 초점을 전혀 맞출 수 없는 이유는 '길다, 짧다', '크다, 작다', '무섭다, 귀엽다' 등의 기본 개념 및 비교 개념이 없거나, 성숙해 있지 못하기 때문이다. 아무리 코끼리를 보라고 눈물로 호소해도 자폐아는 코끼리를 보지 않는다. 코끼리에게 눈의 초점을 맞춘 인지적인 능력이 없기 때문이다.

이러한 자폐아에게 기초적인 인지 교육을 좀 더 충분히 시킨 다음 동물원에 간다면 다만 10초 정도는 코끼리에게 눈의 초점을 맞출 것이고, 인지가 성숙할수록 눈의 초점을 맞추는 시간이 길어질 것이다.

초기의 자폐아가 전혀 눈 마주침이 되지 않는 것은 아니어서 예를 들어 이발소의 광고판등 시각적 쾌감을 줄 수 있는 것에는 나름대로 눈 마주침이 잘 이루어지나, 단지 논리적이나 감정적인지가 필요한 사물에 대한 눈 마주침이 이루어지지 못한다는 것이며, 사람의 경우에는 상대적 인지의 능력이 없을뿐더러 눈 마주침에 대한 원초적인 무서움이나 거부감의 느낌이 있어서 눈 마주침이 잘 이루어지지 못하는 것 같다.

눈 마주침이란 것은 단순히 눈동자를 쳐다보는 것이 아니고 정신이 현실의 그 무엇에 집중되어 있다는 것을 의미하기 때문에 눈 마주침이 오랫동안 잘 된다는 것은 자폐상태에서의 탈출이라는 것이고, 그만큼 눈 마주침은 자폐아의 핵심적인 어려운 문제이다.

눈 마주침은 자폐아가 인지나 느낌 등에 대하여 발전하는 만큼씩 가능해지는 자폐아 발전의 척도인 것이다. 예를 들어서 한국 사람이 밤에 한국의 번화가에 갔을 경우에는 현란한 간판에 대한 색깔보다는 각각의 가게의 내용인 갈비집, 오락실, 다방 등의 글자에 먼저 관심이 가고 눈 마주침이 될 것인데, 왜냐 하면 갈비집, 오락실, 다방 등의 내용과 의미를 인지할 수 있기 때문이다.

반면에 한국 사람이 밤에 외국의 번화가에 갔다면 각각의 가게의 내용보다는 휘황찬란한 간판의 시각적 효과에 먼저 관심이 가고 특정한 목적물에 대한 눈 마주침은 어려운데, 왜냐 하면 외국어로 쓰여진 각각의 목적물에 대한 인지를 할 수 없기 때문이다.

즉, 글씨라는 목적물에 먼저 눈 마주침이 되는지, 아니면 불빛이라는 시각적 형상에 먼저 관심이 가는지는 과연 글씨라는 목적물에 대해서 인지하고 상상할 정신적 능력이 있는지 없는지에 관한 문제인 것이다.

자폐아는 마음의 문을 닫은 사람

 자폐에 대해서 잘 모르는 제3자들에게 일반적으로 알려져 있는 말은 자폐아는 마음의 문을 닫은 사람이라는 것인데, 이 말은 자폐에 대해서 잘 모르고 하는 말일 뿐더러, 자폐아의 발전 방향을 왜곡시킬 수도 있는 아주 잘못된 인식이다.
 T.V등에서 자폐아에 대한 프로를 하는 것을 보면 대부분이 슬픈 음악이 배경으로 깔리면서 진행자가 낮은 목소리로 진행하는데, 마치 자폐아가 어떤 종류의 외부적 영향으로 스스로 세상을 거부하는 듯한 분위기를 만들어 가며, 결론에는 '과연 언제쯤 자폐아가 마음의 문을 열고 세상으로 나오게 될지 기대해 보겠다.'라는 멘트로 끝이 난다.
 그러나 이것은 근본적으로 잘못된 생각이며, 사실은 자폐아는 열리고 말고 할 '마음' 자체가 형성되어 있지 못하는 사람인 것이다.

만약에 자폐아가 정말로 마음의 문이 닫혀진 사람이라면 자폐아 교육의 핵심은 마음의 문을 열도록 해야 하는 것이고, 또 현재의 자폐아 교육도 이런 방향으로 잘못 설정되어 있는 경우도 있다.

그러나 사실은 자폐아는 '마음'자체가 형성되어 있지 못한 사람들이기 때문에, 자폐아 교육의 핵심은 자폐아에게 '마음'을 만들어 주어야 한다는 것이다. 그런데 현실의 자폐아 교육은 이러한 핵심적인 요소에 대해서는 잘 몰라서 그러는지 별로 비중을 두지 않고 있으며, 대신에 여러 가지의 겉도는 식의 교육이 시행되고 있는데, 이러한 자폐아에게 '마음'을 만들어 주는 근본적인 교육이 시행되지 않는다면, 그 어떤 교육도 결국은 사상누각이 되어 버리게 되며, 종국에는 허상을 쫓아가다 시간만 낭비한 결과가 되어 버리게 된다.

이제는 매스컴이나 제3자들도 자폐에 대해서 감상적인 방법으로의 추론적인 접근을 지양하고, 냉철한 현실적 논리로 접근해야지 만 자폐문제의 해결에 도움이 될 수 있다.

우리 아이는 언제나 말을 할까

　이 책을 주의깊게 읽으신 분들은 논리 우선자인 정상인들이 쉽게 자연적으로 스스로 획득하는 언어를 시각우선자인 자폐아가 획득한다는 것이 얼마나 힘들게 각각의 단계에서 많은 노력을 해야지만 가능한 것인지 짐작할 수 있을 것이다.
　정상인의 경우 스스로 정신이 성장하지만 자폐아의 경우는 교육자가 자폐아의 정신을 만들어 간다고 표현해도 좋을 정도로 자폐아의 정신에 관한 모든 면에서 세심하고 논리적인 노력이 절실히 필요하다.
　가끔씩 자폐아의 부모들 중에서 '과연 우리 아이는 언제나 말을 할까?'라고 탄식하는 분들이 있는데, 이것은 참으로 어리섞은 말이다.
　추운 느낌을 가질 수 있어야 '아이 추워'라는 말이 나올 수 있고, 높다는 인지를 가져야지만이 '하늘이 높다'라는 말이 나오며, 아프다는 느낌을 가지고 있어야 '아파요'라는 말이 나오고, 크다라는 인지를 가지고 있어야 '코끼리가 크다'라는 말이 나올수 있는데, 자폐아는 근본적으로 이러한 느낌과 인지를 스스로는 획득할 수 없기 때문에 말을 못하는 것은 오히려 당연한 일이다.

  또한 자폐아가 7세경이 되어서 '엄마', '안녕', '사자', '토끼' 등의 명사 몇마디를 할 수 있게 된 경우에 일부 자폐아 부모들은 '이제야 우리 자식이 말을 하기 시작했다'고 고무되는 일이 있는데 이 역시도 어리석은 생각이다.

  억지로 자폐아에게 몇 년동안 단어 훈련을 시키면 아무리 자폐아라고 해도 명사 몇마디는 할 수 있으나, 느낌과 인지를 바탕으로 하지 않아서 스스로 느껴서 나오는 말이 아니고 억지로 가르친 말은 언어장애자가 아닌 자폐아에 있어서는 단지 의미없는 약간의 입놀림에 불과할 뿐이지 이러한 명사 몇마디가 스스로 자생력을 가지고 발전하는 일은 절대로 없기 때문이다.

  즉 자폐아에게 억지로 명사 몇마디를 나오게 하려고 이곳저곳 쫓아 다니는 일은 비록 자폐아가 몇마디의 명사를 하게 될지라도 전혀 가치있는 일은 아니다.

  도대체 몇 년동안 아무런 언어의 발전이 없이 보는 사람마다 앵무새처럼 '안녕하세요'라는 말만 되풀이하고 다니는 자폐아에게 '안녕하세요'라는 말이 아무런 의미가 없으며, 그야말로 더도덜고 아니고 다만 앵무새와 똑같다는 것이다.

자폐아의 부모가 '과연 우리아이는 언제나 말을 할까'라거나 '우리 아이는 엄마, 안녕, 사자라는 말을 해요'라고 말하는 어리석은 생각을 가지고 있는 한에는 자폐아는 절대로 발전할 수 없다.

'과연 우리 아이는 언제나 말을 할까'라고 생각하는 것은 자기 자신이 불어를 전혀 말하지 못하는 상태에서 불어공부를 하지도 않으면서 불어를 잘 말하기를 기대하는 것과 똑 같으며, '우리 아이는 엄마. 안녕, 사자라는 말을 해요'라는 것은 중학생인 자기 자식이 APPLE, TIGER, THIS IS A BOOK이라는 기초영어를 하는 것에 대해서 마치 영어를 아주 잘 한다고 생각하는 것과 같은 경우이다.

더구나 정상인의 경우는 이미 인지는 획득되어 있으므로 단순히 외국어에로의 인지의 전환작업만 하면 외국어의 획득이 가능하겠지만, 자폐아의 경우에는 언어를 배우기 전에 인지의 획득작업이 먼저 실시된 후에 이를 언어로 연결시켜 주는 작업을 실시해야 하기 때문에 정상인이 단순히 외국어를 배우는 것에 비해서 몇 배의 노력이 뒤따라야만이 언어의 획득이 가능해진다.

명사 교육과 야외 교육

　자폐아에 대한 교육에서 중요한 것 중의 하나가 순서에 맞는 교육이 실시되어야 하는 것인데, 실제의 교육에 있어서는 순서에 맞지 않는 교육이 실시되어서 노력한 만큼의 성과를 얻지 못하는 경우가 있고, 명사 교육과 야외 교육이 이러한 순서에 맞지 않는 교육의 예라고 생각된다.

　명사 교육을 시키기 위해서는 사전에 그 명사에 대한 느낌과 인지가 있어야만 이 자폐아에게 효과적인 교육을 시킬 수 있는데, 예를 들면 냉장고라는 명사를 가르치기 위해서는 사전에 '차다'라는 느낌의 인지가 있어야만 이 냉장고라는 명사를 효율적으로 가르칠 수 있고, 사탕이라는 명사를 가르치기 위해서는 사전에 '달다', '맛있다' 등의 느낌에 대한 인지가 있어야 하며, 할머니라는 명사를 가르치기 위해서는 사전에 '늙다'라는 개념의 인지가 있어야만 이 할머니라는 개념의 명사를 효율적으로 가르칠 수 있다.

대부분의 자폐아의 경우에는 초기에 이러한 '차다', '달다', '늙다' 등의 느낌에 대한인지가 없는 상태인데, 이러한 상태에서 느낌에 대한인지를 먼저 가르치지 않고, 명사에 대한 교육을 먼저 실시한다면 내 생각에는 '밑 빠진 독에 물 붓기'식으로 아무리 노력해도 별다른 성과를 얻지 못할 것 같다.

저능아의 경우에는 명사만을 가르쳐도 그 명사에 대한 성질이나 느낌의 인지가 기존에 획득되어 있기 때문에 가능하겠지만 자폐아의 경우에는 전혀 기본 인지나 느낌이 형성되어 있지 못하기 때문에 먼저 이러한 기본 인지와 느낌을 가르쳐 주어서 확실한 느낌과 인지를 획득하게 만든 이후에 명사를 가르쳐야만 이 효과가 있다. 자폐아들이 명사는 이해하는 반면에 동사나 형용사는 이해를 잘 하지 못하는데, 그 이유는 명사의 경우에는 시각적으로 알 수가 있으나 동사나 형용사의 경우에는 눈으로 볼 수가 있는 것이 아니고 논리적이거나 느낌으로 이해를 해야 하기 때문이다. 따라서 자폐아 교육의 핵심은 명사교육이 아니라 느낌이나 감정을 깨달을 수 있는 형용사나 동사 교육이 되어야 한다는 것이다.

야외 교육도 마찬가지여서 예를 들어서 동물원에서 효과적인 교육을 시키기 위해서는 사전에 '무섭다', '길다', '예쁘다', '크다' 등에 대한 기본인지가 되어 있어야만 호랑이, 기린, 토끼, 코끼리 등에 대한 교육이 성과를 가질 수 있는 것이고, 이러한 기본인지가 되어 있지 못한 상태에서의 동물원 관람은 별다른 효과를 얻기가 어려우며, 그렇다고 동물원을 자주 데리고 간다고 해서 자폐아가 스스로 동물들을 보면서 기초인지를 획득할 능력도 없다.

사전에 '무섭다', '길다', '예쁘다', '크다' 등에 대한 기본인지가 충실히 이루어져 있어야만 동물원에 가서 어느 정도의 효과를 볼 수 있다.

물론 동물원에 가서 직접 동물들을 보면서 기본인지에 대한 교육을 실시할 수도 있지만 일단 밖으로 나오면 더욱 정신이 산만해지는 자폐아의 특성상 야외에서 자폐아의 정신을 동물에 집중시키는 것은 현실적으로 어려운 일이다. 동물에 대한 정신 집중은 차치하고 잃어버리지만 않고 잘 따라와 주기만 해도 고마운 일이지만 자폐아는 동물원에 와서도 정해진 길로만 가려고 하고 특정한 동물은 보려고조차 하지 않는 등 이상한 행동의 연장인데, 그렇다고 공공 장소에서 물리적 강제를 할 수도 없어서 피곤함의 연장일 뿐이다.

동물원이나 식물원에 가서 사자가 무섭고, 원숭이가 신기하고, 꽃이 예쁘고, 나뭇잎이 넓고 등의 교육적 효과를 얻기 위해서는 사전에 무섭고, 신기하고, 예쁘고, 넓다는 것 등에 대하여 일반적 인지가 가능할 정도까지의 충분한 사전 교육이 있음으로서만이 가능한 일이다.

자폐아와 IQ

 상협이와 같이 생활하면서 느꼈던 점들 중의 하나는 자폐아와 저능아는 서로 차이점이 많으며, 어떻게 보면 정반대의 개념을 가진 사람들이라는 것이었다.
 저능아의 경우는 기본적으로 논리우선자이기 때문에 느낌, 감정, 기초인지등의 개념에 대해서는 자율적인 획득이 가능하지만 좀 더 높은 개념의 인지는 어려운, 즉 IQ가 낮은 사람을 의미하는 반면, 자폐아의 경우는 느낌, 감정, 기초인지 등 논리우선자로서는 가장 기본적인 것마저도 개념이 없는 시각우선자라는 것이다.
 문제는 자폐아인 시각우선자를 논리 우선자로 바꿀 수 있느냐와, 논리 우선자로 바뀌었을 경우의 IQ는 과연 얼마 정도까지가 가능하냐의 문제인데, 내 경험으로는 완전한 논리 우선 자로의 전환은 불가능하지만 시각과 논리가 양립하는 정도의 인간까지는 전환될 수 있으며, 이렇게 전환되었을 경우의 IQ는 보통 사람의 보통 정도의 IQ를 가질 수 있다는 것이다.

상협이의 경우 어느 정도 논리우선자로서의 기초는 이루어진 상태인데, 상협이가 보여주는 지적인 능력은 시각우선자의 특성상 잘 하는 부분이 아닌 일반 분야에서도 어느 정도의 적응력을 보여서 일반적인 학과 수준을 그런 대로 따라가고 있으며, 이를 근거로 자폐아가 저능아는 아니라고 주장해도 큰 무리는 없을 정도이다.

내가 보기에 상협이가 학교의 학습을 따라 할 수 있는 이유는 학습에 대한 예습이나 복습을 열심히 해서가 아니라, 학습에 필요한 기본적인 능력 (느낌, 기초인지, 감정등)을 비교적 튼튼하게 교육했기 때문이라고 생각된다.

즉 학교의 학습은 어느 정도 기초적인 논리적 자생력을 획득하면 스스로 따라갈 수 있으며, 반면에 논리적 자생력이 없이 오직 학습만을 교육시키면 효과도 별로 없을뿐더러 설령 약간의 습득이 가능하다 해도 별다른 가치는 없다.

본래 IQ란 것이 논리우선자의 논리적 능력을 측정하기 위해서 만들어진 방법이기 때문에 이를 시각우선자에게 적용하는 자체가 모순인데, 왜냐하면 시각우선자에게는 근본적으로 논리적 능력이 없으며, 굳이 있다면 본래의 자기의 능력이 아니고 인위적으로 만들어 놓은 허위적 능력에 대한 측정이기 때문에 무의미하다는 것이다.

　시각우선자인 자폐아를 굳이 IQ의 방법으로 지적인 능력을 측정하려 한다면 우선 먼저 시각우선자를 논리우선자로 변환시키는 과정을 성공적으로 수행해서 어느 정도 논리우선자에로의 기초를 만들어 준 다음에 실시해야 의미가 있으며, 논리우선자에로의 전환 정도가 높아 가면 높아 갈수록 따라서 IQ도 올라갈 것이다.

　상협이의 경우도 초기에는 IQ가 60정도라느니 70정도라느니 하는 예상을 했었지만 지금 생각해 보면 아무런 의미가 없는 말장난에 불과한 일이었고, 앞으로 상당 기간 상협이의 IQ를 측정해 보고 싶은 생각은 없지만 굳이 지금 IQ를 측정해 보면 그 이상은 나올 것 같으며, 앞으로 논리우선자로의 기초가 더욱 확립되면 IQ는 그 이상으로 올라갈 것이다.

그림 교육

  자폐아가 사회적으로 적절한 아무런 말과 행동을 하지 못하고 하루종일 이상한 행동만을 하고 있을 때 부모나 교사가 당하는 고통은 너무나 큰데, 아이에게 과연 무엇부터 어떻게 해야 할지 정말 막막하다.
  이러한 상황에서 자폐아가 시각우선자라는 점을 이용하여, 자폐아가 좋아할 만한 그림으로 자폐아를 유인하여, 그 그림을 보면서 어떤 지시에 따르도록 하는 그림 교육의 방법이 나왔는데, 어쨌거나 그림을 보면서 자폐아가 사회적으로 적절하게 반응하는 모습을 보면 부모의 입장에서는 그나마 '애가 바보는 아니구나'라는 안도와 희망을 가지게 된다. 이러한 부모의 기대와 자폐아의 행동에 부응하여 그림 교육을 계속할 수 있는데, 한편으로는 바람직한 면도 있는 반면에 다른 한편으로는 위험한 면도 있어 보인다.

자폐아는 기본적으로 바보는 아니기 때문에 시각적으로 흥미를 이끌어 내 그림으로 행동을 유도하기는 쉽다. 그러나 이러한 시각적 교육이 최종적인 성과를 이루기 위해서는 궁극적으로 이러한 시각적 지시가 자폐아에게 언어와 함께 연결되어 일치가 되어야 하는데 그것이 그렇게 쉽게 되지 않는다는 데에 문제가 있다.

즉 그림으로는 이해를 하지만 말로써는 이해를 못하는 이중적 구조가 되어 버리는 결과가 될 수 있는데, 그렇다고 해서 평생 동안 자폐아와 함께 다닐 때는 수백, 수천 장의 그림을 가지고 옆에 따라다니면서 그림을 보여주면서 지시할 수도 없는 노릇이다.

자폐아 교육의 핵심은 '시각우선자'인 자폐아를 '논리우선자'인 정상아로 바꾸어 놓아야 하며, 최소한 '시각'과 '논리'가 양립하는 정도까지는 만들어 놓아야 한다는 것인데, 그런 면에서 보면 그림 교육은 '시각'의 상태를 더욱 고착시켜서 '논리'와 '말'이 설자리를 빼앗기게 되고, 결국은 '시각우선자'의 한계를 탈피하지 못하여 실패하게 될 가능성이 크다.

자폐아의 기초 교육에 있어서 가장 중요한 것중의 하나는 기본적인 말의 뜻을 이해하게 하고, 계속적인 반복 학습을 통해서 귀로 듣기만 해도 이해를 하게 되어 즉각 적절한 대응이 나오도록 하는 것이다.

자폐아가 배워야 할 이러한 기본적인 말이 수천개 정도 된다고 가정하면 (예; 무릎꿇어, 문을 열고 들어와, 저쪽에 가 있어, 목을 돌려봐,

한쪽 발로 뛰어, 그렇게 하면 안돼, 구석에서 손들고 서 있어, 허리를 굽혀서 동전을 주워, 연필을 제자리에 놓아, 여기에서 저기까지 걸어가 봐, 잘 했으니까 상을 줄께, 슬프니까 울자, 기쁘니까 박수를 치자 등등) 하나의 말을 배워서 이해하고, 또 반복 학습을 하는데 30분 정도 소요될 것이고, 하루에 한 시간씩 학습해서 이런 것들을 다 배우려면 10년 정도가 걸리게 된다는 얘기인데, 이 정도라면 '포기'하는 쪽에 가까울 정도로 긴 시간이다. 하루에 8시간 이상 정도는 교육이 되어야만 어느 정도 정상아를 뒤따라갈 수 있다.

그리고 이러한 말의 이해에서 끝나는 것이 아니고, 이후에는 어떤 상황, 어떤 감정에서 이러한 말과 행동이 나와야 하는지 가르쳐야 하는 2차적 작업이 계속되어져야 한다.

그러나 샐러리맨이 월급으로 생활을 하고 나머지 돈을 저금할 경우, 단순 계산상으로는 20년 후에나 집을 살 수 있으나, 성실하게만 생활하면 이런저런 다른 방법을 동원해서 5년이나 10년만에 집을 살 수 있는 것처럼, 자폐아 교육도 충실하게 계속하다 보면 종합 교육에 따른 시너지 효과 등이 있어서, 단순 계산보다는 빠른 시일 내에 어느 정도의 성과는 볼 수 있다. 단 샐러리맨이 약간의 저금을 해야지 집을 살 기대를 할 수 있지, 수입이 없거나, 수입이 적어서 저금을 할 수 없으면 집을 살 수 없는 것처럼, 자폐아 교육도 상당한 시간과 노력이 있어야만 성과를 볼 수 있지, 예를 들어 하루 4시간 미만의 교육이 되어진다면 발전을 기대하기는 거의 힘들다.

어쨌거나 이러한 상당한 노력 끝에 어느 정도의 논리적인 인간의 틀이 잡히는데, 이를 미루고 시각적인 그림 교육에만 너무 집중하다 보면, 결국에는 영영 논리적인 인간에로의 변화가 불가능하게 될 지도 모른다.

자폐아에게 약간의 시각적 자극을 주어서 학습에 효과를 볼 수 있을 정도의 그림 교육에는 찬성하지만, 그림 교육이 주가 되어서는 안 된다.

연령적 한계

일반적으로 인간의 뇌는 10세 정도까지는 활발히 발달하다가 15세 정도까지는 약하게 발달하고, 15세가 지나면 거의 발달을 멈추고 정지하게 된다고 알고 있다.

이런 이유 때문에 자폐아를 두고 있는 부모는 아이가 15세 정도가 되면 또 하나의 걱정이 늘게 되는데, 자식이 15세를 넘어가면 이제는 그나마 더 이상의 발전을 기대할 수 없지 않을까 하는 우려를 하게 된다.

나 자신이 뇌에 대해서 잘 알고 있는 의학자는 아니기 때문에 단정적으로 이야기할 수 있는 부분은 아니지만 분명히 나이가 들어감에 따른 영향은 있을 것 같다.

그러나 내 생각으로는 자폐아가 나이를 먹는다고 해서 자폐아 교육상에 치명적으로 나쁜 영향을 미치리라고는 생각하지 않는데, 그 이유는 자폐교육의 핵심이 지식을 외우거나 어려운 것을 이해하는 등의 지식 중심적 교육이 아니고 현실 생활의 느낌을 가지도록 하는 감성 중심적 교육이며, 또한 이를 확장시키는 사회성에 대한 교육이기 때문이다.

예를 들어 사람이 나이를 먹어 감에 따라 기억력 등이 쇠퇴하여 친한 친구의 이름이 갑자기 생각나지 않는 등의 현상은 일어날 수 있지만, 친한 친구가 교통사고가 나서 크게 다쳤을 경우 갑자기 불쌍한 느낌이 들지 않는 현상은 일어날 수가 없다.

지식의 습득은 뇌의 발달과 관계가 있어서 나이를 먹게 되면 어느 정도 한계가 있을 수 있으나, 느낌과 감정의 경우에는 그야말로 느낌을 가지는 연결 고리일 뿐이지 나이에 따른 뇌의 발달이나 정지와는 관계가 적은 것 같다.

아무리 나이가 많은 노인들도 비록 가지고 있는 지식은 별로 없을 수 있지만 느낌과 감정은 죽을 때까지 간직하고 있는데, 자폐아 교육이라는 것이 자폐아를 영재로 교육시켜서 서울대학교에 입학시키는 것이 아니라, 보통의 사람이 가지는 보통의 감정과 인지를 가르쳐서 획득시키는 것이 주목적이기 때문에 나이에 따른 뇌의 발달과는 별다른 관련이 없을 것 같다.

탬플 그래딘 역시도 적절한 사회성을 획득한 때는 나이가 30세를 넘은 다음이었다고 자서전에서 말하고 있는데, 자폐아들은 정상아들에 비해서 발전의 속도가 느리기 때문에 자폐아 교육이 성공을 했다 하더라도 경험적인지를 바탕으로 하는 사회성을 어느 정도 획득하려면 최소한 30세는 넘어야 할 것 같으며, 따라서 자폐아에 대한 관심과 교육 역시도 그때까지는 계속되어야 할 것이다.

라면 끓이는 법

일반인들은 물론 자폐아에 대한 전문가들조차도 때로는 자폐아에 대해서 잘못 생각하는 부분이 있다. 한가지 예를 들어보겠다.

어느 특수 교사가 다음과 같은 이야기를 했다. "자폐아는 야유회에 가서 라면 끓이는 방법을 가르쳐 줬는데, 같은 라면 끓이는 법을 집에 와서는 하지를 못한다. 즉, '일반화'의 능력이 없다. 따라서 가능하면 같은 라면 끓이는 방법이라도 한 곳에서만 가르칠 것이 아니라 집, 산, 바다 등에서 다양하게 가르쳐야 한다."라고 얘기하는 것을 들었었다.

언뜻 듣기에는 일견 맞는 이야기 같기도 하다. 그러나 두 가지의 근본적인 잘못이 있다.

첫째는 '라면 끓이는 법'에 대한 문제이다.

자폐아는 육체적인 나이는 7~8세가 되어도 정신적인 나이와 육체적인 나이가 차이가 있기 때문에 당연히 정신적인 나이인 2-3세를 그 아이의 나이로 보아야 맞다. 상식적으로 2-3세인 아이에게 라면 끓이는 법을 가르치는 것 자체가 무리이다. 이렇게 육체적인 나이와 정신적인 나이를 혼돈 하는 경우는 비단 의사나 특수교사뿐만 아니라 부모들에게도 많이 있다. 겉으로 보기에 7-8세로 보이기 때문에 때로는 2-3세때 배워야 할 것을 가르치기도 하며 때로는 7-8세때 배워야 할 것을 가르치기도 한다. 나 자신도 상협이의 정신 나이가 육체 나이와 다르다는 것을 잊지 않으려고 노력하지만 함께 지내다 보면 가끔씩은 눈으로 보이는 상협이의 모습만 보고 정신 나이에 적절하지 않은 지시나 대화를 유도하려고 한다. 자폐아는 정신 나이와 육체 나이가 정상인과는 다르다는 것을 깊이 명심하고 정신 나이에 적절하면서도 발전적인 교육을 하도록 세심한 주의가 필요하다.

둘째는 '가르쳤다'는 것에 대한 문제이다.

'가르쳤다'는 것은 정상인의 입장에서 본 것이고 사실 자폐아는 아무 것도 배운 것이 없다. 한 가지 예를 들어보겠다. 어떤 고등학생이 수학 시험을 보면서 무의식적으로 볼펜을 손으로 돌렸다고 가정해 보자. 그 학생에게 그 시간에 무엇을 하였냐고 물어 봤을 경우 과연 그 학생이 무엇을 했다고 대답해야 정상적인 대답이 될 것인가. 이 이야기는 사람의 정신과 육체가 하는 일이 서로 다를 때, 정신이 한 일이 그 사람의 주된 한 일인지, 육체가 한 일이 그 사람의 주된 한 일인지에 대한 물음이다.

만약 그 학생이 그 시간에 손으로 볼펜을 돌리고 있었다고 대답하면 우리는 그 학생이 농담을 한다고 생각할 것이고, 그 학생이 그 시간에 수학 시험을 보고 있었다고 말하는 것이 옳을 것이다. 즉, 정신이 한 일과 육체가 한 일이 다를 때 우리는 정신이 한 일을 주된 한 일로 생각하는 것이 정상인의 상식적인 생각일 것이다.

정상인과 자폐인이 함께 야유회에 갔을 때 정상인이 생각하는 하루 생활은 이렇다. 아침 7시에 일어났고, 아침 9시에 버스를 탔고, 11시에 자연 농원에 도착했고 12시에 라면 끓이는 법을 배웠으며 오후 1시에 식사를 하고 2시부터 4시까지 무, 배추, 당근등 농원 채소를 견학했고 4시부터 5시까지 오후 시간을 가졌으며 5시 30분에 버스를 타고 오후 7시에 집으로 돌아왔다.

이에 반하여 같은 하루를 보냈던 자폐아의 정신적 하루 생활은 이렇다. 아침 7시부터 8시까지 자동차 선전 프로그램을 생각했고 8시부터 10시까지는 파워 레인져를 생각했으며 10시부터 1시까지는 콩쥐팥쥐를 생각했으며 1시부터 2시까지는 영화 스피드를 생각했으며 4시부터 7시까지는 아이스크림 광고를 생각했다. (사실 '생각했다'는 말은 적절하지 못하고 각각의 영상을 '떠올렸다'라고 표현하는 것이 적합할 것이다.)

즉 자폐아에 있어서의 정신적인 하루 생활은 일반인이 생각하는 하루 생활과는 전혀 다르다. 정상인의 경우에는 생각하는 것과 행동하는 것이 일치하기 때문에 현실을 쉽게 받아들이고, 따라서 일반화 작업이 쉬운 것이다. 그러나 정상인이 생각하는 하루 생활은 자폐아에 있어서는 마치 학생이 수학 시험 시간에 볼펜을 손으로 돌린 것처럼 의식적인 의미의 이해는 없고 다만 시각적 영상만이 기억날 뿐이다.

그런 정신 상태에 있는 자폐아에게 라면 끓이는 법을 가르쳐 줬다는 자체가 자폐아의 실상과는 너무 거리가 먼 정상인의 착각인 것이다. 물론 자폐아가 물을 끓이거나 스프봉지를 찢는 일을 했을지도 모른다. 그러나 그것은 돌아서면 잊어버릴 즉 정신이 거의 개입되지 못한 상태에서의 단순한 강제에 따른 어렴풋한 몸동작이었을 뿐이다. 물론 자폐아의 정신을 '라면을 끓이는' 현실로 강하게 집중시킨 다음 가르치면 훨씬 낳은 결과를 가져 올 수 있다. 그러나 일단 자폐아가 '시각적 쾌감'을 줄 여지가 없는 실내에서 탈출하여 '시각적 쾌감'이 가득한 실외로 나가면 자폐아의 정신 상태를 통제하기란 현실적으로 어렵다. 더군다나 실외에서는 자폐아에게 적절한 '견제나 채찍'을 보호자가 행사하기가 현실적으로 불가능하기 때문에 더욱이 현실에 정신을 집중시키기가 어렵다.

이렇게 자폐아에 대한 기본적인 판단의 잘못이 있다면, 이러한 잘못된 논리를 기초로 하는 자폐아의 교육 역시도 실패할 가능성이 높은 것이다.

할아버지 냄새가 고약해요

　상협이가 5세경부터 8세까지는 할아버지 집에 가는 것을 무척 싫어해서 할아버지 집에 가자고 말만하면 아무 곳에나 드러누워서 가지 않겠다고 소리를 질러서 무척 당황했는데 특히 할아버지, 할머니와 같이 차를 타는 것은 더욱 싫어해서 괴성을 질러내는 바람에 나와 할아버지는 차를 탈 때마다 무척이나 곤혹스러웠다.
　겨우겨우 달래서 차를 같이 타도 상협이는 꼭 앞자리에만 앉으려고 해서 상협이가 앞자리에 앉고 할아버지와 할머니는 집사람과 같이 뒷자리에 앉을 수밖에 없었다.
　그래서 8세부터는 상협이가 할아버지 집에 갈 때마다 할아버지 집에서 상협이가 좋아하는 탕수육을 사 주었고 저녁에는 할아버지와 같이 아이스크림을 사 먹게 했으며 가끔씩은 할아버지가 장난감을 사 주고는 했는데, 이후에는 오히려 상협이가 먼저 할아버지 집에 가자고 졸라댈 정도였다.

　이렇게 상협이의 할아버지에 대한 태도가 바뀐 이유는 탕수육, 아이스크림, 장난감등의 유혹도 있었지만, 과거에는 상협이의 집안 생활이 편했으나, 내가 상협이와 같이 생활한 이후에는 내가 집안에서 상협이에게 계속 주는 스트레스를 피하려는 의도도 있었으며, 할아버지 집까지 가면서 차속에서 마음껏 밖을 보면서 편안한 시각의 세계를 즐기려는 의도도 있었다.

　어쨌거나 할아버지에 대한 상협이의 태도가 바뀌어서 할아버지 집으로의 나들이가 한결 편해졌는데, 상협이가 어느 정도 자기의 느낌이나 생각을 말로 표현할 수 있게 된 98년 여름에 상협이에게 도대체 왜 옛날에는 그렇게도 할아버지 집에 가기를 싫어했느냐고 물어 보았는데, 상협이의 대답이 '할아버지 냄새가 고약해요'였다.

　사실 노인들에게는 어느 정도 노인 냄새가 나는 것이 사실이어서 나 자신도 어렸을 때 시골 할아버지 집에 가면 약간 싫은 냄새가 나는 것을 느꼈으나 무의식 중에서도 할아버지에 대한 여러 가지 인지되는 사항들이나 권위 등 때문에 차마 말을 못하고 마음속으로만 할아버지의 냄새가 고약하다고 느꼈을 따름이었다.

　즉 코로 냄새 맡는 후각적 감각보다는 할아버지에 대한 여러 가지의 인지할 수 있는 논리적 능력이 컸기 때문에 냄새를 참을 수 있었던 것이다.

그러나 과거의 상협이는 할아버지의 존재에 대한 인지는 없으며, 오직 고약한 냄새가 나는 후각적 불쾌감만이 강력하게 존재해서 그토록 할아버지라는 존재를 피하려고 했던 것이다.

이후에 상협이의 인지가 종합적으로 발전하면서 할아버지의 집에 가면 맛있는 것을 먹을 수 있다는 인지나, 할아버지 집에 가면 공부를 하지 않아도 된다는 등의 인지가 커지면서 상대적으로 후각적으로 느끼는 냄새의 과잉 반응 비중이 작아지고, 따라서 이제는 보통의 정상인이 취하는 일반적인 행동과 비슷한 행동이 나오게 되었으며 할아버지에게 앞자리를 양보해 주기도 하게 되었다.

상협이가 옛날에는 우는 아이만 보면 가서 주먹으로 때렸으나 이제는 아이가 우는 이유가 배가 고파서라는 논리적 사실을 인지해서 우는 아이를 보아도 참을 수 있게 된 것이나, 옛날에는 물 흐르는 소리가 들리면 호두까기인형이 생각나서 무서워했으나 이제는 물이 흐르는 것은 수도꼭지가 열렸기 때문이라는 논리적 사실을 인지함으로서 무서워하지 않는 것이나 모두가 같은 맥락이다.

위의 몇 가지 예처럼 자폐아가 보이는 이상하고 과격한 행동들의 대부분은 인지 능력의 부족과 이로 인해 상대적으로 강해진 불균형의 감각에서 기인한 것들이며, 따라서 이러한 행동들을 근원적으로 없애기 위해서는 인지 능력을 향상시켜서 이러한 인지 능력이 지나치게 과도한 감각 능력을 줄여줌과 동시에 감각보다 인지 능력을 강하게 느끼도록 함으로서만이 문제가 자연스럽게 해결되는 것이고, 인위적인 행동 수정에 의한 제어로서는 한계가 있어서 근본적인 문제 해결책은 될 수 없다.

이빨 닦는 법

 어느 책에서 자폐아에게 이빨 닦게 하는 방법에 대해서 쓴 글을 읽은 적이 있는데, 솔직히 지금은 거의 기억나는 것이 없고, 다만 생각나는 것은 절차가 너무 복잡했고 인위적인 느낌이 들었다는 것이다.

 내가 어렸을 때는 시골에서 살았는데 그 당시에는 이빨을 며칠에 한번씩 닦았었으며, 그것도 손가락에 소금을 묻혀서 닦았는데, 그것도 부모님이 닦으라고 강요하니까 마지못해 닦은 것이지, 자발적으로 닦은 것은 아니었다.

 그 당시에는 이렇게 며칠에 한번씩 이빨을 닦으면서도 잘 지냈는데, 왜냐 하면 그 당시에는 며칠에 한번씩 이빨을 닦아도 입안이 '불결하다'는 '느낌'이 없었기 때문이다.

 이후에 보건교육이 강화되면서 지금은 하루에 한번씩 이를 닦고 있는데, 어떤 사람들은 하루에 두 번이나 세 번씩 닦지 않으면 입안이 불결한 느낌이 들어서 참을 수 없다는 것이다.

즉 이빨을 닦으려는 의욕이 있느냐, 없느냐는 입안이 불결하다는 '느낌'을 가지느냐, 가지지 않느냐에 크게 의존하는 것이다.

자폐아 역시도 마찬가지여서 기본적으로 이빨을 닦게 하기 위해서는 계속적인 반복작업으로 이빨을 닦지 않으면 이빨이 썩는다는 것과 입안이 더러워진다는 것등을 강화해 줌으로써 '느낌'을 가질수 있도록 하는 것이 가장 근본적이고 자연스러운 방법인데, 필요할 경우에는 썩은 이빨을 보여주거나 고약한 입냄새를 맡게 함으로써 효과적으로 자폐아에게 '불결한 느낌'을 가지게 할 수 있다.

이렇게 '불결한 느낌'을 확실히 심어주면 자폐아는 단순해서 오히려 정상아보다 더 열심히 이빨을 닦을 수가 있다.

또 한가지는 이빨을 닦는 방법인데 이것이 그리 간단한 것이 아니다. 대개의 자폐아들이 이빨을 닦는 것을 보면 정상아에 비해서 상당히 단순해서 앞니를 몇번 닦는 것으로 이빨닦기를 끝내는 경우가 많은데, 이빨을 잘 닦기 위한 몇가지 조건은 다음과 같다.

첫째는 앞니, 뒷니, 윗니, 아랫니를 잘 닦기 위해서는 위, 아래, 앞, 뒤에 대한 개념이 확실히 구체화되어야 한다. 정상인의 경우는 이러한 개념이 구체화되어 있기 때문에 무의식적으로 앞니를 닦으면 뒷니도 닦고, 윗니를 닦으면 아랫니도 닦겠지만, 자폐아의 경우에는 개념이 구체화되어 있지 않은데다가 이빨을 닦는 도중에도 '시각의 세계'에 정신이 깊이 빠져 있기 때문에 대부분의 경우에 이빨의 한 부분만을 대충 닦은 후 이빨닦기를 마치는 것이다.

내가 왜 그렇게 기본인지의 구체화가 중요하다고 강조하는 까닭은 이러한 위, 아래, 앞, 뒤 등의 기본인지가 생활의 많은 곳에서 적절한 행동이 나오도록 하는 바탕이 되기 때문이다. 이러한 기본인지가 충실히 기초되지 않은 상황에서는 아무리 인위적인 행동수정의 노력을 해도 한계가 있는 것이다.

두번째는 옆니를 잘 닦기 위해서는 '돌린다'는 개념이 구체화되어야 한다. 상당수의 자폐아들에게 목이나 허리등을 적절히 '돌리지' 못한다. 정상아에게는 돌린다는 개념이 쉬운 것이나, 자폐아에게는 '돌린다'는 개념이 확실히 인지되어 있지 못하기 때문에 몸의 각 부분을 적절히 돌리지 못하며, 따라서 옆니를 닦기 위해서 손목을 돌리는 동작도 부자연스러운 것이다.

이러한 '돌린다'는 기초개념이 무엇인지를 실제로 보여주면서 언어로 구체화시킨 후에야 자폐아는 옆니를 손목을 자연스럽게 돌리면서 닦을 수 있는 것이다.

세번째는 '힘의 적정한 배분'이다.

상협이의 경우에 7세경까지는 동생과 싸울 때 주먹에 온 힘을 다 주어서 동생의 얼굴을 때리는 바람에 동생이 다치는 경우가 많았으며, 심지어는 침대 등 높은 곳에서 온 힘을 다해 동생을 낮은 곳으로 밀어내는 바람에 항상 마음이 조마조마 했었고, 문을 닫을 때는 너무 세게 닫아서 '쾅' 소리와 함께 문이 부서질 지경이었다.

그래서 일단 '힘'이 무엇인지를 느껴 주기 위해서는 팔씨름, 레슬링, 공놀이 등을 통해서 '힘'이라는 것이 무엇인지를 가르쳤으며, 이후에는 팔씨름이나 레슬링을 할 때 '상협이가 지면 아이스크림을 사 줄께'라고 유도하여 지기 위해서 스스로 힘을 조금 주거나, 힘을 주지 않는 것을 가르쳤으며, '힘을 세게 주니까 이겼고', '힘을 주지 않으니까 졌다'는 사실을 계속적으로 귀로 듣게 말해 주고, 또 상협이에게 말하게 하여 힘을 스스로 조절하는 방법을 인지시켜 주었다.

자폐아의 경우에 이빨을 닦을 때 팔이나 힘에 소요되는 적절한 힘의 강도와 지속성이 잘 인지되지 못하여 지나치게 세게 닦거나, 혹은 지나치게 약하게 닦는 경우가 있는데, 스스로 힘의 조절을 할 수 있을 정도의 '힘'에 대한 인지를 구체화시켜야 한다.

넷째로 자기 몸의 각 부분에 대한 느낌을 강화시켜 주어야 한다. 상당수의 자폐아는 몸을 때리거나 간지럽혔을 경우에 아프다거나 간지럽다는 구체적 인지를 못하기 때문에, 약간 움츠러드는 반응을 보일 뿐 정상아들이 아프거나 간지러울 때 나오는 반응과 표정이 나오지 못한다. 지속적으로 자폐아의 몸에 충격을 주면서 '아프다'거나 '간지럽다'는 말을 해 줌으로써 자기 몸에 대한 느낌을 강화지켜 주면서, 이를 언어로 표현할 수 있도록 해 주어야 하며, 이후에는 예를 들어 눈을 감고 몸의 특정부위에 충격을 주면서 어느 부위에 충격을 받았는지 알아맞히는 게임등을 통해서 몸의 각 부분 부분에 대한 느낌을 바로바로 인지할 수 있게 해 주어야 한다.

이렇게 함으로써 자폐아는 만약 지나치게 세게 이빨을 닦았을 경우에는 스스로 아픔을 인지하고 힘을 약하게 주어서 적절히 이빨을 닦을 것이다.

이글을 읽으시는 분들은 기존의 자폐아에게 이빨닦게 하는 방법과 나의 이빨닦게 하는 방법이 접근방식이 다르다는 것을 느꼈을 것인데, 나의 이러한 근본적인 문제를 해결함으로서 발전을 유도하는 방법은 '이빨닦는 방법'뿐만 아니라, 음식 먹는 방법, 화장실 사용법 등 모든 상협이의 문제를 해결하는 상황에서 이런 식으로 접근하여 갔으며, 그 결과 상당히 발전된 모습을 보게 되었다.

물론 처음에는 똥 냄새가 고약하다거나, 입 냄새가 고약하다거나, 돼지우리나 하마우리가 더럽다거나 하는 것들에 대해서 전혀 인지가 되지 못하나 지속적으로 눈으로 보게 하고, 냄새를 맡게 하면서 느끼게 하고 언어로 연결시켜 주면, 이러한 느낌의 인지가 가능해지고, 이렇게 됨으로써 적절한 행동을 기대할 수 있는 것이다.

애완동물, 식물 키우기

대부분의 자폐아 부모들이 그렇듯이 나 역시도 상협이와 같이 생활하면서 집안에 동물이나 식물을 한두 가지씩은 계속 키워 왔으며, 요즘은 상빈이가 동네 풀밭에서 잡은 메뚜기, 달팽이, 올챙이 등을 키우고 있다.

상협이가 아주 어렸을 때는 집에서 오리나 병아리 등을 키웠던 기억이 나며 내가 상협이와 같이 생활하면서는 햄스터나 두꺼비 등을 키웠었는데, 상협이는 다만 햄스터에 대해서 고약한 냄새가 난다면서 싫어하는 반응을 보였을 뿐이었고, 나머지에 대해서는 별다른 반응을 보이지 않았었다.

그런데 처음 내가 상협이와 같이 생활을 시작했을 때에는 나 자신이 상협이에 대해서 잘 몰랐기 때문에 억지로 상협이를 끌어서 이러한 동물들을 주시하도록 했었으나 이후에 상협이에 대해서 알고 난 이후에는 억지로 상협이에게 동물에 대해서 관심을 가지도록 강요하지는 않았었다.

사실 동물이나 식물에 관심을 가지지 위해서는 사전에 첫째는 '귀엽다', '예쁘다', '작다', '징그럽다' 등의 기본 인지와 느낌이 튼튼하게 기초를 이루어야 하며 둘째는 '나'아닌 다른 상대방의 동, 식물에 대해서 생각의 배려를 할 줄 아는 '마음의 인지'와 '사회성'의 기초가 있어야 하는데 당시의 상협이는 그러한 기초가 없기 때문에 동, 식물에 대해서도 적절히 반응할 능력이 없었기 때문이었다.

문제는 집에서 애완동물을 키우는 등의 작업을 통하여 과연 자폐아가 느낌이나 감정을 가질 수 있게 될 수 있게 되거나 이러한 느낌과 감정을 키울 수가 있느냐인데, 내 생각으로는 자폐아는 그런 능력이 없다는 것이다.

100을 기준으로 했을 때 정상아가 70-80정도의 느낌과 감정의 자생력을 가지고 있다면 자폐아의 경우에 최소한 20-30정도의 자생력을 가지고 있어야만이 이러한 작업을 통하여 자폐아의 느낌과 감정을 자극할 수 있으나 사실 자폐아의 느낌과 감정에 대한 자생력은 0이기 때문에, 적절히 교육되어지지 않은 자폐아에게 아무리 애완동물을 많이 보여줘도 그 효과는 미미할 따름이다.

애완동물 키우기, 동물원 관람, 여행 등이 모두 같은 개념이어서 사전에 느낌과 감정에 대해서 어느 정도 교육되어지지 않은 상태에서의 노력은 정상인이 생각하기에는 효과가 있다고 생각할 수도 있으나 사실 자폐아 자신은 이러한 것들을 수용할 능력이 없기 때문에 별다른 효과가 없다.

 물론 집에서 애완동물을 키우는 등의 작업이 '준비되지 않은' 자폐아에게 큰 효과가 없다는 것이지, 피해를 입힌다는 것은 아니기 때문에 키우지 않는 것보다는 키우는 것이 좋고, 다만 그러한 작업에 대한 큰 효과를 기대할 것은 아니라는 것이다.

 그렇다면 과연 자폐아가 얼마만큼의 사전 준비 작업을 해야 애완동물을 키우는 것 등에 대하여 큰 효과를 볼 수 있을 지에 대한 의문이 생기는데 내 생각에는 앞에서 말한 세 개의 산중에서 첫 번째 산을 넘거나, 혹은 10,000시간의 의미 있는 교육을 시행해서 자폐아가 기초 인지와 느낌, 감정 등에 대하여 어느 정도 기초를 닦은 후에야 비로소 자폐아는 애완동물에 대하여 귀엽다거나 작다거나 예쁘다거나 하는 등의 교육이 이루어질 경우에 이를 수용하고 깨달을 수 있는 능력이 생긴다.

 이러한 10,000시간의 의미 있는 교육이나 첫 번째 산이 극복되지 않는 한에는 자폐아는 영원히 귀엽다, 작다, 예쁘다 등에 대한 개념의 인지와 현실의 깨달음에 실패할 수도 있다.

 또한 만약에 자폐아에 대한 충분한 사전 준비교육 없이 애완동물에 대한 교육이 실시될 경우에는 자폐아의 일반화된 개념이 부족해서 예를 들어 강아지에 대한 귀여운 느낌은 가지면서, 비슷한 고양이나 토끼나 아기 등에 대해서는 귀여운 느낌을 가지지 못하는 한계적인 상황이 발생할 수도 있다.

여행

내가 회사 생활을 할 때 몇몇의 자폐아 아버지들을 가끔 만난 적이 있었는데 대부분의 자폐아 아버지들의 공통된 이야기는 자식이 크면 자식을 데리고 이곳 저곳 여행을 자주 데리고 다녀서 안목을 키워 줘야겠다는 것이었으며, 당시에는 나 자신도 그러한 말에 동감했었다.

그러나 내가 상협이와 같이 생활하면서 상협이에 대해서 어느 정도 알게 된 이후에는 생각이 바뀌어서 지금은 자폐아를 데리고 자주 여행을 다니는 것에 대해서 굳이 반대하지는 않지만 그렇다고 찬성하지도 않는다.

원래 여행을 하는 목적은 보통의 평범한 일상생활에서 벗어나서 가정 생활에서는 보거나 느낄 수 없는 '새로운 것'이나 '신기한 것' 등을 보여줌으로서 인간의 정신적 폭을 넓혀 주기 위해서 하는 것이다.

이러한 여행의 기본 목적이 달성되기 위해서는 전제조건이 있는데, 이것은 인지와 느낌의 확장을 통한 '일반화'가 먼저 이루어져 있어야만이 비로소 여행의 목적을 달성할 수 있어서, 예를 들면 바다나 배나 폭포를 보면서 '새롭다'거나 '아름답다'거나 '신기하다'라는 개념의 일반적인지가 있어야 만 스스로 '보고 싶은' 욕망을 가지게 되어서 무엇인가를 보고 배울 수 있게 된다는 것이다.

그러나 대부분의 자폐아들이 '새롭다'거나 '신기하다'라는 상위의 개념을 이해할 수가 없기 때문에 여행을 통해서 본래의 목적을 달성하기는 어려우며 자폐아는 그냥 단지 따라 다니는 정도에 불과하며, 새로운 것을 보아도 '신기하다'라는 등의 인지보다는 단순히 시각적 쾌감만을 느끼기 때문에 여행을 통해서 자폐아의 정신을 높여 준다는 생각은 자폐아에 대해서 잘 알지 못하는 데에서 발생한 정상인의 오해일 뿐이다.

상협이의 경우에는 여행을 좋아하기는 하지만 여행의 본래 목적인 새롭고 신기한 것을 보는 것에 목적이 있는 것이 아니고 여행을 하면서 차를 타면 공부라는 정신적 스트레스를 받지 않으며, 오락 게임이나 맛있는 음식 등을 즐길 수 있기 때문에 여행을 좋아하는 것에 불과하다.

자폐아가 상당히 발전하기까지는 자폐아와 함께 하는 여행에 대해서 '바람을 쏘여 주는' 정도의 생각을 가지는 것이 타당하며, 자폐아의 '정신적 폭을 넓혀 주는 기대'를 가진다는 것은 무리이다.

컴퓨터

과연 자폐아에게 컴퓨터가 유익한 것인가에 대한 많은 논의가 있으나, 찬반의 주장은 과학적인 근거라기보다는 추리에 근거한 논의가 될 수밖에 없으며, 나 자신도 명백한 과학적 근거는 없다.

그러나 상협이가 컴퓨터를 대하는 태도를 보면서 경험한 사항에 근거해서 말하자면 컴퓨터 사용에 반대하는 입장이다.

예를 들어 상협이가 컴퓨터 게임 중 야구를 좋아했는데, 정상인들의 경우에는 야구의 주 목적이 상대방과 경기를 해서 이기는 것에 있고, 그 과정에서 여러 가지 이기기 위한 방법을 선택하는 과정을 즐긴다.

그러나 상협이의 경우에는 '상대편'의 개념과 '이긴다'라는 개념이 거의 없고, 다만 야구 게임 도중 나오는 심판이 공에 맞고 쓰러지는 장면이나 홈런이 됐을 경우 전광판에 쓰여지는 글자 장면,

혹은 심판이 '아웃'이라고 외치는 장면 등 특정 장면을 즐기면서 시각적 쾌감을 얻기 위해서 야구 게임을 하지, 정상인처럼 야구의 규칙적 논리에 따라 야구 게임을 즐기는 것이 아니었다.

다른 게임도 마찬가지여서 퀴즈 게임의 경우 자기가 이겼을 경우 상대방이 깜짝 놀라며 떨어지는 장면이 있는데, 이 장면을 즐기기 위해서 열심히 상대방을 이기는 것이다. 즉 이기기 위한 여러 가지 방법을 모색하는 것에 정신이 집중되는 것이 아니라, 최종적인 특정 화면의 출연에만 정신이 집중되어 있어서, 컴퓨터 게임의 본래 목적인 '과정을 숙련시키고 즐기는' 것이 아닌 '시각의 쾌감'을 즐기기 위한 수단으로 사용되고 있었고, 그러다 보니 '사고의 다양성'을 기대하기가 어려웠다.

또 하나는 자폐아 교육의 최종 목적이 '현실 세계의 즐거움과 무서움과 어려움' 등을 깨닫게 함으로서, 이를 극복하기 위한 '인간 집단과의 교류'를 할 수 있도록 유도하는데 있다면, 컴퓨터 게임은 그것을 즐기기 위해서 그 누구도 필요하지 않은 혼자만의 세상이 가능하기 때문에, 컴퓨터의 기본 성격이 자폐아의 원래 기본 성격과 비슷해서 자폐아를 시각적으로 즐겁게는 해 줄 수는 있지만, 우리가 목표로 하는 자폐아의 '수정'이나 '발달' 작업에는 별다른 도움이 되지 않는다는 것이다.

자폐아가 어느 정도 발전하면 현실 세계의 원초적인 감각인 어려움이나 싫은 것에 대해서는 어느 정도 인지가 가능해지고, 이때 자폐아가 찾는 사람은 친구가 아닌 부모들인데, 왜냐하면 부모들은 자기의 어려움이나 필요한 것을 해결해 줄 수 있는 사람들인 반면에, 친구들은 즐거움을 함께 나누는 존재이지 자기의 어려움을 해결해 줄 수 있는 존재는 아니기 때문이다.

자폐아들이 현실 세계의 어려움과 필요한 것에 대해서는 어느 정도 인지가 빨리 되는 반면에, 현실 세계의 즐거움에 대해서 인지하고 느끼기에는 상당히 오랜 시간이 필요한데, 친구 집단과의 교류를 활성화시키기 위해서는 우선 현실 세계의 즐거움(가위 바위 보, 숨바꼭질, 주사위 놀이등)에 대해서 충분히 인지하고 느낄 수 있도록 교육해서 스스로 즐거움을 느끼도록 하면, 자연스럽게 주변 또래 집단과의 관계도 약간은 좋아진다.

그러나 컴퓨터에 지나치게 집착할 경우에는 비록 약간의 인지에 있어서의 발전은 기대할 수 있으나, 이를 현실 세계와 연결시키는 응용력은 없기 때문에 현실 세계와는 별도의 세상으로 고착될 가능성이 충분히 있다.

예를 들어 컴퓨터 게임 야구를 좋아한다 해도 규칙 논리에 의한 야구가 아닌 시각적 야구를 좋아하는 것이기 때문에, 실제 현실의 규칙 야구는 흥미가 없다든지, 혹은 좋아한다 해도 컴퓨터 게임 야구와 똑같은 상황을 만들어서 컴퓨터 게임 야구를 연상하면서 즐거워하는 정도에 그칠 수 있다는 것이다.

컴퓨터 게임 야구를 하도록 하는 것보다는 실제로 현실의 야구를 하도록 유도해서, 야구경기시에 발생하는 여러 가지 상황과, 이에 대한 즐거움과 화가 나는 것 등의 느낌을 실제적으로 느끼면서, 이를 체계화 시켜 주는 것이 훨씬 더 중요하다.

  사실 나로서는 상협이에게 컴퓨터를 의식적으로 멀리하고 있는데, 그 이유는 상협이의 최종 목표는 '현실의 느낌과 인지의 이해'인데, 컴퓨터는 현실의 느낌이 아닌 영상의 시각적 쾌감을 자폐아에게 전해 주는 측면이 강해서, 비록 약간의 인지의 발달이라는 작은 것을 획득할 수는 있을지 몰라도 현실의 느낌이라는 큰 것을 놓칠 수 있기 때문이다.

Ⅳ.
상협이의 요즘의 모습들

"싫어, 거짓말 하지마"

내가 상협이에게 가장 먼저 가르쳤던 말들 중의 하나가 '싫어'라는 말이었다. 인간의 원초적인 느낌중의 하나가 싫어하고, 불쾌함을 느끼는 것인데, 이러한 느낌에 대해서 적절히 표현할 방법을 모르다 보니까 자해행위를 한다든지, 괴성을 지른다든지 하는 현상이 발생한다고 생각되어서, 인위적으로 상협이가 싫어하는 상황을 만든 다음에 '싫어'라는 말을 하도록 유도했다. 예를 들어 상협이가 싫어하는 오이를 억지로 먹이려 하든지, 혹은 상협이가 무서워하는 곳에 데리고 가든지 하다가 상협이가 '싫어'라는 말을 하면 그만 두는 등이었다.

다른 말보다는 '싫어'라는 말을 가르치기가 비교적 쉬웠는데, 왜냐하면 아무래도 일반적인 상황보다는 불쾌한 상황에서 비교적 정신이 현실에 많이 집중되기 때문에, 그만큼 현실적인 말이 나오기도 더욱 쉬웠던 것 같다.

　이렇게 '싫어'라는 말을 어느정도 인지하여 사용하게 되면서부터는 비록 남용하는 경우도 있긴 했지만, 자기가 싫은 상황에서는 제법 '싫어'라는 의사표현을 하게 되었고, 따라서 자해행위나 괴성을 지르는 현상이 많이 줄어들었다.

　상협이가 2학년이 되면서부터는 '거짓말 하지마'라는 말을 조금씩 가르치기 시작했는데, 그 이유는 객관적인 상황을 판단하는 능력을 키우기 위해서였다. 예를 들어 상협이에게 '가게 앞에 호랑이가 나타났대', 혹은 '상협이네 학교에 불이 났대' 등 객관적 타당성이 없는 얘기를 해 주면서, 상협이에게 '거짓말 하지마'라는 대답을 하도록 유도해서 객관적 판단력을 키우기 위해서였다.

　그러나 아직도 객관적 판단력은 없는 상태여서, 예를 들어 동생이 하자는 것을 하지 않다가도, 동생이 '형, 이것을 하면 아이스크림을 사 줄께'라고 이야기하면 좋아서 히히덕거리며 따라하고, 내가 상협이에게 '상협이는 누워 있으니까 오락실에 갈 수 없겠구나'라고 이야기하면 '거짓말 하지마'라고 대답하는 등, 객관적인 상황이 아니고 자기에게 유리한지, 불리한지를 따져서 '거짓말 하지마'라는 말을 사용하는 정도이다.

　지금 당장 상협이에게 시급하게 객관적 판단력을 키워 줄 때는 아니기 때문에 강제적으로 계속 '거짓말 하지마'의 개념을 가르치지는 않지만, 그래도 가끔씩은 이러한 교육을 실시해서 점진적으로 상협이의 객관적 판단능력을 키워 줄 생각이다.

'ㄹ' 발음

상협이가 약간의 문장적인 말을 시작한 것은 98년도 초순부터 였는데 그 당시의 발음은 형편없어서 대부분의 사람들이 알아 들을 수 없을 정도였고, 그래서 한때는 언어치료실에서 발음 교정을 해 볼까하는 생각도 해 보았다.

그러나 발음교정을 하지 않기로 마음먹었는데 그 이유는 상협이가 말을 시작한지 이제 불과 몇 달밖에 되지 않은 상태에서 좋은 발음을 기대하는 자체가 잘못이라고 생각해서 일단은 말을 많이 하도록 해 주는 것이 급선무라고 판단했기 때문이다.

하루에 상협이가 말을 하는 시간의 목표를 4시간 정도로 잡았는데 이는 보통의 사람들이 일반적으로 하루에 3-4시간정도 말하기 때문이었고, 말을 하는 내용은 학습지 읽고 이해하기, TAPE듣고 따라하기, 아빠와 이야기하기 등의 내용으로 3-4시간정도 말을 하도록 했으며, 만약 2년 이상 이렇게 하고도 발음이 정확해지지 않으면 그때는 언어치료소에서 발음교정을 해 볼 생각이었다.

그러나 이렇게 매일 3-4시간씩 말을 하도록 해서 1년여가 지난 다음부터는 발음이 제법 정확해져서 대부분의 사람들이 알아들을 수 있을 정도가 되어서 굳이 언어치료소에 가지 않아도 될 정도가 되었다.

여러 가지 발음 중에서도 특히 'ㄹ'발음이 가장 어려웠고, 지금도 다른 발음은 정확해도 'ㄹ'발음은 약간 부정확한데 재미있는 것은 이제는 상협이 자신이 스스로 자기의 'ㄹ'발음이 이상하다는 것을 알아서 'ㄹ'이 들어간 말을 할 때는 스스로 어색함을 느끼면서 몇 번씩 발음을 여러 가지로 해 본다는 것이다.

초기에 특히 상협이의 'ㄹ'발음이 부정확하고 거의 발음이 되지 않아서 혀를 구부리고 발음하는 방법을 몇번씩 가르쳐 주었으나 별다른 효과를 보지 못했으며, 그래서 아직 때가 아니라고 판단하고 좀 더 시간이 지나서 여러 가지 발음하는 발음이 정확해진 후에 'ㄹ'발음을 다시 한번 연습시키려고 했는데, 이제는 스스로 자기의 'ㄹ'발음에 대해서 이상함을 느끼게 되었으니 특별한 다른 방법을 취하지 않아도 시간이 좀 더 지나면 스스로 정확한 'ㄹ' 발음을 낼 수 있을 것 같다.

가위, 바위, 보

자폐아와 정상아의 차이를 가장 잘 나타내 주는 상징적인 '실예' 중의 하나가 가위바위보인 것 같다.

정상아의 경우 4-5세가 되면 자연스럽게 가위바위보를 이해하고 흥미를 가지게 되며, 놀이 등에 응용하여 사용하기도 한다.

그러나 상협이의 경우 나와 같이 생활을 시작하던 때에 집중적으로 가위바위보를 해 보았지만 무엇이 무엇을 이기는 지에 대하여 항상 헷갈려 했다. 몇 번 연습을 하면 알았으나 좀 시간이 지나면 또 헷갈려 하기를 1년여를 했다.

처음에 가르칠 때 주먹으로 가위를 치고 보로 주먹을 덮고 가위로 보를 자르는 모습을 보여주면서 가르쳤는데, 2년이 지난 요즘에서야 제대로 알기는 하지만, 가위와 보가 나왔을 때 가위로 보를 자르는 모습을 한 후에야 가위가 이겼다고 말하는 등 개념화나

일치화가 아직도 제대로 되어 있지 못하다

　인지가 제법 발전한 지금도 왜 그런 현상이 일어나는지에 대해서 두 가지로 생각해 봤다.

　첫 번째는 근본적인 흥미가 없기 때문이다.

　정상인의 경우 현실적인 여러 놀이에 대해 적극적인 흥미를 느끼면서 자발적으로 그 놀이를 즐기려고 한다. 그러나 자폐아의 경우 '시각의 세계'에 대해서만 흥미를 느낄 뿐, 현실적이고 논리적인 놀이에 대해서는 흥미를 느끼기는 커녕 오히려 귀찮아하고 머리 아파한다. 기껏 현실의 놀이에 대해서 흥미를 느끼는 것은 컴퓨터 오락이나 축구 정도이다.

　'이기고 지는' 현실에 대해서 기본적인 관심이 없는 아이를 관심이 많은 아이와 동일하게 만들기는 어려운 일이다.

　상협이에게 학교에서 친구들이 무엇을 하고 노느냐고 물어 보았더니 친구들이 가위바위보를 하면서 논다고 대답을 하길래, 너도 내일 학교에 가서 친구들과 가위바위보 놀이를 해야지만 오락실에 데리고 가겠다고 했더니 '예, 알았습니다'하고 대답하고 학교에 갔는데, 정말로 친구들하고 가위바위보 놀이를 했는지는 모르겠다.

　어쨌거나 현실적인 놀이에 대해서 기본적인 '승패'의 느낌이나 즐거움을 모르고 흥미를 느끼지 못하는 상황에서, 어떻게 보면 억지로 끌고 가는 모습이 되어 버리니 정상아와 차이가 날 수밖에 없다.

　이러한 상황에서 어떻게 하면 흥미를 느끼게 할 수 있을까 생각 끝에 찾아낸 방법이 '역으로'(반대로) 실행하는 방법이었다.

　정상아와 같이 원초적인 흥미를 가지지 못하기 때문에 일단 우선은 '이긴다', '진다', '재미있다', '재미없다'의 개념을 여러 가지 예를 들어 충분히 설명하여 개념을 이해시킨 다음 가위바위보를 하면서 이러한 개념을 가위바위보에 적용시키도록 노력한 결과 약간의 흥미 유발을 보기는 했지만, 그래도 정상아와 같은 수준의 흥미를 보여주지는 못했다.

　주사위 놀이나 바둑놀이등의 직접 행하면서 목적물을 잡아먹는 놀이에 대해서는 제법 흥미를 느끼지만 가위바위보와 같이 단순한 '개념적'인 놀이에 대해서는 어느 정도 한계가 있는 것 같다.

　둘째는 '생각하는' 것에 대한 거부감이다.

　가위바위보 놀이를 처음 몇 번은 그런 대로 할 수 있으나 스무 번 정도가 지나면 '머리가 아파요', '그만해요'하면서 짜증나고 괴로운 표정을 짓는다. '생각하고 판단하는' 현실적인 일에 대하여 힘들어하는 것이다. 정상아 같으면 아무런 무리가 없는 가위바위보 놀이의 현실 집중과 판단의 일이 자폐아에게는 상당히 머리에 스트레스를 주는 것 같다.

　이러한 놀이에 대하여 영원히 스트레스를 느낄지 아니면 논리적 인지의 확충과 반복 작업에 의해서 정상아처럼 자연스럽게 스트레스를 느끼지 않을지는 아직은 모르겠다. 그러나 이러한 고통의 과정을 지나야만 한 계단 더 발전할 수 있다고 생각하기 때문에 상협이에게 어느 정도의 스트레스를 주는 논리적인 작업은 지금도 계속하고 있다.

I AM A BOY

언젠가 자폐아 부모와 얘기를 하는 도중에 자기 아이가 상황과 관계없는 혼자 소리를 가끔 해서 걱정이라는 말을 들었다.

상협이 역시도 특히 긴장되거나 무서운 상황에서는 '안데르센', '병사', '영혼의 결투' 등 현재 상황과는 관계없는 동화의 제목이나 만화의 주인공 이름 같은 것들을 빠른 소리로 서너 번씩 혼자 소리를 하고는 한다.

그러나 나로서는 이런 현상에 대해 크게 신경을 쓰지는 않는데, 왜냐 하면 그것이 바로 상협이의 어쩔 수 없는 한계이기 때문이다. 그렇지 않아도 언어 표현 능력이 부족한 자폐아가 특히 긴장된 상황에서는 그 상황에 적합한 단어를 찾아서 위기를 모면하거나 스트레스를 풀기는 거의 어려운데, 옛날 같으면 자해 행위를 해서 풀었을 스트레스를 지금은 이렇게 혼자 소리를 함으로서 푼다고 생각되어지기 때문에 굳이 억지로 막을 이유는 없으며, 이러한 현상은 자폐아가 좀 더 발전해서 언어 표현 능력이 확대되면 그때서야 자연스럽게 스스로 적절한 상황에 맞는 언어 표현을 자연스럽게 할 수 있을 정도로 능력을 확대시키는 것이다.

한번은 나의 생각을 한국어가 아닌 영어로 생각해 보는 실험을 나 혼자서 해 본 적이 있는데, 자폐에 대한 생각을 해야 되는데 처음 생각나는 영어는 'I AM A BOY'였다.

도대체 자폐와 'I AM A BOY'는 전혀 상관이 없는 것인데 'I AM A BOY'라는 생각이 난 이유는 다름이 아니고 나 자신이 자폐에 대해서 영어로 표현할 능력이 없기 때문이었다.

정상인이나 자폐아나 똑 같아서 특정한 언어로 표현할 능력이 없으면 아예 말을 못하거나, 혹시 하더라도 상황과는 맞지 않는 이상한 말이 튀어나오는 것이 이상한 것은 아닌 것 같으며, 정상인 역시도 외국어로 자기표현을 상황에 맞게 잘 표현하기 위해서는 그 외국어를 열심히 공부하는 수밖에 별다른 방법은 없다.

어미 변화

　상협이와 같이 공부하던 과정 중의 하나인 자기의 생각이나 느낌을 언어로 표현하는 공부를 하면서 느꼈던 것 중의 하나가 어미 변화의 어려움이었다. 말이나 대화 도중에 가장 많이 들어가는 것이 어미 변화인데, 정상인의 경우는 특별히 의식하지 않고도 자연스럽게 어미 변화가 쉽게 되지만 자폐아의 경우에는 자연적으로 취득하지도 못한 데다가 어미를 인지할 능력도 부족하기 때문에 말의 여러 가지 요소들 중에서 가장 어려운 부분이었다.

　하나의 문장을 표현하기 위해서는 명사, 대명사, 조사, 부사, 동사, 형용사, 어미 등 여러 가지가 복합적으로 사용되는데 이중에서 명사, 형용사, 부사 등은 상협이에게 설명이 가능했다. 대명사와 추상명사들도 좀 어렵기는 했지만 계속적으로 반복 교육을 시키니까 어느 정도는 발전되었다. 과거, 현재, 미래, 수동, 피동도 어느 정도 교육이 가능했다. 그러나 어미 변화는 참 어려웠다. 적절히 말로 설명하기도 어려웠고, 그렇다고 상협이가 스스로 어미 변화의 의미를 인지할 수준도 되지 못했기 때문에 달리 뾰족한 방법이 없었다. 그래서 어쩔 수 없이 '막고 품기'식으로 무작정 알려주고 따라 하도록 했다. '하고', '해서', '했기 때문에', '하는데', '하려고', '하면', '해도', '하니까' 등의 어미 변화는 정상인처럼 태어나 자라면서 자연스럽게 배워야지, 후천적으로 가르치기에는 정말 힘든 부분인 것 같다. 지금도 상협이는 얘기할 때 적절한 어미 변화를 못하는 경우가 종종 있다.

　이러한 어미 변화 훈련의 한 방법으로 상협이와 '말 짓기' 게임을 한다. 97년도에는 주로 특정한 글자로 시작하는 말이나 끝나는 말, 혹은 끝말잇기 등을 했는데 99년에는 주로 '고', '면', '도' 등의 단어가 들어가는 문장 만들기를 주로 하는데, 예를 들면 '나는 태권도를 하고 집으로 왔어요', '피자를 먹으면 배가 불러요', '나는 오락도 좋아하고 운동도 좋아해요' 등의 문장을 만듦으로 인해서 어미 변화를 자연스럽게 익히고 표현력도 발전시킬 수 있는 장점이 있는데, 다만 오래 하다 보면 생각해야 하는 것에 대해서 상협이가 짜증을 느끼고 '그만 공부하자'라고 말하는데 아마 책이나 TAPE로 공부하는 것보다 더 스트레스를 느끼는 것 같아서 많이 하지는 못한다.

　그러나 단순한 부모와의 대화를 벗어나서 또래 친구들과 같이 어울리기 위해서는 적절히 말을 할 수 있어야 하고, 말을 하기 위해서는 적절한 어미 변화를 자동적으로 동시 동작으로 사용할 수 있어야 하기 때문에 어미 변화를 피해 갈 수는 없으며 계속적인 반복 학습으로 익혀 주어야 한다.

전화기

며칠 전에 친척 한 분이 우리 집에 전화를 했는데 마침 집에 상협이 혼자 있어서 상협이가 전화를 받았었는데, 그 친척 분의 이야기로는 제법 대답도 잘 하고 상황 설명도 조금은 할 수 있어서 상협이가 많이 발전한 것 같다는 이야기를 나에게 해 주었다.

물론 친척 분의 이야기에 약간의 과장도 있을 수 있겠지만 어쨌거나 옛날보다는 좀 더 나아진 것 같기도 하다. 그러나 상협이는 아직은 잘 모르는 사람의 전화를 받거나 혹은 잘못 걸려온 전화에 대해서는 의미를 잘 파악하지 못하고 미숙한 모습을 보이며, 이러한 현상은 좀더 일반적 인지가 확장된 뒤에나 수정이 가능할 것 같다.

사실 작년에 상협이에게 전화 받는 방법을 교육시키려고 하다가 그만 두었는데, 왜냐 하면 전화를 받을 수 있는 능력은 자폐아의 발달 정도를 측정할 수 있는 중요한 척도인데, 이것을 능력도 없는 상태에서 인위적으로 몇 마디를 가르쳐서 앵무새처럼 몇 마디 말만 되풀이하는 것에 대해서 의미가 없다고 생각했으며, 자기 스스로의 내부적인 능력이 풍부해지면 자연스럽게 전화를 받을 수 있게 될 것이니, 그때까지 기다리자는 것이었다.

나의 역할은 다만 상협이의 내부적 능력을 키워 주는 것일 뿐이고, 이러한 노력이 계속되면 언젠가는 상협이도 전화를 받을 능력이 생길 것이라고 생각되었는데, 상협이가 스스로 타인과의 어느 정도 통화 능력이 생겼다는 것은 그만큼 내가 기대했던 발전이 이루어 졌다고 볼 수 있으니 기쁜 일이었다.

전화라는 것이 '시각'은 전혀 배제된 상황에서 상대방의 목소리로 상대방이 누구인지를 알아야 하고, 듣고 이해하는 능력이 있어야 하며, 적절히 말로 표현하는 능력도 있어야 하며, 눈에 보이지 않는 가상의 상대방에 대한 인지 능력도 있어야 하기 때문에, '시각 우선자'인 자폐아에게는 전화 받는 능력이 자폐의 1차 탈출이라고도 볼 수 있을 정도로 중요한 의미를 가진다고 생각된다.

표정

　내가 상협이에 대해서 희망을 가지는 이유 중의 하나는 상협이의 얼굴 표정이 근래에 와서 확연히 살아 움직이는 느낌을 주며, 상황에 맞는 적절한 표정이 되었다는 것이다.
　표정은 사람의 마음 상태에 따라 지어지는 것이기 때문에 표정을 보면 정상아이든, 자폐아이든 마음 상태를 알 수 있는데, 상협이의 경우 비록 아직 말은 어눌하고 간단한 표현밖에 못하지만, 표정을 보면 즐거운 표정, 화난 표정, 무서운 표정, 웃는 표정, 우는 표정 등이 자연스럽게 표출되며, 특히 돈을 달라거나 업어 달라고 할 때 등에는 제법 눈치를 보며 미안한 말투로 말하며, 표정 역시도 상대방을 살펴보는 등 무안한 표정이 제법 잘 나온다.
　즉 상황에 맞는 적절한 마음이 이루어져서 상황과 정신이 현실에 적합하게 일치한다는 것이다.

이러한 상협이의 표정을 보면, 최소한의 기본적인 인지와 감정은 바르게 자리잡혔다는 확신이 든다.

처음 상협이가 깊은 자폐의 세계에 머물러 있을 때에는 상협이에게서 볼 수 있는 표정은 괴성을 지르며 발악하는 표정 하나밖에 볼 수 없었으며, 그 외는 '시각의 세계'에 깊이 빠져서 때로는 멍-하게, 때로는 정신없이 웃어대는 표정만이 있었던 기억이 난다.

또 다르게 표현하면, 표정이 적절히 나온다는 것은 현실의 상황이 자기에게 주는 '의미'를 적절히 파악할 수 있는 능력이 생겼다는 뜻도 되는데, 인지와 감정을 가르치는 최종 목표가 바로 현실 상황의 '의미'를 적절히 파악할 수 있는 능력을 키우기 위해서이기 때문이다.

대부분의 자폐아들이 자동차를 보았을 경우 차의 이름, 색깔, 차번호등 '시각적'으로 인지한 사실에 대해서는 몇 년동안 기억하는 뛰어난 능력을 보이면서도, 차가 '새차'인지 '헌차'인지, 혹은 '비싼 차'인지 '값이 싼 차'인지 등의 자동차가 가지고 있는 성질적 '의미'에 대해서는 전혀 인지가 되지 못하며, 따라서 여러 종류의 자동차를 보아도 다만 '차번호'를 외우기에 급급할 따름이지, 종류에 따르는 내용의 인지가 없기 때문에 표정의 변화 역시도 기대하기 어려운 부분이다.

심지어는 상대방이 자기를 때릴 경우조차도 '때리고, 맞는'것에 대한 인지를 못하고, 의미를 파악하지 못하기 때문에 그냥 멍한 표정으로 있거나, 혹은 이상한 괴성만을 지르거나 하는 경우가 많다.

결론적으로 자폐아의 표정의 발달은 그 아이가 얼마나 인지와 감정이 발달하여서 현실의 '의미' 파악 능력이 생겼는지를 보여주는 척도의 역할을 하며, 적절한 표정이 된다는 것은 적절한 언어를 말할 수 있는 능력이 생겼다는 것을 뜻하기도 한다.

학교 생활의 의미

지금 상협이가 초등학교 2학년에 다니고 있는데, 과연 상협이가 학교 생활에서 얼마 정도의 '현실에 정신을 집중하는' 시간을 가지고 있는지 확실히는 모르겠다.

상협이에게 내가 집에서 학습지를 통해서 초등학교 2학년 과정에 대한 공부를 가르치고 있는데 그 이유는 학습 자체에 있는 것이 아니고 학습의 이해를 통해서 학교생활의 과정에 정신이 집중할 수 있게 해 주고, 이를 통해서 상협이의 정신이 시각의 세계로 가는 것을 막기 위한 수단이다.

사실 상협이에게 학교생활에서 중요한 것은 학습이 아니고 학교라는 공동 생활체에서 오는 여러 가지 상황에 대한 인지를 하는 것인데, 예를 들어 100점을 받느냐 50점을 받느냐가 중요한 것이 아니고 100점을 받았을 때는 기뻐하는 마음을 가지고 50점을 받

앉을 때는 기분 나쁜 마음을 가질 수 있는 것이 중요하며, 과연 어느 친구가 좋은 친구이고 어느 친구가 나쁜 친구인지를 나름대로의 판단 능력을 가지고 구별할 수 있는 능력이 중요한 것이다.

자폐아가 유치원이나 학교생활을 하는 것이 아이를 위해서 좋은지 나쁜 지의 판단 기준은 과연 그 자폐아가 사회생활을 통해서 인지할 수 있는 경험을 쌓을 수 있는지 아니면 주변 상황에 대한 인지 능력이 없어서 인지할 수 있는 경험을 쌓을 수 없는지에 대한 기준으로 나눌 수 있는데, 문제는 자폐아가 스스로는 시각의 세계에 사로잡혀 상황에 대한 인지 능력을 가질 수 없기 때문에 인위적인 노력으로 인지의 능력을 가지도록 교육해야 한다는 것이며, 사회생활이 자폐아에게 도움이 되기 위해서는 사전에 어느 정도 인지 능력이 갖도록 해 준 후에 사회생활에 접하도록 해야 하고, 만약에 전혀 인지 능력이 갖추지 않은 상태에서 유치원이나 학교에 보낸다면 아까운 시간만 낭비하는 결과가 되고 만다.

과거에 유치원에 다니던 상협이를 그만 두게 한 것은 이러한 주변 상황에 대한 인지 능력이 전혀 없어서 상협이에게 도움이 되지 않는다고 판단했기 때문인데, 만약에 지금의 상협이의 학교생활 역시도 아무런 인지 능력이 없어서 효과가 없다면 학교에 보내지 않는 것에 대해서 심각하게 고려해 보겠다.

그러나 다행히도 교육 효과가 어느 정도는 있어서 상협이가 학교생활을 하면서 조금은 주변 상황에 대한 인지가 있으며, 인식의 정도도 시간이 지날수록 조금씩은 나아지는 것 같아서 학교를 보내는 의미가 어느 정도는 있다고 판단된다.

요즘은 매일 저녁에 30분 정도씩 학교에서 있었던 일들에 대해서 상협이와 이야기를 하는데 즐겁고 재미있었던 일과, 화나고 기분 나빴던 일의 2분법으로 나누어서 좋았던 일과 나빴던 일을 나누어서 이야기하게 한다.

정상아의 경우에 일기를 쓰는 것과 비슷해서 한때는 상협이에게 일기를 쓰게 하려는 생각도 있었으나 일기를 쓸 경우 시간도 많이 걸릴뿐더러 정신의 집중도가 약해지기 때문에 말하는 기술도 늘릴 겸해서 일기 대신에 이야기를 하도록 하는 것인데, 이야기를 하도록 하는 또 하나의 이유는 아직은 상협이가 구체적인 인지된 경험이 별로 없기 때문에 내가 상협이에게 학교에서 일어났던 일들에 대한 구체적인 인지와 느낌을 강하게 심어 줄 필요가 있고, 또 잘, 잘못에 대한 판단 능력도 설명을 통해서 키워 줄 필요가 있기 때문이다.

상협이가 말하는 즐거운 일들은 주로 친구와 놀았던 일, 운동을 한 일, 점심 시간에 맛있는 것을 먹은 일, 학급문고에서 책을 읽은 일, 미술 시간에 있었던 일, 100점 맞은 일 등이고, 기분 나빴던 일들은 주로 친구와 싸운 일, 선생님에게 혼난 일, 맛없는 반찬이 나온 일, 시험에서 틀린 일 등인데, 처음 물어 보았을 때는 6하 원칙에 따른 이유와 결과를 이야기하지 못하고 단순하게 '친구와 놀

앉어요', '친구와 싸웠어요', '선생님께 혼났어요' 등으로 대답하며 내가 재차 '누구하고 놀았니', '무엇을 하고 놀았니', '누구랑 싸웠니', '왜 싸웠니', '왜 혼났니' 등을 구체적으로 물어봐야지만 자세한 대답이 나오는데, 그나마 다행히도 여러 가지를 물어 보면 상황을 이해할 수 있을 정도까지의 대답이 나온다.

이러한 이야기들을 들으면 사안에 따라 칭찬해 주기도 하고, 타이르기도 하며, 때로는 설명해 주기도 하는데, 내가 이런 일을 하는 이유는 내가 직접 상협이에게 경험하도록 해 주지 못하는 것들에 대해서는 간접적으로라도 각각의 일들에 대하여 느낌이 있는 인지를 갖도록 해서 인지되는 경험의 폭을 넓혀 주기 위해서이다.

사실 상협이는 아직도 시각우선자와 논리우선자의 중간에 서 있는 상태이기 때문에 학교생활 중에서 쉬는 시간에는 아이들과의 놀이는 별로 하지 않고 주로 학급문고의 책을 읽는 것에 집중하고 있는데, 상협이에게 쉬는 시간에는 책을 읽지 말고 친구들과 함께 놀아야 한다고 자주 이야기하지만, 그것이 그렇게 쉽게 변할 것 같지는 않지만 그래도 요즘에는 친구들과 같이 몇가지의 간단한 놀이를 하면서 같이 노는 시간이 조금씩은 늘어나고 있어서 약간의 희망적인 부분도 있다.

친구들의 평가

　상협이가 1학년때 가끔 같은 반 친구에게 상협이가 어떤지를 물어 본 적이 있는데, 친구들은 나의 얼굴을 피하려 할 뿐 별다른 얘기를 하지 않았었는데, 그 의미는 차마 상협이에 대해서 이렇다, 저렇다 얘기할 수 없을 정도로 상협이의 상태는 망가진 상태라는 의미였다.

　사실 1학년까지만 해도 상협이가 하는 몇 마디 말은 친구들의 거의 알아듣지 못할 정도였으며, 정상아가 보기에는 이상한 행동들도 많아서 정상적인 아이들의 눈에는 '이상한 아이'로 보였을 것이며, 상협이와 같이 있는 자체를 꺼려할 정도였고, 심지어는 상협이를 피하려 하는 아이들도 있었다.

　친구를 놀려 주려고 해도 그 친구가 최소한의 인지 능력은 있어야지 놀림의 대상이 될텐데, 워낙 이상한 아이라고 판단되고, 기본적인 대화 능력조차 없다 보니까 아예 놀림의 대상조차도 되지 못하는 것 같았다.

그러나 2학년이 되면서는 조금 바뀌어서, 친구들에게 상협이에 대해서 물어 보면 '괜찮아요', '말을 빨리 해서 잘 못 알아듣겠어요', '청소를 안 하려고 해요' 등의 대답이 나왔는데, 이 의미는 친구들이 보기에 '이상한 아이'에서 '좀 모자란 아이' 정도로 느낌이 바뀌었다는 것을 의미했으며, 가끔씩 상협이에게도 친구들이 놀자고 오기도 한다.

우리가 보통 지식이 없는 사람을 '무식한 사람'이라고 부르며, 슬픔이나 기쁨 등의 느낌의 인지가 되지 못하는 사람을 '이상한 사람'이라고 부르는데, 상협이가 1학년때 '이상한 사람'으로 보여졌다는 의미는 상황에 대한 적절한 느낌인지가 이루어지지 못했다는 의미이며, 2학년때 '모자란 아이'로 여겨졌다는 의미는 기본적인 느낌인지는 되지만 경험의 미숙으로 적절한 대처 능력이 부족하다는 뜻이다.

만약에 상협이가 저능아라면 '모자란 아이'에서 더 이상의 발전은 어려울 것이며, 만약에 저능아가 아니라면 '모자란 아이'에서의 탈출도 어느 정도는 가능하다라고 생각된다.

이렇게 상황이 좀 나아져서 반가운 측면도 있는 반면에 나쁜 측면도 생기기 시작했는데, 여자 친구들의 경우에는 별 탈 없이 상협이와 같이 놀아 주는 반면에, 짓궂은 남자 친구들의 경우에는 상협이에게 일반적으로 부적절하다고 평가되는 일을 하도록 하는 등의 부작용도 생기기 시작했는데, 상협이는 인지된 경험의 부족으로 인해서 적절한 보편적 행동 및 판단 능력이 부족한 까닭에, 침뱉는 놀이 등에서 장난의 대상이 되는 경우도 있어서 속상한 경우가 생기기 시작했다.

 그러나 현재의 상협이의 수준으로서는 사회적으로 적절한 판단 능력을 기대하거나 교육시킬 정도까지는 아직 부족한 면이 많기 때문에, 현재로서는 또래 집단과의 교류에서 오는 이러한 불편한 점을 참을 수밖에 없겠고, 다만 지속적으로 경험과 교육을 시켜줌으로서 적절한 판단 능력을 가질 수 있도록 유도하는 것이 최선의 방법인 것 같다.

롤러 스케이트

  1년쯤 전에 상협이와 상빈이에게 롤러 브레이드를 사 준 적이 있는데 둘 다 롤러 브레이드를 타는 것을 즐기는 편이라서 둘 다 제법 잘 되는 편이었다.

  그리고 한 달쯤 전에는 동생 상빈이에게 롤러 스케이트를 사 주어서 상빈이는 롤러 스케이트를 잘 타게 되었고, 상협이는 상빈이를 부러운 눈으로 쳐다보며 가끔씩 '나도 타고 싶은데'라고 조그마한 목소리로 말하고는 하였지만, 상빈이가 거의 빌려주려고 하지 않아서 타지를 못하고 있다가, 최근에 들어서 30분 정도씩 서너번 정도 상협이도 롤러 스케이트를 타 보았다.

  그런데 상협이의 롤러 스케이트를 타는 모습을 보면서 나 자신도 깜짝 놀랐었는데, 첫 번째 탈 때는 기우뚱거리며 몇 번식 넘어지고는 했으나 두 번째 탈 때는 제법 안정스럽게 탔으며, 세 번째 이후부터는 거의 완숙하게 타서 제 3자가 보기에 롤러 스케이트를 잘 타는 아이로 보여질 정도였는데, 속도의 조절이라든지, 코너에서의 적절한 방향전환 등은 거의 믿어지지 않을 정도로 보통의 아이들보다 더 빨리 SKILL을 습득해서 자유자재로 롤러 스케이트를 탔었다.

물론 과거에 롤러 브레이드를 탔었기 때문에 아무래도 롤러 스케이트를 타는 데에 도움이 되기는 했겠지만, 그래도 아무에게서도 도움이나 훈련을 받지 않은 상태에서 그 정도의 완숙함을 빠른 시간 내에 획득한다는 것이 자폐아에게 쉬운 일만은 아니었는데, 상협이는 롤러 브레이드 역시도 아무런 도움이나 훈련 없이 혼자서 탔다.

롤러 브레이드나 롤러 스케이트 등의 놀이 기구를 타는 법을 배울 때 아무런 도움도 주어서는 안 된다는 것이 나의 '교육철학'이기도 했는데, 그렇다면 도대체 상협이가 어떻게 그렇게 빨리 롤러 스케이트 타는 SKILL을 습득할 수 있었는지 곰곰이 생각해 보았었다.

첫째는 '즐거움'이라는 느낌을 어느 정도 획득했기 때문이다. 정상아든지 자폐아든지 간에, 어떤 원인으로 해서 그렇다든지 간에 하고 싶은 것은 하는 것이고, 하기 싫은 것은 하지 않으려고 할 것이다.

상협이가 롤러 스케이트를 스스로 재미있어 하면서 타는 것은 스스로 타고 싶다는 생각을 했다는 것이고, 타고 싶다는 생각을 했다는 것은 롤러 스케이트에서 즐거움을 느꼈다는 것이다.

그렇다면 과연 어떻게 해서 즐거움이라는 느낌을 획득한 것일까.

나는 즐거움의 느낌을 획득한 이유가 '세상에 대한 보편적 사실'을 인지한 까닭이라고 생각한다.

아픔이나 배고픔, 무서움 등은 인간에게 있어서 1차적인 원초적인 느낌인 반면에 즐거움은 1차적인 느낌의 인지가 어느 정도 완성된 후에 나타나는 2차적인 느낌인데, 놀이에서 즐거움을 느낀다는 것은, 1차적인 느낌이 그만큼 성숙되었다는 증거이며, 반대로 1차적인 느낌과 인지를 획득하지 못하면 2차적인 즐거움의 인지도 어려울 것이고, 이렇게 1차적인 느낌과 인지를 획득하지 못한 상태에서 억지로 롤러 스케이트를 가르친다는 것은 단순히 롤러 스케이트를 타는 기능만을 가르친다는 것인데, 이렇게 롤러 스케이트를 억지로 가르친다는 것은 큰 의미가 없다는 것이다.

1차적인 느낌을 충분히 인지하도록 함으로써, 2차적인 즐거움의 느낌이 스스로 자연스럽게 우러나와서 스스로 롤러 스케이트를 타도록 해야 본래 의미의 롤러 스케이트를 즐길 수 있다는 것이다.

보편적인 사실이라는 것은 '운동장 넓고, 놀이터는 좁으며', '아빠는 키가 크고, 나는 키가 작으며', '책가방은 무겁고, 신주머니는 가볍다'는 등 그야말로 평범한 일상적인 사실이며, 또 하나는 '아빠와 공부하는 것보다는 롤러 스케이트를 타는 것이 낫다'라는 등의 원초적인 상대적인 개념을 가지는 것도 의미한다.

　기본적인 즐거운 느낌의 획득이 있어야지만 자폐아이든 정상아이든 놀이에 적극적으로 참여해서 발전할 수 있다.

　둘째는 '무서움'과 '아픔'의 느낌을 인지했다는 것이다.

　정상아의 경우에는 롤러 스케이트를 타다가 일정 수준 이상으로 속도가 빨라지면 균형을 잡기가 어려워서 넘어지게 되고, 넘어질 경우에는 아프다는 고통의 인지가 무의식적으로 자연스럽게 이루어지기 때문에 속도가 빨라질 경우에는 스스로 무서움을 느끼며 속도를 줄이려고 한다.

　그러나 자폐아의 경우에는 속도가 빨라질 경우 넘어지게 되고, 아프게 된다는 것을 논리적으로 생각할 수 없고, 또 아프다는 고통의 느낌을 인지할 능력이 없기 때문에, 속도가 빨라질 경우에는 자폐아 특유의 속도에 대한 쾌감 때문에 더욱 빨리 가려고 하며, 결국에는 사고로 이어지는 것이 보통의 경우이다.

　상협이가 롤러 스케이트를 타면서 보여준 적절한 속도 조절과 코너에서의 적절한 방향전환은 다른 말로 표현하면 속도가 빨라지거나 코너에서 돌지 못할 경우에는 부딪히게 되며, 그럴 경우에는 아프다는 고통을 당할 것이라는 무의식적인 인지를 하고 있다는 것을 의미한다고 볼 수 있다.

즉 속도를 조절하거나 코너에서 회전을 함으로서 스스로 위험에서 피하려는 의식을 가지고 스스로 속도를 조절하고 회전을 하려고 노력하는 것이 참된 의미에서의 발전이라는 것이고, 만약에 이러한 위험한 느낌에 대한 인지가 없는 상황에서 단순히 속도를 조절하거나 회전하는 방법을 인위적으로 배우는 것은 단순한 기능 하나를 습득했다는 것이지 발전이라고는 보기 어렵다는 것이다.

셋째는 몸의 균형 감각 및 상황 적응이다.

상협이가 첫 번째와 두 번째 롤러 스케이트를 타면서 넘어질 만한 상황을 많이 겪었으나 제법 몸의 균형을 잘 유지하고 발의 움직임을 빨리 해서 생각보다 별로 많이 넘어지지 않았는데, 그 수준이 정상아 정도의 수준이었다.

몸의 균형 감각을 잘 유지하는 이유가 균형적인 인지 발달과 2년 동안 계속해 온 태권도의 몸놀림 등에 기인한 이유도 있지만, 그 동안 가끔씩 계속해 온 공놀이 덕분이기도 한 것 같다.

공놀이를 할 때는 손과 발 뿐만이 아니라 머리나 무릎 등의 몸의 각 부분을 고루 사용해서 몸에 대한 스스로의 느낌을 강화시켜 주었으며, 던지기나 받기를 할 경우에는 공의 방향, 속도, 높이 등을 여러 가지로 달리해서 받을 수 있는 훈련을 계속했다.

예를 들어 공던지기를 할 때는 2M정도의 놀이 기구 위로 공던지기와 3M정도 높이의 놀이 기구 위로 공던지기, 4M정도 높이의 놀이 기구 위로 공던지기 등을 해서, 각각의 상황에 맞는 적절한 힘주기를 통해서 균형 감각 강화시켰으며, 헤딩을 시킬 경우에는 공을 높이도 던지고 낮게도 던짐으로 해서, 공의 높이에 따른 적절한 상황판단으로 헤딩을 하도록 했는데, 처음에는 공을 높이 던질 경우에 공이 높이 떠 있는 상황에서 헤딩을 하려고 폴짝 뛰었다가 공하고 같이 떨어지는 어설픈 동작을 하기도 했지만, 계속적으로 연습을 하다 보니까 자연스럽게 어느 정도 공의 높이에 따른 점프를 할 수 있게 되었는데, 즉 공의 방향, 속도, 높이 등을 판단하여 적절히 몸을 움직이는 균형 감각과 상황 적응이 많이 발전하게 되었다.

변화되는 상황에 맞게 스스로 몸을 적절히 움직여서 상황에 적응한다는 것이 중요한 것인데, 몸을 적절히 적응한다는 것은 무의식중에 정신도 함께 발전하는 것이어서, 상협이의 이러한 스스로 적절히 균형 감각 유지하는 모습을 보면서 상협이가 많이 발전했다는 느낌을 가질 수 있었다.

넷째는 여럿이 함께 하는 정지된 상태에서의 놀이에 대해서는 아직 즐거움보다는 논리적 사고에 따른 고통을 더욱 느끼기 때문에 놀이에 깊이 심취하지 못하지만 롤러 스케이트의 경우에는 자폐아 특유의 속도에 의한 쾌감을 불러일으키기에 좋은 놀이이며, 혼자서 하는 놀이이기 때문에 상협이가 더욱 즐거움을 느끼는 것 같았다.

아이 시원해, 아이 추워

자폐아들이 비록 감각적인 느낌을 초기에는 가지지 못하지만, 적절히 교육과 훈련을 시킴으로서 이러한 느낌을 획득할 수 있다는 것을 예를 들어 설명해 보겠다.

상협이가 7세 이전에는 여름과 겨울에 덥다거나 춥다는 느낌을 가지지를 못했었다. 날씨의 변화에 따른 느낌을 가지지 못해서 여름에도 그냥 무덤덤하게 걸어다녔고, 겨울에도 무덤덤하게 걸어다닐 뿐이었다.

그러나 책의 글과 그림을 통해서 덥거나 춥다는 상황과 언어를 반복해 주고, 때로는 뜨거운 것과 차가운 것들을 직접 만져 보게 함으로서 덥고, 추운 느낌을 가르쳤으며, 이후에는 더울 때 선풍기 앞에 데리고 가서 바람을 쏘이게 하며 시원하다는 것을 가르치고, 추울 때는 따뜻한 곳에 데리고 가서 따뜻하다는 것을 느끼도록 가르쳤다.

이렇게 교육 자료와 실제 경험에 의한 의식의 교육이 어느 정도 반복하자 상협이가 변화를 보였는데, 집이나 공원에서 운동을 해서 땀이 나면 쪼르륵 선풍기 앞에 달려가서 바람을 쏘이며 '아이 시원해라'라고 말하였고, 겨울에는 날씨가 조금만 추워도 몸을 벌벌 떨며 '아이 추워라'라고 말하였는데, 겨울에 차를 타고 집에 오면 추위를 피해서 후닥닥 집으로 뛰어들어가고는 한다.

즉 자폐아들이 타고 날 때부터 '느낌'에 대한 선천적인 결함을 가지고 있는 것은 아니며, 정상인들과 똑같은 감각적 느낌을 가지고 있다는 것이다.

다만 '시각의 세계'의 위력이 너무 강해서 정신이 온통 '시각의 세계'에 가 있어서 현실적인 감각의 느낌을 스스로는 인지할 수 없었을 뿐이기 때문에, 자폐아의 정신을 적절히 현실로 유도한 후, 현실의 느낌을 인지하도록 해 주면 감각의 느낌을 가질 수 있으며, 이를 계속적으로 반복해 줌으로서 현실의 느낌을 강화시켜 주어서, 결과적으로는 정상인과 같은 정도의 감각의 느낌을 가질 수 있게 된다는 것이다.

덥고 추운 느낌뿐만 아니라 아프고, 간지럽고, 힘들고, 기쁘고, 슬프고, 기분이 좋고, 기분이 나쁘고 등의 느낌들도 역시 정신을 현실에 집중시켜서 느낌을 느낄 수 있는 사전 준비를 한 후에 반복적으로 계속 인지시켜 주면 정상아와 같은 느낌을 가질 수 있는데, 정상인이 수천, 수만번의 느낌을 가진 후에 감정이 성숙되는 것처럼, 자폐아 역시도 많은 느낌을 가질 수 있어야지만 성숙된 감정을 가질 수 있을 것이다.

신기하다, 이상하다.

 앞으로 1년 후까지 내가 상협이에게 이해시키고 싶은 말 중의 하나가 '신기하다'와 '이상하다'이다.

 상협이는 현재 객관적인 사실을 인지할 정도의 수준은 되지만, 이것들을 보편적으로 일반화시키지는 못하기 때문에 '신기한 것'이나 '이상한 것'에 대한 개념이 아직은 없다.

 예를 들어 정상인의 경우에는 빨간 색 털을 가진 고양이를 보았을 경우 '신기하다'거나 '이상하다'라는 느낌을 가지는데, 왜냐하면 일반적으로 고양이는 털이 하얗거나, 검거나, 얼룩무늬라고 일반화된 개념을 가지고 있기 때문이다.

 상협이의 경우에는 고양이 털이 빨갛다고 느끼고 말 할 수는 있지만, 현재까지 그러한 사실이 '신기하다'라고 느끼지는 못한다.

 정상아의 경우에도 3-4세 정도까지는 빨간 털에 대해서 신기함을 느끼지 못하고, 5-6세 정도 되어서야 신기함을 느낄 것이다.

　동생 상빈이의 경우에는 밤에 불빛이 나는 요요나, 불빛이 멀리 나가는 레이져 포인트에 대해서 신기함을 느끼지만 상협이는 그냥 재미있어 할 뿐 신기한 느낌을 가지지 못하는데, 상빈이는 불빛의 성질에 대해서 무의식적으로라도 어느 정도 알고 있지만, 상협이는 불빛이 밝다는 단편적인 지식만 있을 뿐, 전반적인 불빛에 대한 이해가 없기 때문에 '신기함'을 느끼지 못하는 것이다.

　만약에 T.V에서 다리가 6개 달린 송아지가 나왔다면 정상인의 경우에는 '이상하다'는 느낌과 함께 T.V를 주시할 것이지만, 상협이는 동물들의 다리가 4개라는 사실을 일반화시키지 못했기 때문에 다리 6개 달린 송아지에 대해서 아무런 느낌도 가질 수 없으며, T.V를 주시하지도 않는다.

　상협이에게 어려운 것 같아서 '신기하다'라는 개념은 가르쳐 주지 않았고, 다만 '이상하다'라는 말을 예를 들어가며 몇 번을 가르쳐 준 적이 있는데, 아직 일반적인 상황에서의 '이상함'에 대해서는 인지를 하지 못하여, 다만 T.V로 게임을 하다가 화면이 잘못되면 나에게 '아빠, T.V가 이상해요, 고쳐 주세요'라고 말하는 정도인데, 즉 '이상하다'라는 말을 기계적인 고장 정도로 인식하고 있는 것이다.

　앞에서 이야기한 두 번째 산을 넘어서게 되면 보편적인 일반화 개념이 어느 정도 발전해서 '신기하다'거나 '이상하다'라는 개념에 대해서 어느 정도 인지가 가능할 것이기 때문에, 상협이가 두 번째 산을 제대로 넘었는지는 '신기하다'거나 '이상하다'라는 개념을 어느 정도 이해하고 느끼느냐가 성공의 척도가 되는 셈이기도 하다.

또 하나 요즘에 상협이에게 가르치고 있는 말 중의 하나는 '걱정스럽다'라는 것인데, 상협이 주변의 싫어하는 상황에 대하여 이야기하면서 '걱정스럽다'라는 말도 같이 하도록 해서 걱정스러운 상황에 대한 이해를 시키려고 하고 있지만 아직은 상협이에게 이른 것 같아서 집중적으로 느끼게 하고 있지는 않으며, 다만 가끔씩 맛보기 식으로 해 주는 정도이다.

심심해요

　상협이를 가르치면서 이해시키기 어려웠던 단어들 중의 하나가 '심심하다'는 것이었다.

　정상인의 경우에는 심심하다는 뜻이 '현실적으로 한 일이나 생각이 없는 상태'를 의미하며, 심심할 경우에는 옛날 일을 생각하거나 앞으로 할 일을 생각해 보거나 혹은 재미있는 일을 찾아서 '심심하다'는 느낌이 주는 고통을 벗어나려 노력한다.

　그러나 자폐아의 경우에는 현실적인 일을 하거나, 생각을 할 경우에는 재미보다는 스트레스를 느끼며, 오히려 현실적인 일이나 생각을 하지 않을 때가 '시각의 세계'로 정신이 들어가서 더욱 즐거움과 쾌감을 느끼기 때문에 과연 어느 때를 심심할 때라고 설명해 주어야 할지 곤란했다.

　정상인의 경우에는 심심하지 않기 위해서라도 억지로 할 일을 찾거나, 여러 가지 생각을 떠올리기도 하는데, 바로 이 '심심하다' 는 느낌이 인간에게 있어서 발전의 원동력이 되기도 하는 것이다.

그러나 자폐아의 경우에는 '심심하다'는 느낌이 없기 때문에 굳이 어떤 일을 하거나 생각을 해서 심심한 상태를 벗어나려고 노력할 필요가 없는데, 이렇게 굳이 노력할 필요가 없는 상황을 다른 말로 표현하면 '현실적인 의욕이 없다'라고 표현할 수 있을 것이다. 자폐의 초기에는 시각의 세계에 정신이 깊이 빠져서 심심하다는 느낌을 가질 수 없으며, 이후 성장한 후에는 혹시 시각의 세계에서 스스로 빠져나와도 뇌가 백지상태이기 때문에 아무런 느낌을 가지지 못하고 그냥 멍-한 상태가 되는 것이다.

정상적인 아이를 집에 혼자 놔두면 뇌의 활동이 정지되는 심심한 상황을 벗어나기 위해서 T.V를 본다든지, 책을 읽는다든지, 밖에 나가서 친구와 함께 논다든지 할 것인데, 만약에 할 일이 전혀 없다면 마치 독방에 혼자 있는 것처럼 고통을 느낄 것이며, 오래지 않아 뇌가 마비되어 잠에 빠져들 것이다.

그러나 자폐아를 혼자 집에 놔 둘 경우에는 정상아처럼 심심한 상태를 빠져 나오기 위한 현실적인 노력은 거의 하지 않고, 곧바로 '시각의 세계'로 정신이 빠져서 멍하고 있거나, 기껏해야 단순 반복 행동만을 계속하는 정도의 해동만을 보일 것이다.

즉 자폐아가 정상인처럼 창조적, 현실적인 일을 하지 못하는 이유는 바로 '심심하다'라는 고통 적인 느낌을 가질 수가 없기 때문인데, '심심하다'라는 느낌을 가지지 못하는 이유는, 정상인의 경우에는 현실적인 일이나 생각이 없으면 뇌가 정지되는 고통을 느끼지만, 자폐인의 경우에는 '시각의 세계'에서 뇌가 영상을 따라 활동하기 때문에 뇌가 정지하는 고통의 느낌을 가질 수가 없기 때문이다.

정상인이 굳이 주위의 사람들과 사회적인 관계를 유지하는 목적은, 부모와의 관계처럼 필요한 것을 얻으려는 목적도 있지만, 주목적은 또래 집단과의 관계 형성을 통해서 즐거움을 얻음으로서 심심한 상태를 벗어나려는 것인데, 자폐아의 경우에는 부모와의 관계 형성은 어느 정도 되는 반면에 또래 집단과의 관계 형성은 거의 불가능한데, 그 큰 이유는 바로 '시각의 세계'가 자폐아에게 '심심하다'는 느낌을 가지도록 하는 것을 방해하기 때문에, 자폐아로서는 굳이 친구들과의 관계 형성을 해서 즐거움을 느낄 필요를 느끼지 못하기 때문이다.

자폐아로서는 친구와 함께 노는 것은 즐거움보다는 뇌의 논리적 사고에 따른 고통이 더 커서 차라리 시각의 세계에서 영상을 즐기는 것이 더욱 편안하다.

그렇다면 과연 심심하다라는 느낌을 자폐아에게 느끼게 할 수 있을까, 그리고 만약 있다면 과연 어떤 방법이 있을까 가 중요한 문제이다.

왜냐하면 자폐아가 심심하다는 느낌을 가질 수 있다면, 그 상태를 벗어나기 위해서 스스로 의지적으로 무엇인가 현실적인 행동이나 생각을 할 것이고, 그렇게 되면 자폐아는 정상아와 같은 행동을 보여서, 스스로 자생적으로 발전할 수 있는 틀을 마련할 수 있기 때문이다.

98년 말경에 상협이에게 심심하다는 느낌을 가르쳐 주려고 했는데, 도저히 말로는 설명할 수가 없어서 몇 번인가 상협이와 같이 침대에 가만히 2-3분 정도 누워 있은 후에 '상협아, 가만히 있으니까 심심하지?'라고 물어본적이 있었는데, 상협이는 이미 '시각의 세계'에 빠져서 만화인지, T.V연속극인지를 생각하며 혼자서 낄낄대고 웃고 있어서 '심심하다'라는 개념을 가르치는 것에 실패할 적이 있었다.

그러나 이후에 가끔씩 심심하다라는 표현을 말 한 적이 있는데, 예를 들면 '아빠, 심심한데 오락실에 가요', 혹은 '아빠, 심심한데 축구 하러 가요' 등 당시에 현실적으로 재미있게 느꼈던 놀이를 하고 싶은 경우였는데, 정말로 심심하다고 느꼈다기 보다는 하고 싶은 일이 아직 이루어지지 않은 상태를 나타내는 정도로 느껴졌다.

자폐아에게 심심하다라는 느낌을 가지게 하기 위해서는 자폐아가 재미있게 느끼는 현실적인 놀이를 많이 만들어서, 이들 놀이의 즐거움이 '시각의 세계'의 즐거움보다 더 즐겁게 느껴지도록 해야 하며, 이러한 놀이가 상당히 많아서 연속적으로 다양한 놀이를 즐길 정도까지 만들어야 하는데, 이것이 그렇게 쉽지는 않은 것이 상협이의 경우에 2-3가지의 놀이를 30분이나 1시간까지는 할 수는 있으나, 좀 더 다양한 놀이를 하려고 하면 실증을 내고 거부하며, 놀이 시간도 아무리 즐거워도 1시간 이상은 유지하지 못한다. 또한 집에서 공부와 놀이중 한가지를 선택해서 하자고 하면 쉽게 놀이를 선택하지만 집밖으로 외출하는 경우와 같이 정신이 흐트러진 상태에서는 그나마 놀이마저도 별로 하려 하지 않는 정도이다.

즉 현실적인 놀이에 대해서 무한의 즐거움을 가질 정도가 되어야 심심하다는 느낌을 가질 수 있을 것 같은데, 상협이의 경우에는 현실적인 놀이에 대해서 한계적인 즐거움밖에 가지지 못하기 때문에 현재로서는 '심심하다'는 본래의 느낌을 갖기에는 아직 무리인 것 같다.

현실과 동화의 구별

　최근에 상협이가 본 동화 중에 '그림 속으로 들어간 사람들'이라는 동화가 있는데 그 내용은 어떤 도인이 산수화 그림을 그린 다음 친구들과 같이 그 그림을 발로 밟자 그림 속으로 들어가서 무릉도원을 구경하고 왔다는 내용이다.
　이 동화책을 몇 번 재미있게 읽은 후 상협이는 다른 동화책을 읽다가 재미있는 부분이 있으면 그 그림을 발로 밟으면서 '나도 그림 속으로 들어가야지'라고 말하거나 '아빠, 우리도 그림 속으로 들어가자'하면서 아빠의 손을 잡아당기고는 한다.
　이러한 행동 자체가 문제가 있는 것은 아니지만, 이러한 행동이 당위성을 얻기 위해서는 몇 살의 나이에 그런 행동을 하느냐가 일반적으로 중요한 판단 기준이다.
　5세 정도에 이런 행동이 나온다면 귀여운 행동이고, 10세 정도에 이런 행동이 나온다면 약간 이상할 것이며, 15세 정도에 이런 행동이 나온다면 한심할 것이다.

주로 책을 통해서 세상의 인지와 이해를 배운 상협이는 책의 '비현실의 세계'와 '현실의 세계'에 대한 구별에 있어서 아직 혼란스러운 상황이며, 다르게 말하면 '현실의 세계'에 대한 인지의 수준이 상당히 낮은 편이다.

그러나 5세 정도에 그런 행동이 나왔다면 귀여워 보일 수도 있는 것처럼 이상 행동은 아니며, 발전의 한 단계로 볼 수도 있다.

다만 계속적으로 발전을 시켜 주어서 몇 년 후에는 '비현실'과 '현실'을 구별할 수 있도록 노력해야 할 것이다.

지금의 내가 하고 있는 작업 중에서 가장 비중이 큰 작업은 획득된 기초 인지와 느낌을 현실에 적응시켜서, 현실에서도 책에서 배운 것과 같은 인지와 느낌을 가질 수 있도록 하는 것인데, 워낙 잃어버린 6-7년 세월 동안의 격차가 커서, 그 동안 쌓아 놓았어야 할 현실에 대한 경험적 인지와 느낌이 거의 없기 때문에, 현실을 이해시킨다는 것이 그렇게 쉬운 일은 아니며, 앞으로 상당 기간 동안 현실에서의 인지할 수 있는 경험을 쌓아 준 후에서야 현실과 비현실의 구별이 가능할 것 같다.

요즘 상협이가 보여주는 행동들 몇 가지

◎ 내가 커피를 마시고 있는데 상협이가 옆에 와서 '아빠, 나도 커피 먹자'라고 말하길래 '안돼'라고 대답하였더니, '조금만 먹자'라고 다시 졸랐고, 내가 '상협이는 어려서 안 돼'라고 거절하자, 이번에는 '아빠, 가위바위보를 해서 이기는 사람이 먹자'라고 다시 제의를 했고, 상협이와 내가 가위바위보를 몇 번 한 결과 상협이는 커피를 얻어 마실 수 있었다.

◎ 내가 집에 들어가면, 집에 있던 상협이는 나를 피해서 집밖으로 나가려고 여러 가지 꾀를 내는데, 그날은 내가 집에 들어가자 '아빠, 롤러 브레이드 타고 오겠습니다'하면서 밖으로 나가려고 했는데, 내가 '10분만 놀다 오너라'라고 말했더니 어색한 표정으로 망설이다가 문밖을 나가면서 '늦게 오겠습니다'라고 외치고 나갔는데 1시간이 지나도 들어오지 않아서 상협이를 찾으러 돌아

다녔는데, 나중에 집에 들어 온 상협이는 '친구 갑돌이네 집에 갔다 왔습니다.'라고 말했는데, 확인해 보니 정말로 갑돌이라는 친구가 자기 집에 데리고 가서 놀다 왔다. 비록 친구네 집에 가는 목적이 친구와 대등하게 놀기 위한 것은 아니었고, 친구네 집에 가면 맛있는 것을 주거나 여러 가지 책을 볼 수 있기 때문에 간 것이라고 생각되어지는데, 그래도 몇 번 친구네 집에 스스로 가는 것은 과거에는 생각할 수 없었던 행동들이었다.

◉ 며칠 전에 상협이가 친구 서너 명을 데리고 집에 왔는데, 아마 전자 오락을 혼자 있을 때는 못하게 하니까 친구들을 불러서 같이 하려고 한 것 같았는데, 비록 친구들과 적절히 놀 줄은 모르지만 그래도 스스로 친구들을 데리고 온 것은 그날이 태어나서 처음 있는 일인 것 같았다.

◉ 요즘 듣는 TAPE중에 옛날 이야기가 많아서 OO공주와 OO왕자가 결혼했다는 식의 내용이 많은데, 이 영향을 받아서인지 학교에 가면 가끔씩 여자아이들에게 'OO야, 나랑 결혼하자'라고 이야기하곤 한다.

◉ 학교에서 친구들과 적절한 놀이는 별로 하지 못하고, 쉬는 시간에는 주로 위인전 등의 책을 보며 지내고, 요즘은 수업이 끝나면 거의 매일 학교 도서관에 지나치게 많이 가서 걱정인데, 그렇다고 억지로 친구들과 어울리게 할 수도 없는 노릇인데, 다행히도 요즘은 쉬는 시간에 친구들과 잡기 놀이나 가위바위보 등의 기

초적인 놀이는 한다고 해서 그나마 조금은 다행이며, 최근에는 친구들과 영심이 포장마차라는 손으로 하는 놀이를 제법 즐긴다고 한다.

◎ 며칠 전에 상협이가 연필을 입으로 빨고 있었는데, '상협아, 무엇을 하니'라고 물어 보니까 '나도 어른이 되면 담배를 펴야지' 하면서 연신 연필을 빨아 대는 것이었다.

◎ 요즘은 혼자서도 미용실이나 이발소에 가서 머리를 깎고 오는데, 문제는 아직 돈에 대한 개념이 없어서 그냥 오거나, 200원을 주고 오는 경우가 있다.

◎ 어느 날 친척 분이 상협이에게 1,000원을 주고 갔는데, 상협이는 옷에 호주머니가 없자, 돈을 런닝셔츠 안에다 집어넣었는데, 내가 '상협아, 돈이 어디 있니'하고 물어 보자 런닝셔츠안을 가리키며 '품속에 보관했어요'라고 대답하는 것이었다.

◎ 상협이와 함께 산에 간 적이 있는데, 다람쥐를 보자 '아빠, 다람쥐다. 잡으러 가자'하고 다람쥐를 잡으러 뒤쫓아갔는데, 산에서 적절히 다람쥐에 대한 반응을 보인 처음 일이었다.

◎ 색연필이나 색종이 등 상협이가 좋아하는 물건을 내가 빼앗으려고 하면 상협이도 빼앗기지 않으려고 결사적으로 방어하는데, 상협이가 빼앗았을 경우에는 엉덩이 밑에 물건을 숨기며, 내가 물건을 빼앗았을 경우에는 어디에 숨기는지 유심히 보고 있다가, 물건을 숨기고 나면 곧바로 찾아가서 물건을 찾아내곤 한다.

◎ 내가 상협이에게 마술에 대해서 설명하기 위해서 시범으로 손에 든 동전이 없어지는 마술을 보여주면서 동전을 등뒤로 숨기는 것을 보여줬는데, 이제는 상협이도 나의 모습을 제법 잘 따라서 하며 때로는 마술을 자기에게 유리하도록 응용하기도 하는데, 예를 들어 맥주를 좋아하는 상협이에게 물만 주고 내가 맥주를 마시자 상협이는 나에게 '아빠, 맥주와 물을 섞는 마술을 하자'라고 제의한 후 맥주와 물이 섞인 것을 자기가 마시는 융통성을 보였다.

◎ 며칠전 아침에 상협이가 잠에서 깨어나자마자 '엄마 알림장 어디에 있어요'라고 말하며 알림장을 찾았는데, 엄마가 '왜 찾니'라고 물어 보자 '수학 숙제해야 해요'라고 대답하였다. 상협이는 전날에 알림장에 쓰여진 3가지의 숙제 중에서 2가지는 했고 수학 숙제는 하지 않았었는데 아침에 일어나서 알림장에 쓰여진 수학 숙제를 한 다음에 학교에 갔다.

◎ 며칠 전에 내가 일이 있어서 집에 늦게 들어갔기 때문에 저녁에 애 엄마가 상협이에게 수학 학습지를 공부하라고 했는데 상협이는 '수학은 하기 싫은데'라고 몇 번 중얼거리다 엄마가 딴 일을 하는 사이에 수학 학습지를 이불 속에 숨겨 놓았다.

◎ 얼마전 상협이가 소풍가기 전날 애엄마가 상협이에게 '내일 아침에 일찍 일어나서 김밥을 만들어야 하니까 상협이가 일찍 일어나서 엄마 좀 깨워줘'라고 말하고 잠을 잤는데, 상협이는 다음날 아침에 평소보다 빠른 아침 6시경에 일어나서 엄마를 흔들어

깨우며 '엄마, 일어나세요. 김밥 만들어야 해요'라고 말하였고, 엄마가 김밥을 만드는 것을 옆에서 구경도 하고 도와주기도 하면서 김밥 몇 개를 얻어 먹었다.

    내가 상협이의 요즘 행동들 몇 가지를 쓴 이유는, 비록 충분한 경험이 없어 세련된 행동은 아니지만, 그래도 첫 번째 산을 넘은 경우에는 3-4세정도의 정상아가 보여주는 정상적이고 예쁜 행동들이 나오기 시작한다는 것을 말하고 싶어서였다.

상협이의 참모습

아직 자폐의 깊은 수렁에 정신이 빠져 있는 자폐아에게는 조금은 앞서가는 이야기이겠지만, 그래도 미래의 가능성을 꿈꾸는 심정으로 이야기해 보겠다.

상협이에게서 자폐아 상협이가 아닌 원래의 상협이의 참모습을 어렴풋하게나마 느낄 수 있었던 시점은 99년도 부터였다.

물론 이목구비의 윤곽이 뚜렷이 나타나는 모습은 아니었고, 짙은 안개 속에서 희미하게 보이는 그림자 형상 정도의 약간의 명암을 구별할 수 있는 정도의 모습이지만, 그래도 아빠로서는 아들에 대한 애틋함과 가능성을 확인할 수 있는 일이었다.

95년경에 높은 빌딩의 꼭대기 층에 있는 뷔페 식사를 마치고 잠깐 부모가 한눈을 파는 사이에 옥상에 가서 아래로 떨어지려는 순간 마침 옥상에서 담배를 피우고 있던 할아버지에게 목격되어 구사일생으로 생명을 건지는 등의 암울했던 시절을 지나고, 98년도에 상협이가 처음으로 의미 있는 말을 주의 사람에게 하기 시작하자 할머니께서 '나는 상협이가 평생 말을 못할 줄 알았는데, 드디어 말을 하기 시작하는구나'라며 감격해 하던 시절을 지나서 비로소 오늘날의 모습까지의 기나긴 세월을 우여곡절을 겪으면서 지나왔다.

내가 생각하는 하루 8시간 이상의 정신과의 싸움이나, 살아 있는 느낌의 교육이나, 일반적이고 종합적인 교육이나, 필요시 강제교육이나, 육체적 충격 등을 사용할 수도 있다는 것등은 자폐아가 시각 우선자로부터 탈출하여 정상적인 논리우선자로 전환되기 위한 조건들인데, 논리우선자로 전환된다는 것은 결국 아이에게 시각우선성향으로 인하여 잃어버렸던 자기의 참모습을 찾아 준다는 의미이다.

물론 나의 생각이 절대적인 것은 아니기 때문에, 나의 방법보다 더욱 합리적이고 편한 방법이 발견되어서 이러한 방법으로 자폐아에게 자기의 참모습을 찾아 줄 수 있다면 당연히 이러한 방법들이 사용되어져야 할 것이다.

그러나 만약에 합리적이고 편한 그 어떤 방법도 자폐아를 탈출시키는 것에 대해서 한계 상황에 도달할 경우에는 나의 치열하고 다소 과격하기도 한 방법에 대해서도 고려해 보아야 할 것이다.

왜냐 하면 편안한 방법으로 자폐아를 자폐의 한계 상황에 그냥 묶어 두는 것보다는, 다소 무리한 방법을 쓰더라도 자폐아를 자폐의 상황에서 탈출시켜서 본래의 자기의 참모습을 찾게 해 주는 것이 진실로 자폐아를 위하는 길이기 때문이다.

상협이를 다른 사람에게 보여준다면

 이 책을 읽은 자폐아의 부모들이라면 과연 상협이가 어느 정도 발전 되었는지를 눈으로 확인하고 싶은 마음이 강하게 들 것이다.
 누가 보더라도 상협이가 어느 정도 발달 한 것은 느낄 수 있다.
 그러나 보는 사람의 관점에 따라서 어떤 사람은 '약간 발전했다'고 느낄 것이며, 어떤 사람은 '많이 발전했다'고 볼 수 있을 것이다.
 이렇게 발달의 정도에 차이가 나는 까닭은 보는 사람의 관점이 서로 다를 뿐만 아니라, 자폐아의 발달이라는 것이 '감정의 발달', '인지의 발달', '학습능력의 발달', '사회성의 발달', '판단력의 발달' 등 각각의 부분이 정상아와는 달리 전체적으로 균형있게 발달하는 것이 아니라 외부의 영향에 따라서는 서로 불균형적으로 발달할 수 있으며, 정상적인 발달 순서는 감정→인지→사회성→학습능력→판단의 발달이라는 순서를 거치면서 발달하는데, 대개의 자폐아에 대한 판단이라는 것이 말을 알아듣거나 말을 할 수 있는 것, 혹은 사회성 등 외적인 모습을 보고 판단하는 것이 대부분이며, 특히 9세의 육체적 나이에 따른 적절한 9세의 정신연령을 기준으로 판단하기 때문에 '실망'하는 경우가 많다.

상협이를 객관적으로 판단하면 '감정'의 부분이 어느 정도 발달해서 '이상한 행동'들이 거의 없어졌으며, '인지'의 부분도 어느 정도 발달했기 때문에 말을 알아듣고 이해하는 능력이 제법 향상되었으며, 간단한 느낌이나 필요사항에 대해서 말을 할 수 있으며, 초등학교 생활에의 연결고리를 만들어 주기 위해서 초등학교 과정에 따르는 학습을 시켜주기 때문에 학습능력도 어느 정도는 따라가고 있는데, 학습능력이 가능한 이유는 학습능력이라는 것이 사회성과는 큰 관련이 없기 때문이다.

그러나 '느끼고 인지된 경험'의 축적이 별로 없기 때문에 사회성에 대해서는 아직도 미미한 상태이고 시각 우선자의 특성상 크게 기대 하기도 어려운 부분이며, '시각 우선자'의 잔재가 아직도 많이 남아 있기 때문에 현실에 정신을 집중하지 못하고 상황에 따라서 쉽게 '시각의 세계'로 빠져서 정신이 흩어지는 경우가 많으며, 특히 외부세계에 나왔을 때가 그런 현상이 더욱 심하다.

집에 있을 때도 현실에 대한 느낌보다는 책이나 만화등의 '시각적'인 부분과 '관념적'인 부분에 더욱 많이 빠져 있는데, 과연 '현실에 기초를 둔 인지된 경험'을 해 줌에 따라서 얼마나 상황이 좋아질지는 지금 진행중이기 때문에 나 자신도 확실히 자신하기는 어려운 부분이다.

경우에 따라서는 '판단력'의 부분이 '사회성' 부분보다 더 발전될 가능성도 있는데. 이 경우의 판단력은 '경험'에 의거한 판단력이라기 보다는 '관념'과 '반복'에 의거한 한계적인 판단력 정도일 것이기 때문에 '기초 생활' 정도를 유지하는 판단력이지 추상적인 가치를 추구하는 판단력은 어려울 것이며, '추상적인 가치'를 추구하는 판단력을 조금이라도 기대하기 위해서라도 '느끼고 인지하는 현실의 경험'은 필연적으로 계속 반복 훈련되어야 할 것 같다.

이렇게 상협이를 보는 사람의 관점과 보는 장소, 또는 보는 시간에 따라 상협이의 모습이 달라질 수 있으며, 또한 상협이의 기분에 따라서도 어느 정도는 모습이 달라지기 때문에 짧은 시간에 잠깐 보아서는 객관적인 판단을 하기 어렵고, 이로 인한 오해도 있을 수 있기 때문에 다른 사람에게 굳이 보여주고 싶은 생각은 별로 없다. 그러나 한가지 자신있게 이야기할 수 있는 것은 비록 시각 우선자로서의 타고난 잔재는 남아 있지만 그래도 정상인이 될 수 있는 기초인 '논리적 인간'에로의 기초는 닦아 놓았다는 것이다.

그렇지만 9년의 세월 동안 실제로 정신이 살아있었던 기간은 3년 정도에 불과하다는 것을 감안하면 지나친 큰 기대는 무리이다.

상협이의 장래

지금 상협이의 장래에 대해서 심각하게 생각할 필요는 없으며, 앞으로 상협이의 상황을 보아 가면서 판단할 문제이기 때문에 지금 구체적인 얘기를 할 필요까지는 없다.

그러나 어쨌거나 상협이가 자폐아란 사실은 명백하기 때문에 대강의 장래에 대한 윤곽 정도는 가지고 있어야 할 것 같다.

우선 상협이의 교육에 있어서 오랫동안 계속되어져야 할 포인트는 시각 우선자인 상협이를 정상적인 '논리 우선자'로 뇌의 구조를 바꾸는 작업인데, 물론 시각 우선 자의 장점과 논리 우선 자의 장점이 양립할 수 있다면 더욱 좋은 일이겠지만, 비록 시각 우선 자의 장점이 없어지는 한이 있더라도 이 세상에 존재하기 위해서는 논리 우선자로의 변환은 필연적인 조건이다.

그리고 '보편적인 교육'이 중심인 초등학교까지는 학교 내용을 가능한 한 충실히 따라가서, 예를 들어 '국어', '산수', '바른 생활', '사회', '자연', '예능' 등의 학습은 상협이에게 해 주고 싶다.

그러나 '전문적인 지식'으로 바뀌는 중, 고등학교 교육에 대해서는 특별히 강요하고 싶은 생각은 없으며, '영어', '고등 수학', '화학' 등의 교과 내용은 상협이가 따라가지 못하면 굳이 가리킬 필요가 없다고 생각하며, 대신에 중학교 때부터는 학교의 일반적인 교과 내용보다는 상협이의 장점을 살리는 교육을 중심으로 하고 싶으며, 학교의 성적에 대해서는 크게 신경을 쓰지 않으려고 한다.

컴퓨터 관련 분야에 상협이의 '시각 우선 성향'을 이용할 만한 일이 많아 보이기 때문에 중학교 때부터는 그런 쪽으로 방향을 잡아 볼 생각도 있으나, 일단 초등학교 때까지는 자연스럽게 듣고, 이해하고, 말하는 작업이 최우선이기 때문에 컴퓨터와의 접근은 막을 것이며, 만약에 재능이 있다면 중학교 이후에나 시켜 보고 싶은 생각이다.

최종적으로 생각해야 할 문제가 직업과 결혼인데, 그때 가 봐야 알 일이지만, 전혀 불가능해 보이지는 않기 때문에, 지속적인 사회화 작업도 병행해야 하겠다.

V.
자폐아의 주변 관계자

자폐아 관련자의 중요성

자폐아가 스스로는 정신적 성장을 이룰 수 있는 자생력이 없기 때문에 자폐아의 발전은 주위에서 자폐아를 돌보는 교육자에 전적으로 의지할 수밖에 없으며, 이는 자폐아에 대한 발전의 책임은 주위의 관련자와 직접적인 상관관계가 있다는 것이다.

그러므로 자폐아 못지 않게 자폐아 관련자에 대한 문제는 아주 중요한 문제이며, 만약에 자폐아 관련자가 어떤 종류의 잘못이나 실수를 저지른다면 그 결과는 자폐아에게 직접적으로 영향을 주어서 때로는 복구할 수 없는 과오를 범할 수도 있는 것이다.

즉 자폐아에 관련된 사람들의 역할과 위치를 명확히 잘 파악한다는 것은 자폐아 발전의 시작이며 기초인 것이다.

그런데 현재의 자폐아 교육의 대강의 흐름을 보면 관련자 각각의 역할과 책임이 자폐아 발전에 바람직하지 못한 구조를 이루고 있는 부분이 있는 것 같다.

  물론 각각의 분들이 나름대로 최선의 노력은 다 하고는 있지만 이왕이면 각자 자기의 역할에 대해서 분명한 책임과 한계를 느끼고 있는 것이 자폐아의 발전을 위해서 보다 바람직할 것이다.

전문가

전 세계적으로 자폐아 교육의 중심이 부모가 아니라 교육 전문가에게 크게 의존하고 있는데, 그 이유는 첫째는 선진국의 경우에 국가에서 복지정책의 차원에서 국가적인 물적, 인적 지원을 하기 때문이고 둘째는 한국의 경우에는 대부분의 부모의 생각이 자폐는 특수한 전문가가 치료할 수 있는 특별한 병이라고 생각하고 있기 때문이며 셋째는 아무래도 부모보다는 전문가 그룹에서 보다 많은 다양한 연구가 이루어지기 때문에 객관적 신뢰도가 높기 때문이다.

그러나 우리는 그동안 자폐에 대한 많은 연구가 있었음에도 불구하고 전문가 그룹에서의 교육을 통해서 획기적인 발전을 이룬 사례는 거의 없으며, 최선의 경우가 '목석인간형' 정도였다는 것에 주목해야 할 필요가 있고, 또 왜 그런 현상이 일어났는지에 대해서도 분석해 볼 필요가 있다.

1) 의사

의사의 경우 많은 종류의 자폐아이들을 접할 수 있는 장점이 있어서 자폐아를 유형별로 구분을 하고 통계적인 방법으로 자폐아의 발전 가능성 및 발전 정도를 학문적으로 수치화하는 작업을 할 수 있다.

또한 여러 가지 실험을 통하여 자폐아가 소위 말하는 '마음읽기 이론'에 대하여 30%가 이해를 하고 70%가 이해를 하지 못한다는 등의 논문을 발표하고, 형제가 같이 자폐가 될 확률이 몇 %인지에 대한 통계적 조사를 하는 등의 객관적 관찰로서의 역할이 있기 때문에 이상한 행동을 하는 아이에 대해서 자폐인지 아닌지를 객관적으로 구별하는 작업을 신뢰성을 가지고 행할 수 있다.

그러나 자폐아 부모의 입장에서 보면 시각이 전혀 달라서 과연 형제가 같이 자폐가 될 확률이라든지 자폐아가 마음읽기 이론을 이해할 확률이라든지 하는 것은 별로 중요하지 않으며, 중요한 것은 이미 발생한 자기 자식이 자폐아라는 사실에 대하여 어떻게 발전적 방향을 모색할 것인가 하는 문제이다.

즉 자폐아의 부모 입장에서의 관심사는 자폐아가 마음읽기 이론을 이해할 확률이 30%란 것이 아니고, 과연 어떤 방법으로 얼마만큼의 노력을 해야지 자폐아가 마음읽기 이론을 이해할 수 있을지에 대한 방법적인 방향인데, 이러한 실질적인 문제에 대하여 의사는 의사로서의 한계가 있기 때문에 대답을 할 수 없다는 것이다.

자폐아가 발전을 해서 30%정도가 마음읽기 이론을 가지게 되었다는 논문이 자폐아 부모에게 가치가 있기 위해서는 과연 어떤 방법으로 어떻게 교육되었는지에 대한 발전과정에 주체적으로 참여하여 직접 교육을 실시하고, 이러한 발전과정에 대한 DATA도 함께 발표되어야 하지만 의사는 현실적으로 시간적, 경제적인 한계 때문에 한명의 자폐아에 대한 깊은 연구에는 참여할 수 없다.

그렇다고 해서 의사를 탓할 수만은 없는 이유는, 한명의 자폐아를 제대로 관찰하기 위해서는 직접 그 자폐아와 숙식을 같이 하며 하루종일 의사와 자폐아의 정신을 일치시켜서 자폐아의 정신을 현실의 세계로 잡아두는 일을 2년이나 3년동안 계속해야 하는데 현실적으로 가정생활을 유지해야 하며, 적절한 재화를 획득하여야 하는 의사의 입장을 고려해 볼 때 자폐아에게 맹목적인 노력을 요구할 수는 없다.

즉 자폐아 문제에 있어서 의사는 제 3자라는 관찰자적 입장에 서 있을 뿐이지 교육의 주체자는 될수 없다는 것이다.

또한 나의 견해로는 자폐는 기본적으로 정신병과 같은 '병'은 아니며 다만 시각우선이라는 '성향'의 문제로 인한 '뇌의 백지상태'인 까닭에 '치료'라는 개념보다는 '교육'이라는 개념이 타당할 것 같다.

2) 특수교사

전 세계적으로 자폐아를 직접 일선에서 교육하면서 자폐아 교육의 중심을 이루고 있는 그룹이 특수 교사들이다.

그러나 불행히도 특수교사들이 행하는 많은 노력에 비하여 자폐아의 발전은 더디기만 해서 안타까운 심정이며, 심지어는 수년 동안 많은 특수교육을 받았음에도 불구하고 자폐아가 거의 발전하지 못하고 제자리만 맴돌아서 성년이 된 후에 돌이킬 수 없는 상황이 되기도 한다.

이런 상황이 반복되다 보니 이제는 자폐아의 발전 한계가 '잘 발전하면 자동차 세차를 할 수 있는 목석인간' 정도라는 것이 일반적으로 자폐아 관련자들 사이에서 공감하며 받아들여지고 있는 실정이다.

그러나 나의 경험으로는 자폐아는 예상했던 이상으로 많이 발전할 수 있다는 확신이 있는데, 그렇다면 과연 어떤 이유 때문에 특수교사의 노력에도 불구하고 자폐아가 획기적인 발전이 없었는지, 즉 부모가 아닌 교육자의 자폐교육의 한계를 나의 경험으로 분석해 보겠다.

첫째는 인간적인 한계이다.

자폐아가 초기에는 보여주는 극심한 이상한 행동들은 너무나 피곤해서 심지어는 때로는 부모조차도 애정의 마음이 없어질 정도로 상상을 초월한다. 어느 간호사가 딱 하루 자폐아를 돌보고서는 못하겠다고 포기했다는데 이러한 간호사가 이해가 될 정도이다.

이러한 자폐아를 하루종일 붙잡고 자폐아의 정신과 교육자의 정신을 일치시키기는 너무 어려워서 8시간이 아닌 1시간조차도 실행하기 힘이 든다. 자기 자식인 부모의 입장에서는 이러한 노력이 가능할 지 모르겠으나 부모가 아닌 제 3자가 자폐아에게 헌신한다는 것은 인간적인 참을 수 있는 한계를 벗어나는 고된 일이다.

둘째는 통제의 한계이다.

정상아는 상식적인 통제가 가능하나 초기의 자폐아는 상식적인 선에서의 통제는 불가능해서 육체적이나 정신적인 면에서의 강한 충격이 있어야지만 어느 정도 통제가 가능하고, 만약에 이런 통제를 할 수 없다면 그냥 자폐아 스스로 평정을 찾을 때까지 기다리는 수밖에 없다.

그러나 자폐아에게 정신적으로나 육체적으로 강한 충격을 주는 일이 상당히 부담스러워서 부모가 아니고서는 현실적으로 강한 충격을 주기가 어렵다.

물론 강한 충격을 주지 않고서도 어느정도 노련하게 통제할 수도 있겠지만 이러한 통제는 어느정도 한계가 있어서 지속적으로 자폐아의 정신을 현실에 붙잡아 두기는 어렵다.

부모의 입장에서도 비록 이론적으로 자폐아에게 적절한 육체적 충격을 주는 것이 타당하다고 동의를 해도 실제로 그렇지 않아도 불쌍한 자폐아 자식이 다른 사람에 의해서 육체적 충격을 받는다는 것은 그리 기분좋은 일은 아니며, 부모가 아닌 제 3자의 경우에는 잘못하면 체벌에 대한 법적, 도의적 책임을 져야 하는 경우도 발생할 수 있기 때문에 더욱 자폐아에 대한 육체적, 정신적 충격은 어려운 일이다.

또한 통제에 못지않게 때로는 자폐아가 좋아하는 것에 대하여 적절히 보상이 이루어지는 것도 중요한데, 부모가 아닌 입장에서 자폐아의 많은 요구사항을 적절히 응해주는 것도 사실 그렇게 쉬운일은 아니다.

셋째는 시간적, 공간적 한계이다.

자폐아 교육에서 가장 중요한 것은 느낌, 기초인지, 감정의 3가지인데, 이들 중에서 기초인지 교육은 어느정도 정해진 장소에서 정해진 시간에 교육이 가능하겠지만 느낌과 감정의 2가지 교육은 성격상 정해진 시간에 정해진 곳에서 틀을 짜 놓고 교육할 수는 없다.

느낌과 감정을 깨닫고 이해할 수 있도록 하기 위해서는 필요한 다면 한가지 개념에 대해서 두 시간이나 세 시간동안 교육시킬 필요도 있으며 또한 장소도 그 개념의 설명에 필요한 곳으로 자유롭게 이동되어야 하며 필요하다면 수십번이나 수백번의 반복적 교육도 필요하다.

　예를 들어서 '창피하다'라는 개념 하나를 설명하기 위해서는 창피하다고 느낄 수 있는 여러 가지의 상황들에 대한 예시가 있어야 하며, 또한 화장실이나 옷장등 창피한 일이 일어날 수 있는 곳에 직접가서 설명을 해야지만 '인지된 경험이 없는' 자폐아가 창피하다는 개념에 대해서 어느 정도 깨달을 수 있고, 또한 이러한 교육이 반복적으로 계속되어야지만 자폐아가 느낌을 가질 수 있다.

　이러한 종류의 교육에 대하여 정해진 장소에서 40분 교육하고 10분 쉬는 시간표에 의한 교육으로는 시간적, 장소적 한계가 있다. 또 하나의 시간적인 한계는 교육시간의 양에 대한 한계인데 자폐아가 발전하기 위해서는 특별한 몇시간의 교육이 필요한 것이 아니고 일반적인 수만 시간의 교육이 필요한데, 이렇게 많은 시간을 특수교육으로 충당하기에는 시간적, 경제적 한계가 있다.

　넷째는 경제적 한계이다.

　미국이나 유럽과는 달리 우리나라는 아직도 자폐아 교육에 필요한 교육비 전액을 거의 가정에서 지출해야 하는데, 자폐아 교육이 1:1교육이 되기 위해서는 상당히 많은 교육비가 지출되어야 한다.

　특수학원도 같은 경우여서 학원운영에 필요한 경비를 제도적 지원이 없이 거의 전액을 자폐아 부모로부터 충당하기 위해서는 그 특수학원이 잘한다는 소문이 나서 많은 자폐아가 모여들어야만 가능한데, 이러한 잘한다는 소문의 내용이 자식에 대해서 조바심나는 부모의 특성상 장기적이고 근원적인 자폐교육보다는 단기적이고 특별한 부분적인 것에 대한 소문일 가능성도 있으며, 특수학원 역시도 부모의 이러한 조바심 나는 욕구를 만족시켜주기 위해서는 ㄱ, ㄴ, ㄷ, …을 한다든가, 1, 2, 3, …을 셀줄 안다든가 하는 외형적이고 부분적인 교육에 치우쳐서 결과적으로 작은 것을 얻고 큰 것을 잃는 결과를 초래할 수도 있다.

특수학원이 자폐아교육을 보다 충실히 근본적으로 실시하기 위해서는 경제적인 문제로부터 자유로와져야지 원칙적인 교육이 더욱 강화된다.

다섯째는 생활적 한계이다.

자폐아 교육에 있어서 처음에 가장 중요한 것이 느낌, 기초인지, 감정의 획득이라면 최종적으로 가장 중요한 것은 이러한 것들을 현실의 생활에서 인지하고 의식할 수 있게 해 주는 것이다.

대부분의 자폐아는 머리속에 시각의 세계, 책의 세계, 현실의 세계등이 혼재하고 있어서 정확히 현실의 세계를 구별하는 것에 대해서 혼란스러워 하며 제대로 구별하지를 못한다.

따라서 자폐아에게 현실의 세계를 인식하는 교육을 실시하기 위해서는 하루종일 교육자와 함께 있어서 자폐아의 상세한 생활을 정확히 알고 있어야만이 효율적인 교육이 가능하다.

예를 들어서 '어제'라는 개념을 설명하기 위해서 어제 무엇을 먹었냐고 물어보았을 경우 자폐아는 사실은 어제 짜장면을 먹었지만 1주일 전에 먹은 피자가 생각나서 피자를 먹었다고 대답할 수가 있는데, 이런 경우에 자폐아와 하루종일 함께 행동하는 사람만이 수정이 가능하고, 단지 몇시간의 교육만을 실시하는 사람을 정확한 내용을 모르기 때문에 수정이 불가능해서 '어제'에 대한 정확한 현실의 인지교육을 실시할 수가 없다.

현실의 인지교육이라는 것이 하루동안 일어났던 작고 세세한 일들에 대하여 의미를 부여해 주는 교육이기 때문에 특수교사로서는 자폐아의 현실적인 하루 생활을 잘 모르는 데서 오는 교육상의 한계가 있다.

여섯째는 지식의 한계이다.

자폐아는 현상이 최근에 발생한 현상인 관계로 아직 자폐에 대한 정확한 원인이나 해결방법이 제시되지 못하고 있다.

이러한 이유로 각각의 특수학원마다 자폐아에 대한 교육상의 접근 방법이 서로 다른데, 부모들로서는 과연 어떤 해석과 어떤 접근방법이 옳은지에 대해서 잘 모르고 갈팡질팡하다가 세월만 보내는 경우가 있다. 상협이도 어렸을 때부터 몇 군데의 특수학원을 다녔었는데 각각의 특수학원마다 자폐아에 대한 접근방법 자체가 서로 다르다는 것을 느꼈었으며, 이러다 보니 행여 다행히 그곳이 자폐아에 대해서 적절한 교육을 하는 곳이면 그나마 어느 정도 도움을 얻겠지만 불행히도 자폐아에 대해서 적절한 교육을 실시하지 않는 곳이라면 열심히 노력한 결과가 없을 수도 있다.

즉 자폐아에 대한 교육이 '뽑기' 게임 식으로 재수좋게 잘 선택하면 도움을 받을 수 있지만 재수없이 잘못 뽑으면 도움을 받지 못하는 현상이 발생하는데, 이러한 이유는 부모는 물론 특수교사조차도 자폐에 대한 관점이 서로 다르기 때문에 각각 서로 다른 교육방법을 제시하기 때문이다.

이렇게 자폐에 대한 정확한 발생이유와 교육방법이 제시되지 못하는 한에는 자폐에 대한 각각의 서로 다른 접근방법 중에서 하나를 선택하는, 일종의 운에 맡기는 식의 교육방법이 선택되어져야 하는데 자폐의 다양한 여러 가지 현상을 고려할 때 과연 현재의 특수교육의 방법에 대해서 부모가 확신을 가질 수 있는 지에 대한 걱정이 된다.

일곱째는 타성의 한계이다.

내가 보기에는 자폐아 교육이라는 것이 우선 자폐아와 교육자의 정신을 일치시키는 것에서부터 출발하는데, 사실 교육자가 자폐아와의 정신을 일치시키는 작업은 마치 '혼을 불사르는' 작업처럼 고되고 힘든 일이어서 하루에 3-4시간 정도 자폐아에 대해서 정신을 집중시키는 교육을 실시하면 상당한 정신적, 육체적 피로감이 온다.

자폐아에 대한 교육이 아니고 정상아에 대해서 하루에 3-4시간 정도의 비교적 단순한 지식만을 전달하는 일반교사들도 나름대로의 피곤함을 느끼는데 하물며 자폐아에 대한 교육은 정상아에 대한 교육에 비해서 몇배의 어려움이 따른다.

자폐아에 대한 교육은 매일매일의 하루하루가 마치 새로 시작하는 첫날처럼 상당한 긴장감과 투철한 정신이 있어야만 효과를 볼 수 있는데, 사실 인간이라는 존재가 일반적으로 어느정도는 타성에 젖기 쉬워서 자폐아에 대한 교육방법이 정해지면 그냥 맹목적으로 일방적인 자폐아 교육이 실시되는 경우가 보통이며, 각각의 자폐아에 맞는 새로운 교육을 매일매일 투철한 정신으로 실시하기는 현실적으로 인간의 타성적인 속성상 어렵다.

특수 교사도 인간이며 직업으로 매일매일 자폐아만을 대상으로 하는 힘든 일을 휴식도 없이 장시간 계속한다는 점을 감안하면 특수교사에게 일방적인 희생만 강요할 수도 없으며 이래저래 자폐아만 '미운 오리새끼' 꼴이 되고 만다.

여덟 번째는 여성의 한계이다.

다른나라의 경우는 내가 잘 모르지만 우리나라의 특수학원을 몇군데 본 경우에는 특수교사가 100% 여성으로 구성되어 있다.

물론 여성이 무조건 나쁘다는 것은 아니어서 여성 특유의 모성애적 감성에 의한 열정이 자폐아의 교육에 꼭 필요하다.

그러나 내가 보기에는 자폐아 교육에는 여성적인 감성도 필요하지만 반면에 남성적인 '논리와 분석' 역시도 필요한데, 그 이유는 자폐아가 느낌, 기초인지, 감정을 획득해서 그것을 현실의 세계로 질서있게 정리해가는 과정상에 자폐아를 옳바른 길로 이끌어줄 '논리력'과 '분석력'이 필요하기 때문이다.

즉 자폐교육이 성공을 이루기 위해서는 여성적인 감성과 남성적인 논리와 함께 조화롭게 교육되어져야지만 가능한데, 현실적으로 특수교사의 거의 대부분이 여성위주로 되어있는 경우에는 아무래도 논리보다는 감성적인 측면이 교육상에 우위를 점하게 되며, 이러한 여성특수교사와 여성의 어머니가 자폐아교육의 중심을 이룰 경우에는 자폐아교육의 커다란 줄기가 너무 감성적인 측면이나 부분적인 측면에 치우쳐서 자폐아가 균형적인 발전을 이루지 못할 가능성이 있다.

또한 솔직히 말하자면 여자들끼리만 모였을 경우에는 어디에 산다든지 몇평 APT에 산다든지, 교육비를 얼마나 쓴다든지 하는 자폐아의 발전과는 아무런 관계가 없는 부분에 지나치게 많은 신경을 소모하는 경우도 현실적으로 있다.

물론 아무리 여성이라 해도 감성과 논리를 균형있게 겸비한 분이라면 아무런 문제가 될 것이 없으나, 기우의 마음으로 적어 보았다.

아홉번째는 연령적인 한계이다.

템플 그래딘의 자서전을 읽어보면 '적절히 엄하면서도 부드러운' 교사의 중요성을 강조한 대목이 있으며, 그러한 교사의 덕분에 자기가 자폐상태를 탈출하는데 큰 도움이 되었다고 술회하고 있다.

여기에서 말하는 '적절히 엄하면서도 부드러운'의 의미는 아마도 인생에 대한 여러 가지의 경험과 많은 아이들과의 경험을 통해서 '인간'에 대해서 어느 정도 보는 눈이 성숙해져서 자폐아에 대해서도 특성과 정신을 꿰뚫어 보고 이해하며 이끌어 갈 수 있는 '노련함'이라고 생각된다.

그러나 우리 나라의 경우 보편적으로 여성이 결혼을 하면 직업을 그만두고 가정 생활만 하는 경우가 많기 때문에 실제로 자폐아에 대해서 일선에서 지도하는 특수 교사의 상당수는 20대의 미혼 여성인 경우가 많다.

물론 20대의 미혼 여성이 단점만 있는 것은 아니어서 특수교육에 대한 순수한 열정과 헌신의 마음은 강하며 의욕적이기도 하다.

그러나 아직은 자폐아의 이상한 행동에 대해서 적절히 '엄하거나' '노련한' 자세를 가지기에는 인생과 특수교육에 대한 경험이 부족해서 자폐아를 적절히 이끌어 가기에는 약간의 무리라는 측면도 있다.

육체적 장애자나 뇌성마비 등의 경우에는 그래도 기본적인 상호 관계 형성이 가능하지만 자폐아의 경우에는 아예 기본적인 인간적인 관계 형성 자체가 되지를 않기 때문에 소위 말하는 인생의 '쓴맛'을 경험하지 않고서는 자폐아에 대해서 참고 보는 정도의 인내력마저 유지하기 어려울 경우가 많다.

그렇다고 해서 한창 꿈많고 싱싱한 20대의 여성에게 자폐에 대한 '고단함'이나 '책임감'같은 무거운 주제에 대하여 심각하게 고민해 보도록 강요할 수는 없는 한계가 있다.

어머니

 누가 뭐라 해도 자폐아에 대한 최대의 피해자는 어머니이다.
 우리 나라가 선진국처럼 국가적으로 자폐아를 관리해 주지도 못하고, 그렇다고 해서 아버지의 경우 역시도 경제적인 책임 때문에 가정에 충실할 수도 없는 상황에서 어머니는 자폐아가 주는 고단함과 애닲음을 고스란히 몸과 마음에 안고 살아가야 하기 때문에 그야말로 하루도 마음 편할 날이 없이 긴장과 두려움의 세월을 살아야 한다.
 더군다나 외국과는 달리 우리 나라는 자식에 대한 모든 책임을 부모가 져야 하는 것으로 인식되고 있고, 부모는 자식을 위해서 모든 것을 다 바쳐야 한다는 유교적 사고방식이 있어서 자폐아에 대한 어머니의 육체적, 심적 고통은 너무나 크기 때문에 내가 보아도 참으로 안타까우며, 이러한 어머니에 대하여 위로의 말을 가슴으로 전하고 싶다.

  그러나 아무리 애틋하고 가련한 마음을 가진다고 해서 자폐아가 좋아지는 일은 없으며, 자폐아가 발전되기 위해서는 냉철하게 현실의 상황을 분석해 보아야 하는데, 이런 의미에서 본다면 현재 우리 나라의 자폐아 어머니들이 자폐아를 제대로 발전시키기에는 몇 가지 문제점이 있다고 느껴지며, 이러한 문제점에 대해서 이야기 해 보겠다.

  왜냐하면 자폐아의 어머니가 여자의 한계를 극복했을 경우에는 자식인 자폐아 역시도 자폐의 한계를 극복할 것이고, 만약에 어머니가 여자의 한계를 극복하지 못했을 경우에는 자식 역시도 자폐의 한계를 극복하지 못한다고 보아도 지나친 과장은 아니기 때문이다.

1) 어머니의 문제점

① 주체성의 문제

  일반적으로 우리 나라 사회에서는 남자가 주체적인 반면에 여자는 수동적인 편이어서, 여자는 성장기나 결혼 생활에 있어서 1차적인 책임을 자기가 스스로 지고 주체적으로 살아가는 경우는 별로 없고, 그러다 보니까 책임, 자율성, 주체성 등의 단어에 대해서는 훈련이 덜 되어서 약한 것 같다.

이러한 이유 때문에 어머니가 매일매일 열심히 생활하기는 하지만 대부분의 생활 내용이 전문가나 소문 등에 지나치게 의존하게 되어서 자식에 대한 주체적인 판단보다는 외부의 상황에 맹목적으로 따라 다니는 현상이 발생한다.
   그러나 전문가나 소문 등의 외부적 상황이 항상 올바른 것은 아니기 때문에 자칫 잘못하면 자폐아에게 별다른 도움을 주지 못하고 세월만 흘러가는 경우도 있기 때문에, 어머니 스스로 자기 자식에 대하여 정확한 주관적 판단을 할 수 있는 능력이 있어야지만 자폐아가 발전이 가능하다.
   물론 처음으로 자기 자식이 자폐아라는 사실을 알고부터 1년 정도까지는 사전 지식이 없기 때문에 혼란스러워서 전문가나 주변 관련자들의 이야기를 듣고 관련된 책을 보는 등의 대처로 자폐에 대한 지식을 넓혀 가야 한다. 그러나 2년 정도 지날 때까지 계속 혼란스러우면 안 되며, 2년 정도 지나면 자기 스스로 자식을 교육시킬 수 있을 정도의 지식과 책임을 쌓아야 한다.
   그렇다고 해서 외부 환경을 무시하고 자기 고집대로만 해야 한다는 것은 아니며 어느 정도 전문가나 다른 자폐아 부모들과의 교류를 통해서 자기에 대한 객관성도 확인해야 하고 새로운 지식을 습득할 필요도 있다.
   그러나 궁극적으로는 어머니가 주체가 되어서 올바른 판단을 할 수 있는 것이 자폐아 발전의 기본 조건이다.

② 분석 능력의 문제

대부분의 자폐아들이 초기에 하는 행동들이 너무도 이상하고 당황스러워서 정상인이 언뜻 보기에는 도대체 왜 저런 행동들을 하는지 도저히 이해할 수 없을 정도로 종잡을 수 없다.

그러나 깊게 문제의식을 가지고 관찰해 보면 자폐아의 그런 행동들이 이해할 수 없는 이상하고 '우연'한 행동이 아니고, 그럴 수밖에 없는 상황에서 나오는 '필연'적인 행동이라는 것을 알 수 있다.

자폐아를 제대로 발전시키기 위해서는

ⅰ) 원인의 발견

ⅱ) 발전 방법의 수립

ⅲ) 발전 정도에 대한 확인

이상의 3가지에 대하여 주의 깊게 관찰하고 분석할 수 있어야지 만 자폐아를 제대로 발전시킬 수 있는데, 상당수의 어머니들이 여성적인 '감성'의 부분에는 강해서 그래도 자기 자식을 포기하지 않고 열심히 교육시키려는 사랑의 마음은 강하지만, 자식을 제대로 발전시킬 수 있는 방법을 찾는 '논리'와 '분석'의 능력에는 좀 약한 측면이 있는 것 같다.

예를 들어 T.V의 광고를 보면서 지나치게 괴성을 지르고 폴짝폴짝 뛰며 좋아하는 아이에 대해서

ⅰ) 여러 가지 광고들 중에서 아이가 좋아하는 광고는 무엇인지 나누어 보고

ⅱ) 아이가 좋아하는 광고의 공통된 특징이 무엇인지 분석해 보고

ⅲ) 광고가 아닌 다른 프로에서 아이가 좋아하는 장면이 무엇인지 확인하고

ⅳ) 광고와 일반 프로에서 자폐아가 좋아하는 공통점을 찾아 보고

ⅴ) T.V가 아닌 현실의 물건, 예를 들면 이발소의 광고판등 아이가 좋아하는 물건과 T.V의 공통점을 분석해 보고

ⅵ) 공통점이 찾아지면 이러한 공통점을 정리하고

ⅶ) 왜 아이들이 그런 종류의 것들에 집착하는지 원인을 찾아 보고

ⅷ) 찾아낸 원인을 분석해서 이를 근간으로 하는 해결 방법을 찾고

ⅸ) 해결 방법의 실행과 함께 아이의 발전 정도를 객관적으로 점검하는

이러한 종류의 분석 작업이 단지 T.V광고 하나의 문제에 대해서가 아니라 자폐아의 모든 생활에 대하여 냉정하게 이루어져야 지 만 자폐아를 제대로 발전시킬 수 있는 것이다.

이러한 분석 작업이 없이 다만 아이에 대한 연민과 사랑의 감정

으로만 접근하면 마치 '다람쥐 챗바퀴 돌 듯' 발전이 없이 원점에서만 맴도는 현상이 발생할 수 있다.

③ 화장에 관한 문제

대다수의 자폐아 어머니는 그야말로 살신성인의 자세로 자식을 위해서 노력하기 때문에 이 문제와 관련이 없지만, 그래도 자폐아의 발전을 위해서 돌다리도 두드리고 건너는 마음으로 이야기해 보겠다.

본능적으로 여자는 아름답게 보여지기를 원하기 때문에 화장을 하는데, 화장을 하게 되면 원래의 모습과 겉으로 보여지는 모습이 서로 달라지게 된다.

물론 다른 사람들에게 예쁘게 보이고 남자에게 사랑 받기 위한 행동으로서의 화장은 여성스러운 아름다운 것이다.

그러나 화장을 하는 마음, 즉 본래의 모습보다는 겉모습이 더 잘 보여지기를 원하는 마음이 자식에게까지 영향을 미쳐서 본래의 자식의 모습보다는 겉으로 보여지는 자식의 모습이 더 낫기를 원하는 경우에는 문제가 발생한다.

정상아의 경우에 일부 어머니들이 보여주는 소위 치맛바람과 비슷한 현상인데, 일단 자폐아이면 약간의 상태가 좋고 나쁨이 있지만 크게 보면 50보, 100보로 별다른 차이가 없음에도 불구하고 그 중에서도 자기 자식이 조금은 낫다는 생각에 지나치게 집착하여 자폐아의 내적인 정신적 교육보다는 외적인 부분적인 교육에 치중하게 되어 자식에 대한 욕심과 자존심만 채워 주는 결과가 나올 수 있다.

자폐아 교육에 있어서 어머니가 가지고 있어야 할 중요한 마음가짐 중의 하나는 '객관적 사고'와 '겸허한 마음'인 것 같다.

④ 경제력에 대한 문제

일부 어머니의 경우에 자폐아인 자식에 대한 교육 정도의 척도로 한 달에 얼마의 교육비를 지출하는지에 대해서 관심을 가지며, 심지어는 어떤 어머니는 자기 자식에 대한 교육비를 적게 쓸 수밖에 없는 자기의 경제적 능력에 대해서 자괴심을 가지기도 하며, 어떤 어머니는 자기 자식에 대한 교육비를 많이 지출하는 것에 대하여 자부심을 가지기도 한다.

그러나 내가 보기에는 반대로 교육비를 많이 지출하는 자폐아보다 교육비를 적게 지출하는 자폐아가 더 많이 발전할 가능성이 있다고 보여지는데, 왜냐하면 자폐아 교육의 핵심은 어머니에 의한 교육이기 때문이다.

자폐아에 대한 교육비를 많이 지출할 경우에는 어머니가 방심하여 자기 자신이 자식을 교육시키는 것에 대하여 소홀히 할 수도 있는 반면에 자폐아에 대해서 교육비를 충분히 지출하지 못하는 가정에서는 대신에 어머니가 그만큼 더 열심히 교육시킬 수 있기 때문이다.

결론은 자폐교육의 핵심은 부모의 교육이기 때문에 자폐아에게 얼마의 교육비를 지출하느냐의 문제는 자폐아 발전과 아무런 관계가 없다는 것이다.

2) 어머니의 중요성

내가 보기에 자폐아에게 필요한 교육의 종류와 시간 등을 종합해 볼 때 전체를 100으로 가정하면 이중에서 70정도 이상은 오직 부모만이 교육이 가능한 부분이라고 생각되는데, 물론 70이라는 수치가 나의 개인적 경험에서 나온 것이기 때문에 아주 정확한 수치라고는 말할 수 없지만 그래도 대략적인 개념에서 본다면 크게 잘못된 수치는 아니다.

또한 70이라는 수치를 꼭 어머니 혼자서 채워야 할 것은 아니고 부모가 함께 이루어야 할 부분이지만 보편적인 우리 나라 가정에서 주로 어머니가 자식을 돌보기 때문에 편의상 부모를 대신해서 어머니의 역할을 강조한 것이다.

자폐아에게 필요한 교육을 대강 나누어 보면 느낌, 기초인지, 기초 행동, 감정, 듣고 이해하기, 기초학습등이며, 이러한 것이 어느 정도 기초가 확립된 후에는 이러한 것들을 현실의 생활에 적용시켜서 이해하고 인지하는 작업을 해야 하는데, 이들 중에서 부모가 아닌 다른 교육자가 충실히 할 수 있는 부분은 기초 인지와 기초 학습 정도이며, 이들 또한 실제의 생활과 연결되는 확장된 개념의 교육은 어렵고 단지 교육 자료를 통한 한계적인 범위 내에서의 교육만이 가능할 뿐이어서 자폐아에 대한 종합적이고 실제적인 교육을 통한 자폐아의 전체적인 발달을 도모하기는 어려워서 열심히 노력해도 '호랑이', '냉장고', '인형' 등의 명사 몇 마디를 할 수 있거나, 더욱 발전해도 '책상 위에 책이 있다', '자동차가 달리고 있다' 등의 간단한 객관적 서술어를 표현하는 이상의 발전을 기대하기는 어렵다.

이러한 한계적인 상황을 탈피하기 위해서는 어머니의 교육이 필연적인데, 각각의 자폐아에게 필요한 교육 내용 중에서 어머니가 필요한 이유를 몇 가지의 예를 들어서 설명해 보겠다.

① 느낌

 i) 딱딱한 것, 부드러운 것, 꺼칠꺼칠한 것, 물렁물렁한 것 등을 직접 손으로 만져 보면서 각각의 촉각의 느낌을 강화시키는 작업

 ii) 각가지의 음식을 먹으면서 단맛, 짠맛, 신맛, 쓴맛 등을 구별시켜 주는 작업

 iii) 각가지의 냄새를 맡게 해서 향기로운 냄새, 맛있는 냄새, 고약한 냄새 등을 구별시켜 주고, 각가지의 음식 냄새를 맡아서 어떤 음식인지를 가려낼 수 있도록 후각의 의식을 강화

시켜 주는 작업

iv) 길거리를 가다가 몸이 아픈 사람이나 거지 등을 보았을 경우 불쌍하다라는 개념을 느끼게 하고 심어 줄 수 있는 작업

v) 등을 긁어 주면서 '시원하다'라는 느낌을 가지도록 하고, 팔을 꼬집어서 '아프다'하는 느낌을 가지도록 하며, 발바닥을 간지럽혀서 '간지럽다'라는 감각을 가지도록 하고 이를 계속해서 강화시켜 주는 작업

vi) 뜨거운 것을 만지게 하거나 먹어 보게 하고 차가운 얼음을 만지거나 먹어 보게 해서 뜨겁고 차가운 느낌을 갖도록 해 주는 작업

vii) 길거리에서 소변을 볼 경우에 '창피하다'라는 느낌을 가지도록 말해 주고 이해시키는 작업

viii) 맛있는 것을 주면서 '행복한지, 불행한지'를 물어 보아서 행복하다는 좋은 느낌에 대한 대강의 이해를 할 수 있도록 해 주는 작업

위에 예시한 것 외에도 자폐아에게 부모가 직접 느끼고 인지할 수 있도록 자폐아에게 가르쳐야 할 느낌은 너무나 많이 있고, 또한 이러한 것들을 단발성으로 해서는 안되며 자폐아가 인지할 수 있을 때까지 지속적으로 강화시켜 주어야 한다. 예를 들어서 어머니가 저녁 식사 준비를 하면서 자식에게 수학이나 국어의 계산하거나 쓰거나 읽는 공부를 시키는 것보다는 차라리 어머니의 옆에

서 두부를 자르는 일을 시키거나, 음식 재료를 섞는 일을 시키거나, 준비물을 정리하는 일 등을 시키면서 도와주고 설명해 주어서 자폐아가 직접 여러 가지 종류의 일들을 하면서 만져 보고, 냄새 맡고, 맛을 보는 체험을 시켜 주는 것이 자폐아에게는 훨씬 가치 있는 교육이 되는 것이다.

② 감정

 i) 동생이 자기 물건을 빼앗았을 경우, 물건을 빼앗긴 것에 대하여 '화가 나고', 동생이 '밉다'는 감정을 가지도록 해 주는 작업
 ii) 체벌을 받았을 경우 '기분이 나쁘다'라는 말을 해줌으로서 기분이 좋은 것과 기분이 나쁜 것을 구별해 주는 작업
 iii) 전자오락등 자폐아가 즐겁다고 느끼는 것을 해 줄 때, 기분이 어떤지를 물어 보아서 '즐거워요', '신나요', '재미있어요' 등에 대한 감정을 가지도록 하는 일
 iv) 동물이나 식물이 죽은 것을 보면 '슬퍼요'라는 개념을 가지도록 하고
 v) 친구와 싸웠을 때에는 '화가 난다'는 개념과 함께 '복수'한다는 개념을 심어 주어서 대응력을 키워 주고
 vi) '좋다'라는 개념을 강화시켜서 나름대로 좋아하는 여자 친구를 만들어 주고 '결혼' 등의 성에 대한 개념을 심어 주고

vii) 좋아하는 친구에게 무엇을 선물해 줄지를 물어 보아서 상대 방에 대한 좋은 개념과 선물의 개념을 인지하도록 해 주고
viii) 자폐아 주변 사람들에 대해서 누가 좋고 누가 나쁜지를 물어 보고 설명해 주어서 감정에 따른 구분력을 키워 주고
ix) 엄마가 밥도 해주고 옷도 사주는 등의 설명을 통해서 '사랑' 에 대한 느낌을 이해하도록 해 주는 작업

다양한 종류의 감정의 교육은 그야말로 부모만이 심어 주 수 있는 개념인데, 이러한 감정의 개념을 자폐아가 획득하지 못하면 자폐의 한계를 극복할 수 없게 된다.

③ 기초 행동

이는 몸으로 행하는 여러 가지의 행동들이며, 예를 들면 폴짝 뛰다, 뒤로 걷다, 기어가다, 쩔뚝거리다, 가슴을 펴다, 고개를 젓다, 한발로 뛰다, 뒹굴다, 허우적거리다, 손을 뒤로 묶다, 아장아장 걷다등 수백 개의 기초 행동들인데 보다, 앉다, 열다, 피다등의 기초인지는 그래도 학습 교재를 통하여 비교적 쉽게 교육할 수 있으나 기초 행동의 경우에는 그야말로 몸으로 보여주면서 교육해야 하기 때문에 '몸으로 때우는'식의 육체적 노력이 필요해서 부모가 아니고서는 효율적으로 교육하기 힘들다.

그러나 기초 인지와 함께 이러한 기초 행동에 대한 이해가 있어 야만 자폐아가 동화 등의 줄거리에 대한 전체적인 이해가 가능하

기 때문에 이러한 기초 행동이 이해되지 못하면 자폐아가 단편적인 사진적 개념에서 연속적인 연상적 개념의 전체적인 이해가 어려워진다.

④ 기초인지, 기초 학습

기초 인지와 기초 학습의 경우에는 다른 교육에 비해서 상대적으로 부모 아닌 다른 교육자의 교육이 가능한 부분이다.

그러나 이러한 기초 인지와 기초 학습의 경우에도 교육이 '살아 있는 느낌의 교육'이 되기 위해서는 단지 기초 인지와 기초 학습 자체로는 별다른 효과가 없으며, 이러한 교육을 실시하면서 항상 자폐아의 생활과 관련된 부분을 찾아서 실제 생활과 연결시켜 주어서 실제적이고 경험적인 이해를 할 수 있게 해 주어야만이 제대로 효과를 얻을 수 있다.

예를 들어서 '가깝다'와 '멀다'를 교육시킬 경우에는 실제로 자폐아가 다니는 태권도장과 학교를 비교해서 이해시키며, '크다'와 '작다'를 교육시키기 위해서는 큰 차와 작은 차를 비교하게 하는 등 기초 개념에 대해서 필히 현실의 생활과 연결시켜 주는 작업을 같이 해야만 자폐아가 현실의 세상에 대한 이해의 폭을 넓게 된다.

⑤ 현실 적용의 일관성

자폐아가 어느 정도 느낌, 인지, 감정 등을 획득해도 자폐아는 과거에 인지된 경험이 없기 때문에 이러한 것들을 실제의 생활에 연결시켜 주는 작업을 하지 않으면 단지 책속에서만 관념적으로 느낄 뿐이고 현실의 세상에 대해서는 느끼거나 이해하지 못하게 된다.

따라서 이러한 것들을 실제의 생활에서 정확히 인지할 수 있도록 별도의 현실 적용 훈련이 필요한데, 이러한 작업들을 자폐아에 대해서 정확히 잘 알고 있는 부모만이 일관성 있게 실시할 수 있다.

몇 가지 예를 들어보면

ⅰ) 상협이는 반에서 누가 제일 예쁘니?

ⅱ) 어제 상협이가 들었던 무거운 것은 무엇인지?

ⅲ) 상협이는 언제 심심하지?

ⅳ) 상협이는 동물 중에서 어느 동물이 제일 귀엽니?

ⅴ) 상협이는 오늘 생활 중에서 어떤 일이 제일 즐거웠니?

ⅵ) 상협이네 반에서 학교에 제일 늦게 오는 친구가 누구니?

ⅶ) 상협이는 주말에 무엇을 하고 싶니?

ⅷ) 상협이는 큰 아빠가 더 좋니, 작은 아빠가 더 좋니?

ⅸ) 우리 집에서 가장 가벼운 것은 무엇일까?

현실의 생활에서 자폐아의 획득된 느낌, 인지, 감정 등에 대하여 이를 적용시켜 줄 사항은 무궁무진하게 많은데, 중요한 것은 교육자가 이러한 자폐아 주위의 상황에 대하여 정확하게 일관성 있게 알고 있어야 한다는 것이다.

특히나 자폐아가 초기에는 더욱 현실과 시각의 세계를 구별하지 못해서 엉뚱한 대답을 하는 경우가 많은데, 예를 들어서 오늘의 생활 중에서 제일 재미있었던 일은 운동이었지만 며칠 전에 했던 오락이 생각나서 오락이 재미있었다고 대답을 하는 등 아직 개념이 확실하게 정립되지 않아서 틀린 대답을 하는 경우가 많으며, 이러할 때에 교육자가 정확히 개념을 설명해 주고 틀린 부분을 고쳐 주는 작업이 계속되어야지만 자폐아의 현실인지가 정확해지고 개념이 확대될 수 있다. 또 예를 들어 자폐아가 객관적으로 라면을 좋아하고 우동을 싫어함에도 불구하고 어느 것을 좋아하느냐고 물어보았을 경우 우동이라고 대답하는 경우가 있는데, 이런 경우는 자폐아가 좋아한다는 개념에 대해 잘 모르기 때문에 이런 현상이 발생하는 것이고, 이런 경우에 교육자는 자폐아에게 자기가 좋아하는 것은 라면이라고 확실히 이야기해줌으로서 자폐아가 좋아한다는 개념에 대해 이해를 할 수 있고, 이러한 지적없이 우동이라는 대답에 대해 그냥 지나쳐 버린다면 자폐아에게 별다른 도움이 되지 못한다.

만약에 자폐아에게 빨간색을 좋아하는지, 노란색을 좋아하는지 물어본다면 이것은 별로 가치있는 질문이 되지 못하는데, 왜냐하면 자폐아가 논리적으로 자기가 빨간색을 좋아하는지 혹은 노란색을 좋아하는지를 아직은 알 수 없으며, 혹시 노란색이라는 대답을 해도 이 대답은 단순히 반향어적인 대답이거나 아니면 시각적 쾌감에 의한 대답일 가능성이 크기 때문이다.

이러한 현실 인지의 작업이 계속되면 비로소 자폐아는 현실에 대한 의미를 깨닫게 되어 시각의 세계에서 탈출할 수 있는데, 이런 작업은 오직 부모만이 가능하다는 것이다.

3) 어머니에게 미안한 점

며칠 전에 어느 자폐아 어머니와 대화 도중에 그 분이 하신 말씀이 자폐아를 교육시키면 시킨 만큼 좋아진다는 이야기를 들었고, 자기 자신도 이에 대해서 동감하지만, 자기 자식임에도 불구하고 자폐아를 교육시키기가 너무 힘들어서 스스로는 교육시키지 못하겠고, 어쩔 수 없이 외부 기간에 위탁 교육시킬 수밖에 없다는 인간적인 하소연의 이야기를 들었다.

내 주장의 핵심은 자폐아에게는 '살아 있는 느낌과 인지'의 교육의 중심에 어머니가 있어야 하며, 외부 교육은 부수적인 교육이 되어야 한다는 것이고, 이런 교육이 수만 시간이 이루어져야 자폐아가 한계를 극복할 수 있다는 것인데, 사실 이러한 과정이 부모에게 인간의 한계를 넘는 초인적인 의지와 인내가 필요하기 때문에 나로서도 그분에게 별다른 이야기를 하기가 어려웠다.

정상아의 어머니였다면 지금쯤은 같이 놀기도 하고 심부름도 시키며 편한 생활을 할 텐데 자폐아를 가진 이유로 언제 끝날지도 모르는 고난의 생활을 계속하는 것이 나 자신이 생각해 봐도 마음이 아팠고, 이 문제에 대해 며칠을 생각해 봐도 별다른 뾰족한 답을 찾아낼 수가 없었으며, 결국은 각자의 생각에 따라 제 갈 길을 가야 할 문제이고 나 자신이 다른 가정에 대하여 이러쿵저러쿵 이야기할 수도 없었다. 그러나 한가지하고 싶은 이야기는 앞에서 이야기한 시너지 효과나 가속도 효과처럼 처음에 기초를 형성하는 과정은 너무 힘들고 어렵지만, 일단 그 단계만 지나면 기대 이상으로 아이가 발전할 가능성은 크기 때문에 첫 번째 단계에 대한 도전은 권해 보고 싶다.

이 책에서 자폐아 어머니에게 전달하는 좋은 점은 자폐아가 잘만 교육되면 상당히 발전할 가능성이 크다는 것을 확신시켜 주는 점인데 반해서 나쁜 점은 자폐아에 대한 대부분의 책임을 어머니에게 전가시켜서, 만약에 자폐아가 잘못되면 그 책임을 자연적 재해가 아니고 어머니가 져야 한다는 점에서 어머니에게 큰 부담을 지우는 것이다.

사실 자폐아의 종류도 여러 가지 있기 때문에 각각의 아이의 특성에 따라서 발전의 정도와 속도에 차이가 있을 수밖에 없는데, 이 책에서는 마치 모든 자폐아가 노력만 하면 무조건 빠른 속도로 상당한 수준의 정도까지 발전할 수 있다고 일방적으로 얘기한 측면도 없지 않아 있음은 나 자신도 인정한다.

그러나 자폐의 책임이 누구인지 따지는 것은 나중의 문제이고, 일단 가장 중요한 것은 자폐아의 발전이고, 방향만 잘 설정되면 어느 정도는 발달하는 것도 사실이기 때문에 어머니의 역할에 대한 강조 내지는 재검토의 의미에서 강하게 표현하였다.

'수인사 대천명'이라는 말이 있듯이 일단은 최선의 노력을 해 보고 나서 결과를 기다려야지, 스스로의 노력은 없이 다른 사람에게 의존한다면 그 결과는 그리 크지는 않을 것 같다.

내가 여기서 강조한 어머니의 역할을 '부담'이라기보다는 '소명'의 의미로 받아들였다면 하는 바램이다.

4) 제 2의 템플 그래딘과 어머니

60-70년대에 성장한 템플 그래딘이 성공적으로 자폐에 탈출한 이후 20여년간 자폐에 대한 많은 연구와 교육이 있었음에도 불구하고 아직 세계적으로 그렇다 하게 자폐상태를 탈출한 사람이 눈에 뜨이지 않는다.

물론 매스컴에 드러나지 않게 상태가 좋아진 사람도 없지 않아 있겠지만 전체적인 흐름은 과거보다 크게 발전된 상태가 아닌 것만은 분명한 것 같다.

그렇다면 과연 어떤 이유로 과거의 템플 그래딘은 자폐의 탈출에 성공했음에도 불구하고 현재의 자폐아는 자폐에 탈출하지 못하고 있는지에 대해서 생각해 볼 필요가 있다.

미국의 경우에 60-70년대는 아직 자폐에 대한 국가적인 차원의 대책이 없었지만 80년대 이후부터 국가적인 복지 정책이 실시되었다.

　즉 템플 그래딘과 현재의 차이는 템플 그래딘의 경우에는 주된 생활의 장소가 가정이라는 현실의 장소였던 반면에 현재의 자폐 아들의 주된 생활의 장소는 가정이 아닌 특수학교가 되어 버렸다는 것이다.

　내가 주장하는 '가정에서의 부모에 의한 살아 있는 느낌의 현실 교육'이 템플 그래딘의 경우에는 성공적으로 이루어졌다고 볼 수 있는 것이다.

　물론 템플 그래딘이 가정에서 단순히 그냥 있었던 것은 아니고 적절한 식구들과 가정교사에 의한 간섭과 교육이 계속 이루어졌으며, 약간의 외부 교육으로 사회와의 관계도 적절히 유지하는 등의 노력이 뒤따라서, 템플 그래딘이 후에 술회하기를 '내가 편하게 자폐적인 시각의 세계에 들어가서 즐길 수 있는 시간은 하루생활중 점심 식사 후 30분에 불과하였다.'라고 이야기했었다.

　그러는 반면에 현재의 자폐교육은 지나치게 형식의 틀에 얽매여서 정해진 곳에서 정해진 시간만큼 정해진 방법의 교육을 받는 것이 하루 생활의 주이기 때문에 자폐아에게 진짜로 필요한 느낌과 감정의 교육이 생활 속에서 실천되지 못하기 때문에 한계를 극복하지 못하게 되는 것이다.

　나와 같이 이런 종류의 이야기를 하던 어떤 자폐아 어머니가 하는 이야기가 '몇달전에 어느 자폐아 어머니가 자기 스스로 자식을 교육시켜서 중학생이 된 지금은 자폐아인지 정상아인지 구별할 수 없을 정도로 발전했으며 학교 성적도 좋아서 과학고에 보낼 계획'이라는 이야기를 들었는데 당시에만 해도 도대체 이런 이야기를 전혀 이해할 수 없어서 과장된 거짓말 정도로 생각했는데 지금 내 이야기를 듣고 생각해 보니 이해할 수 있을 것 같다는 이야기를 나에게 해 주었다.

  내가 생각해 보아도 이런 종류의 성공적인 이야기가 비록 약간의 과장은 있을 수는 있어도 근본적인 거짓말이라고는 생각되지 않는데, 왜냐하면 부모의 노력 여하에 따라서는 가능하다고 판단되기 때문이다.

  그러나 템플 그래딘과 우리 나라를 비교해 보면 현실적으로 차이가 나는 점이 있는데, 예를 들면 템플 그래딘의 경우에는 가정이 부유해서 큰 저택에 살면서 가정교사를 집에 상주시켜서 숙식을 같이 하게 하는 등의 노력을 했었는데, 사실 우리 나라 APT생활에서는 자연적인 생활이나 가정교사의 상주 등이 어렵기 때문이다.

  또한 현실적으로 어머니 혼자서 가정의 일과 자폐아의 교육을 하기도 어렵기 때문에 자폐아가 외출하는 시간에 일정 시간 파출부를 활용한다든지, 하루에 4시간 정도씩 특수 교사를 가정교사로 채용해서 집에서 같이 생활하며 교육하는 방안 등을 생각해 볼 수 있는데, 최종적인 선택은 부모가 결정해야 할 것이다.

어쨌거나 템플 그랜딘과 같이 성공하기 위해서는 자폐아의 주된 생활 공간이 현실의 생활이 이루어지는 가정이어야 하며, 또한 가정에서 누군가에 의한 간섭으로 계속적인 정신의 논리적 사고가 이루어져야 한다.

아버지

1) 아버지의 역할과 책임

자폐아 교육에 있어서 부모의 중요성과 부모의 책임에 대해서 앞에서 이야기했는데, 사실 그러한 부모의 책임의 상당 부분이 우리 나라 가정 구조상 어머니에게 떠맡겨진 느낌이다.

그런데 문제는 자폐아 교육에 대해서 여성인 어머니에게만 맡겨 놓을 경우에는 앞에서 이야기한 어머니의 한계 때문에 상당한 위험이 뒤따른다.

물론 어머니가 감성과 논리를 겸비해서 자폐아에게 필요한 여러 가지의 것들을 모두 제공해 줄 수 있다면 이상적이어서 걱정할 필요가 없겠지만, 내가 보기에는 솔직히 말하자면 상당수의 어머니는 자폐아라는 커다란 종합적인 문제에 대하여 주체적으로 해결할 수 있는 능력이 모자라 보인다.

이러한 상황에서 아버지는 사회생활을 이유로 자폐아의 문제점에 대해서 피상적으로만 알고 직접적인 교육에 대해서는 거의 책임을 회피하게 되는데, 이렇게 되면 자기 자식에 대한 교육이 결과적으로 실패로 끝날 확률이 높은데, 문제는 아버지가 노력하기에 따라서는 좀 더 발전될 가능성이 있는 아이가 발전을 못하게 된다는 것이다.

 사실 나 같은 경우에 아예 직장 생활을 포기하고 자영업을 하면서 상협이를 교육시키는 일을 주된 일로 하고 있지만, 상당수의 직장 생활을 하고 있는 자폐아의 아버지는 요즘처럼 어려운 시기에 쉽게 직장을 포기할 수도 없기 때문에 현실적으로 아버지가 자식의 교육을 직접 실시하기도 어려울뿐더러, 설령 하루에 한시간 정도씩 직접 교육을 실시한다 해도 자폐아에게 필요한 교육 시간을 감안해 보면 그리 큰 도움도 되지 않는다.

 과연 그렇다면 아버지의 역할과 책임은 무엇일까?

 내가 이 책을 쓰면서 몇몇의 자폐아 부모들과 나의 생각에 대해서 이야기를 한 적이 있는데, 참석자는 주로 어머니들이었으며, 아버지도 소수가 있었다.

 그런데 어머니들의 경우에는 내 이야기에 동감을 하면서도 이에 따른 적절한 교육 방법을 세우는 것에 대하여 핵심과 어긋나는 이야기를 반복해서 약간 답답한 면이 있었던 반면에 아버지의 경우에는 내 이야기의 핵심적인 내용을 잘 이해해서 논리적으로 앞뒤가 맞는 적절한 대안을 제시하는 등 합리적인 반응을 보였다.

즉 아버지의 경우에는 비록 과거에는 자폐아에 대해서 잘 알지 못했을 망정 일단 이해를 하게 되면 원인에 따른 올바른 해결 방법을 제시하는 반면에, 어머니의 경우에는 원인에 대한 이해를 하는 것 같으면서도 이에 따른 올바른 대처 방법의 수립에는 약한 면을 보였었는데, 이렇게 어머니가 가질 수 있는 약점을 보완해서 자폐아 교육의 전체적인 줄거리를 바르게 유지해 주는 것이 아버지의 역할이자 책임인 것이다.

만약에 어머니가 올바른 해결 방법을 수립하지 못한 상태에서 아버지마저 책임을 회피하여 아이가 발전하지 못한다면 그 결과에 대해서는 어머니와 아버지 공동의 책임인 셈인데, 다시 말하면 아버지는 어머니의 교육방법의 옳고 그른 것에 대하여 의논하고 감시할 책임이 있다는 것이다.

나 역시도 직장 생활을 했을 때는 상협이에 대해서 잘 몰랐기 때문에 상협이 문제에 대해서는 상협이와 주로 생활을 하는 아내에게 거의 일방적으로 결정을 맡겼으며, 당연히 집사람이 잘 알아서 열심히 노력한다고 생각했지만 막상 내가 상협이에 대해서 교육을 하면서 상협이에 대해서 알고 보니까 과거에 집사람이 행했던 상협이에 대한 자폐교육중에 상당수가 잘못되었음을 깨달았는데, 만약에 과거에 잘못된 교육이 지금도 계속 실시되었다면 아마 상협이는 지금 정도의 발전을 이루지 못했을 것이고, 이러한 점에 대해서는 집사람 역시도 부정하지 않는다.

내가 특수 교사나 어머니의 한계나 문제점을 여러 가지로 나열한 이유도 결국은 이러한 문제점을 극복할 대안으로 아버지의 존재를 가정했기 때문인데, 이렇게 본다면 자폐아 교육의 최종 책임을 아버지가 져야 한다는 것이다.

2) 딜레마

자폐아 교육에 있어서 아버지의 역할이 강조되면 아버지의 입장에서는 딜레마에 빠지게 된다.

한편으로 가정의 경제적 문제에 책임을 지다 보면 자식에 대해서 충분한 배려를 할 수 없으며, 자식에 대해서 직접 나서자면 가정의 경제적 문제와 남자의 생리상 여간 부담스러운 것이 아니다.

그렇다고 자폐아인 자식의 미래를 생각해 보면 가슴 속 깊은 곳에서의 답답하고 암울함이 떠나지 않아서 이래저래 대부분의 아버지가 어머니와 마찬가지로 무거운 짐을 지고 세상을 살아가는 것이다.

과연 어떤 길을 선택해야 옳은 것인지는 각자의 환경에 맞게 스스로 결정할 문제이기 때문에 어떤 길이 옳은 길인지는 각자 판단해야 하겠지만, 그래도 만약에 직장 생활을 계속한다면 자폐아인 자식에 대한 최소한의 원인 분석과 해결 방법을 제시하는 문제에는 스스로 주체가 되어서 참여해야 되며, 또한 어머니가 자식에 대한 교육을 충실히 수행할 수 있도록 집안 일을 돕는 등의 기초적인 가정 생활의 참여는 있어야 할 것이다.

또한 내가 보기에는 자폐아 교육에 있어서 남자인 아버지가 가지고 있는 논리적, 객관적, 분석적, 일반적, 종합적 등의 개념이 자식에게 함께 교육되어지지 못하면 자폐아 교육은 실패할 확률이 높기 때문에 가능하면 자식 교육의 일부분을 아버지가 맡는 노력도 있어야 한다.

3) 상협이에 대한 나의 의미

상협이에 대해서 아빠인 '나'는 어떤 존재일까?

언젠가 들은 이야기인데, 어떤 물고기를 바다에서 잡아서 항구까지 3일 정도 보관함에 넣어서 가지고 오게 되는데, 항구에 도착해서 보니까 물고기들이 살아는 있지만 움직이지 않고 가만히 있어서 물고기의 살이 싱싱하지 못하고 푸석푸석했다는 것이고, 그래서 다음에는 물고기의 천적인 다른 물고기를 보관함에 같이 넣어서 옮기니까, 물고기들이 천적을 피해서 살아남기 위해서 3일 동안 부지런히 도망 다니는 운동을 하였으며, 그 결과로 항구에 배가 도착을 했을 때도 물고기의 살이 싱싱하게 유지되었다는 이야기가 있다.

상협이에 대한 '나'의 존재 의미는 바로 이 '천적'의 의미이다.

나는 하루종일 상협이의 주의를 맴돌며 상협이가 즐겁고 편안한 '시각의 세계'로 빠지려 할 때마다 이를 견제하며 피곤하고 머리 아픈 현실의 '논리의 세계'로 정신을 돌리도록 회유하고 협박하는 존재인 까닭에 상협이는 혼자서밖에 나갔다가 집에 들어올 때는 문을 활짝 열지 않고 10㎝정도만 살짝 열고 내가 집에 있는지 없는지를 확인하는데 내가 집에 없으면 부담 없이 집으로 들어오는데, 내가 집에 있을 경우에는 다시 문을 닫고 밖으로 나가서 경비실 근처에서 얼쩡거리며 집에 들어오지 않는 경우가 있다.

내가 집안에서 소파에 앉아 있다가 조금만 움직여도 상협이는 후다닥 내게로 다가와서 '아빠, 응가 쌀 거예요', '아빠, 밖에서 놀 거예요', '아빠는 텔레비전 봐요' 등의 말을 하거나 아예 내 무릎에 앉아서 나를 움직이지 못하게 하는데, 그 이유는 내가 움직인다는 것이 상협이에게는 공부를 시작하는 것으로 받아들여지는 까닭인데, 내 무릎에 앉을 때는 내가 공부를 하지 않겠다고 상협이에게 약속을 해야 지만 무릎에서 내려올 정도이다.

그렇다고 해서 내가 언제나 상협이에게 고통만을 주는 존재는 아니다.

가끔씩 오락, 공놀이, 팔씨름, 레슬링, 체스, 윷놀이 등을 하면서 같이 놀아 주고 또 적절히 저 주어서 상협이의 기분을 좋게도 해 주고, 가끔씩은 가게에 가서 맛있는 것을 사 주기도 한다.

즉 상협이에게 있어서 나는 '기분 좋고, 기분 나쁘고', '기쁘고 슬프고', '재미있고, 무섭고', '좋기도 하고, 나쁘기도 하는' 감정과 느낌을 계속적으로 만들어 주어서 '현실의 느낌과 인지'를 계속적으로 강화시켜 가는, 상협이의 뇌를 계속적으로 작동시키는 존재이고, 이러한 내가 상협이에게는 '피곤한' 존재일 것이다.

그러나 아직까지도 상협이는 누가 옆에서 간섭해 주지 않을 경우에는 현실에의 감각이 뒤떨어지고, 무기력하게 시각의 세계에 빠져서 스스로는 쉽게 빠져나오지 못하기 때문에 당분간은 내가 옆에서 상협이를 계속 견제하는 악역을 맡을 수밖에 없다.

전문가와 어머니

내가 앞에서 전문가와 어머니에 대해서 이야기하면서 전문가와 어머니가 가지는 문제점과 장점에 대해서 여러 가지를 열거했는데, 이를 결론적으로 말하면 자폐아를 직접 가르치는 것은 전문가보다 부모가 더 적절하다는 것이다.

그러나 어머니가 직접 자폐아를 가르치기에는 지도 방법이나 지도자료등의 부족한 점이 많아서, 현재의 우리 나라 자폐아 교육은 어머니는 단지 자폐아의 이동만을 책임지고 있으며 실질적인 교육은 전문가 그룹에서 직접 실시하고 있는 형편이다. 그런데 전문가 그룹에서의 교육이 자폐교육에서의 실효를 거두어서 자폐아가 상당한 발전을 이루었다면 다행이지만, 문제는 이러한 전문가 위주의 교육을 통해서는 한계를 극복하지 못한다는 것이다.

이러한 구조는 내가 보기에는 변화되어야 하는데, 즉 전문가는 자폐아가 아닌 어머니를 교육시키고 자료를 제공해 주는 역할을 하고 자폐아에 대한 교육은 어머니가 직접 실시하는 방향으로 구조가 변화됨으로써 좀 더 효율적이고 발전적인 자폐아 교육이 실시될 수 있다.

　이러한 자폐아에 대한 전문가와 어머니가 함께 참여하는 교육이 실시되면 전문가가 가지고 있는 학문적 장점과 어머니가 가지고 있는 생활적인 장점이 같이 자폐아에게 교육될 수 있기 때문에 혹시 일어날지 모르는 어느 한편의 잘못을 다른 쪽에서 보완을 해 줄 수 있을뿐더러 양쪽의 장점이 같이 조화적으로 자폐아에게 교육되어 진다면 자폐아의 상당한 발전을 기대할 수 있다.

VI.
기타

가장 어려웠던 시절

　처음 상협이와 생활을 시작한지 6개월여가 지난 97년 말경과 98년 초반에는 참으로 어려운 시절을 보냈다.
　상협이와 같이 6개월 정도 공부한 결과 상협이가 여러 방면에서 약간의 발전은 있었으나, 내가 기대했던 수준과는 아직 거리가 멀었고 학교를 보내기에도 모자란 점이 많았는데, 당시만 해도 나 자신이 자폐에 대한 이해와 확신이 부족했기 때문에 불확실한 상협이의 미래에 대한 걱정이 많았다.
　연말에 T.V에서 '불우이웃을 도웁시다'라는 프로를 했는데 어느 산골 허름한 집에서 여러 종류의 장애인들이 초라한 모습으로 추위와 굶주림에 떨고 있는 모습을 보여주었고, 상협이도 언젠가는 저런 곳에서 저렇게 살아야 하겠구나라고 생각하면서 유난히 귀족적으로 잘생긴 상협이에 대한 가슴을 에리는 슬픔에 서러움을 참지 못하고 눈물을 흘린 기억이 난다.

　즉 그 당시만 해도 상협이가 어느정도 정상적인 정신까지 발달한다는 것에 대해서 거의 불가능하게 생각되었었다.

　더군다나 I.M.F의 여파로 나 자신도 상당한 경제적 손실을 입었는데, 그동안 경제적 어려움을 모르고 지내던 나로서는 처음당하는 경제적 고통에 숨도 제대로 쉴수 없을 지경이었다. 엎친데 덮친다고 상협이에 대한 실망감과 경제적 손실로 인하여 상협이를 포기하고 다시 사회생활을 시작하려고 취직을 다시 하려고 했는데 당시에는 취직까지 쉽지 않았고 가게 일도 별로 잘 되지 않았다. 이리저리 시행착오와 갈등을 겪은 끝에 98년 9월부터 가게를 나가기로 하고 아침에 나갔다가 오후 5시쯤 일찍 집에 돌아와 상협이와 3-4시간동안 같이 공부하는 생활을 계속하고 있는데, 세상만사 세옹지마라고 만약에 당시에 취직이 되어 사회생활을 다시 시작했다면 아마 지금의 상협이의 모습은 영영 볼수 없었을런지도 모른다.

　상협이가 제법 발전된 모습은 98년 여름, 즉 상협이와 같이 생활한지 1년만이었는데, 지엽적인 것을 떠나서 전체적인 것을 보면, 이상한 행동이 없어지고, 말의 뜻을 이해하게 되어 나이에 맞는 학습을 수용할 수 있게 되고, 참을성과 타협하는 마음이 생겼고, 표현언어도 발음과 내용이 조금씩 좋아져서 상대방이 조금씩 알아들을 수 있을 정도가 되었고, 무엇보다도 정상아에게 하는 보통의 말투와 내용으로 상협이와 편안하게 이야기 할 수 있게 되었다는 점이다.

또한 요즘에는 동생 상빈이와 같이 노는 것보다 상협이와 같이 노는 것에 대해서 더욱 즐거워하는 나 자신을 보면서, 어렵게 보낸 시절에 대한 보상을 받는 것 같아서 기분이 좋아질 때도 있다.

신비의 묘약

　자폐아의 부모들은 대부분 잠자리에 들면서 이잠이 깨어나면 내 아이가 정상적인 행동과 정상적인 말을 하는 기적이 일어나기를 기대하면서 잠을 자는데, 나 역시도 그랬었다.
　그러나 이제는 그런 헛된 바램을 가지지 않는데, 왜냐하면 왜 자폐현상이 생겼으며, 어떤 과정을 거치면서 어느 정도의 속도로 발전할지에 대한 나름대로의 관점이 생겼기 때문이다.
　자폐아는 분명히 발전을 하기는 한다. 다만 그 정신의 발전 속도가 정상아에 비해서 최선의 경우 30-50%정도의 속도로 발전하고, 보통의 경우 10-20%정도의 속도로 발전하며 최악의 경우 자폐아에 대한 교육을 전혀 하지 않을 경우는 0%가 될 수도 있다.
　자폐아가 초기에 보여주는 이상한 행동들은 극심한 시각우선성향과 이에 따른 정신적 나이와 육체적 나이의 괴리에서 나오는 어쩔 수 없는 것인데, 예를 들어 5세의 육체적 나이와 1세의 정신적 나이를 결합했을 경우에는 1세의 정신연령이 5세의 육체를 감당할 능력이 없기 때문에 필연적으로 이상한 행동이 나올 수 밖에 없으며, 이러한 육체연령과 정신연령의 괴리에서 나오는 어색함은 자폐아에게는 상당기간, 혹은 영원히 정도의 차이는 있지만 자폐아를 쫓아다닐 것이다.

만약에 1세의 정상아를 4년동안 정신작용을 중단시키고 육체만 키워서 5세가 되게 만든다면 아마도 그 아이는 자폐아가 보이는 행동들과 비슷한 행동들을 보이게 될 것이고, 이후 정신작용을 작동시킨다고 할지라도 상당기간은 육체연령과 정신나이의 괴리를 채우지 못해서 힘든 생활을 하여야 할 것이다.

자폐아에게 있어서도 마찬가지여서 자폐아에 있어서 굳이 신비의 묘약이 있다면 자폐아의 뇌에서 '시각우선성향'을 제거하여 자폐아의 뇌를 정상아처럼 '논리 우선자'로 만들어 주는 것인데, 이러한 수술이 가능해진다 해도 자폐아가 금방 정상아로 바뀔 수는 없어서, 상당기간의 회복기간이 소요될 것이며, 어쩌면 그 후유증이 어느 정도는 평생동안 갈 수도 있을 것이다.

현재의 의학이나 과학수준으로 시각우선자를 논리 우선자로 바꿀 수는 없을뿐더러, 아직 나는 어떤 종류의 약을 먹음으로서 배우지 못한 외국어나 수학을 저절로 잘하게 하는 신비한 약이 있다는 이야기를 들어 본 일이 없다.

나 자신도 한때는 굿을 하거나 약을 먹는 것에 대해서 심각하게 고려한 적이 있어지만, 지금은 그런 종류의 방법에 대해서 아무런 미련이 없는데, 그 이유는 자폐아의 정신발전이라는 것이 정상아와 마찬가지로 체계적이고 오랜 시간이 소요되는 많은 정신적 뇌의 논리적 활동에 의해서만 가능한 것이지 비논리적인 어떤 방법으로도 자폐아는 발전할 수 없다는 확신이 섯기 때문이다.

만약에 자폐아를 정상으로 만들 수 있는 약이 있다면, 그 약을 먹은 정상아는 3세 정도의 육체적 나이에 10세 정도의 정신연령을 가질 수도 있다는 모순이 생기는 것이다.

자동차책과 사전과 동화책

 자폐아들이 책에 깊이 빠지는 경우가 많은데, 이들이 어떤 종류의 책에 심취하는지를 살펴보면 자폐의 상태나 발전정도를 알 수 있다.

 우선 자폐아가 시각의 세계에만 빠져 있고 인지나 느낌을 획득하지 못한 상태에서 보는 책들은 주로 시각적 쾌감이나 무서움과 관련된 책들이 대부분이어서 그림이 많은 종류의 책들인데, 그림의 종류도 주로 자동차 그림책이나 비행기 그림책과 같이 빠른 속도로 시각적 쾌감을 자극하는 상상을 제공해 주는 책을 주로 보며, 때로는 귀신이나 무서운 할머니의 그림이 나오는 시각적 무서움을 제공해 주는 책을 보기도 하며 또한 때로는 만화책등과 같이 우스꽝스러운 그림이 나오는 그림책을 보면서 시각적으로 즐거워하기도 한다.

반면에 순정만화나 평범한 그림이 나오는 그림책은 거의 보지를 않는데, 그 이유는 이러한 종류의 만화가 자폐아의 시각적 쾌감을 자극하지 못하기 때문이며, 그렇다고 해서 순정만화류의 내용을 이해할 인지적 능력을 갖추지도 못했기 때문에 관심을 가질 능력이 없다.

장난감의 경우에도 자동차는 좋아하는 반면에 인형에 대해서는 예쁘다든가, 귀엽다든가 하는 느낌의 인지를 가지고 있지 못하기 때문에 관심을 가질 능력이 없다.

이후에 자폐아가 감정이나 느낌을 획득하지 못한 상태에서 인지교육이나 학습교육이 이루어질 경우에는 자폐아는 사전류와 같은 단편적 지식이 쓰여있는 책에 심취하게 되어, 예를 들어 세계 각국의 나라 이름과 수도 이름을 외운다든지, 지하철 역 이름을 외운다든지, 위인이나 대통령 이름 수백명을 외운다든지 하는 등의 단편적 명사에 대해서 뛰어난 능력을 보이게 된다.

그러나 자폐아가 이렇게 사전류의 책에 심취하는 것은 아직 느낌과 감정의 인지를 획득하지 못하였다는 것의 반증이기도 해서 결코 바람직한 현상은 아니며, 이러한 현상이 계속되면 '목석인간형'으로 고착될 위험이 있으니 조심하여야 할 현상이다.

이후에 느낌과 감정의 인지를 획득하게 되면 그때서야 줄거리와 감정이 포함되어 있는 동화책에 심취하게 되는데, 이 단계에 이르러서야 비로소 원래의 동화책의 목적인 감성의 인지에 접근하게 된다.

 동화책의 경우에는 적당한 그림과 적당한 내용이 있어서 시각 우선자가 어느 정도 감정의 느낌을 획득하게 되면 시각과 논리 양면으로 만족을 줄 수 있어서 일단은 바람직한 현상인데, 자폐아가 스스로 동화책의 내용을 이해할 능력은 없기 때문에 기초인지의 습득 이외에도 교육자가 세밀하게 계속적으로 동화책의 내용을 설명해 주고 같이 동작을 취해 보는 등의 노력을 해야지만 내용의 인지가 어느정도 가능해 진다.

 그러나 일단 동화책에서 나오는 인지, 행동, 감정등을 이해하게 되면 비록 현실의 세계는 아니지만 자폐아가 어느 정도 시각 우선자에서 논리 우선자에로의 전환이 이루어졌다고 볼 수 있으며, 이를 통해서 더욱 느낌과 감정을 강화해 나갈 수 있으며, 단편적인 인지에서 전체적이고 종합적인 인지가 가능해지므로 자폐아에 있어서 동화를 이해 할 수 있을 정도로의 교육은 꼭 필요하다. 단 동화책에서 습득한 느낌과 감정을 현실의 세계에 적응시키려는 교육자의 노력이 계속 있어야지만 이러한 느낌과 인지가 현실의 세계로까지 연결될 수 있다.

껴앉기 요법에 대해서

　언젠가 어느 목사님이 쓰신 책을 보았는데 몇가지 동감이 되는 부분과 그렇지 않은 부분이 있어서 몇가지 나의 생각을 적어 보려고 한다. 그 분의 명예에 해를 입히려는 것은 절대 아니고, 다만 자폐아의 발전을 위해서 서로 생각을 논하는 것이기 때문에 양해를 바란다.

　먼저 동감이 되는 부분에 대해서 말해 보겠다.

　첫째로 껴앉기 요법을 실시하여 큰 성과를 보았다는데 동감한다. 거의 하루종일 정신이 '시각의 세계'에 있는 자폐아에게 껴앉기와 같은 육체적 충격이나 압박을 주는 것은 아주 오랜만에 정신이 시각의 세계에서 벗어나 현실의 세계로 오는 것을 의미한다. 단순히 벗어났다는 것보다는 '시각의 세계'의 벽을 깼다는 말이 더 적절한 것이다.

정상인의 입장에서 보면 '껴앉는다'는 것은 애정의 표시이나 자폐아는 그런 의미를 모르며 '껴앉는다'라는 것은 자기의 몸을 억누르고 구속하는 참으로 참기 어려운 고통이다.

아주 오랜만에, 혹은 처음으로 느껴보는 현실의 세계가 달콤한 것이 아니고 자기에게 아픔과 억누름을 주는 것인데 얼마나 고통스러울지는 이해가 간다. 뺨을 얻어맞는 것보다 더 고통이 클 것이다. 이러한 '껴앉는' 고통이 지속되면 그 만큼 '현실'과 '현실의 고통'에 대해서 '느낌'과 '참는 능력'이 커질 것이고, 따라서 '현실 순화적'으로 될 것이다. 부모의 입장에서 보면 그만큼 정신이 발전해 보일 것이다. 비기독교인인 내가 생각하기에 껴앉기 요법은 '하나님의 은사'는 아니고, 육체적 충격의 느낌을 통해서 현실에 적응하고 반응하는 능력을 키우기에 좋은 방법이다.

둘째는 기독교인이라는 종교인에 대해 동감한다.

교육은 둘째치고 자폐아와 함께 있다는 것 자체가 너무나 힘들고 피곤해서 정상적인 이성과 합리성을 가진 사람이라면 도저히 자폐아의 옆에 있는 것 조차도 참을 수 없을 것이다. 오죽하면 부모조차도 자기 자식에 대해서 나쁜 생각을 하겠는가. 나 자신도 상협이가 내 자식이기 때문에 그렇게 죽기살기로 노력을 했지, 다른 아이에 대해서는 솔직히 상협이에게 한 것의 십분의 일도 하기가 어려울 것이다. 남의 자식에 대해서는 성의도 없을 뿐더러 내 마음대로 혼내거나 때릴 수도 없을 것이다. 어쨌거나 정상인의 정상적 사고 방식으로는 한계를 가질 수밖에 없을 정도로 힘들고 어려운 것이 자폐아 교육이다. 그래도 종교라는 순수한 신앙심과 헌신의 정신이 있고, 자기 자식이 그와 비슷한 어려움을 겪어 봤기 때문에 남의 자식에 대해서 그만큼의 노력이 가능할 것이다.

자폐아의 교육은 부모이건 전문가이건 간에 인간의 한계를 넘는 정신과 노력이 있어야만 어느 정도의 성과를 볼 수 있지, 자기 생활이나 경제적 합리성등에 적합한 정도의 노력으로는 거의 성과를 보기 어렵다. 내가 보기에 자본주의적 사고 방식이나 제도에 근거를 둔 합리적 교육으로서는 자폐아를 자폐의 상태에서 탈출시키기 어렵다.

현재 우리나라에서는 소아정신에 대한 국가의 경제적 보조가 전혀 없지만, 설령 보조가 있더라도 자폐아 교육을 담당하는 분은 목사님과 같은 살신성인의 정신으로 자기를 완전히 버려야지만 좋은 결과를 기대할 수 있다.

이번에는 동감하지 않는 부분에 대해 말해 보겠다.

첫째는 '자폐증은 치료될수 있다'에 대해서이다.

자폐현상이 왜 일어나는지에 대해서, 특히 뇌와 관련된 부분에 대해서 나는 전혀 알지 못한다. 이러한 분야에 대해서는 의학계에 계신 분들이 연구해서 좋은 결과가 나오기를 진심으로 바라지만 현재까지는 정확한 원인을 밝히지 못한 상태이다. 나는 뇌에 대한 시각에서 말하는 것이 아니고, 상협이의 행동에 대한 관찰의 시각에서 말하는 것이라는 전제하에, 자폐는 '증'이나 '병'이 아닌 '성향'이라고 말하고 싶다. 마치 축구선수가 태어날 때부터 선천적인 운동감각을 가지고 태어나고, 미술가가 그림에 대한 선천적인 소질을 가지고 태어나듯이 자폐아 역시 '시각'에 대한 선천적인 감각을 태어날 때부터 가지고 태어난다. 그리고 이러한 감각은 평생 동안 가지고 살아가는 것이지, 마치 맹장수술을 해서 맹장을 떼내면 치료가 완성되는 것처럼 단기간에 있고, 없고 할 문제가 아니라는 것이다. 혹시 먼 미래에 유전공학이 발전해서 운동에 소질을 있게 하는 유전자를 찾아내서 운동선수에게서 그 유전자를 제거함으로서 운동에 소질이 없는 사람으로 만들고, 그림에 소질을 가지게 하는 유전자를 찾아내서, 그림에 소질이 없는 사람에게 이식함으로써 그 사람이 그림에 소질을 가지게 할 수 있는 그런 시절이 오면 자폐아에게도 '시각우선성향'을 가지는 요인을 찾아서 제거함으로써 정상인이 되게 할 수도 있겠지만 현재로서는 가능하지 않고, 따라서 계속 그런 성향을 가지고 살아갈 수밖에 없다.

또 정신병자와 애착장애자 같은 경우는 이미 정상적인 인지는 되어 있으나, 외부의 상황과 자신의 의지에 의해서 그 표현방법이 사회적으로 적절하지 못한 OUT PUT으로 나오기 때문에 '정신치료'나 '놀이치료'를 통해서 적절한 사회적 인간으로 만들어 준다는 것이 이해가 되지만, 자폐아의 경우는 아예 기본적인 인지조차도 갖추어지지 못했기 때문에 그러한 기본적인 인지를 갖추도록 해 주는 것은 '치료'라는 말보다는 '교육'이라는 말이 적절하다. '교육'이라는 말은 평생동안 다방면에 걸쳐 지속적으로 계속되는 개념인 반면 '치료'라는 개념은 일정시간 동안, 정해진 방법을 외부적 영향을 통해서 결과를 표출하는 개념인데, 자폐아에 대한 수정작업이 일정시간, 일정한 방법으로 외부적인 영향을 준다고 해서 될 일은 아니며, 아주 오랜 시간동안 다양한 일반적 개념을 가르쳐서 내부적 역량을 키움으로서만 가능한 일이기 때문이다.

또한 아무리 치료하고, 교육해도 시각우선성향의 요인을 제거하지 않은 한에는 '완전한' 정상인과 똑같이 될 수는 없다.

둘째는 '좋아졌다'에 대해서이다.

자폐아에 대한 철칙은 노력하면 노력한 만큼 좋아진다는 것이다. 물론 자폐의 상태가 심한지, 약한지, 복합적인지에 따라 발전의 속도가 다를 수는 있겠지만, '적절히' 교육되어지면 그 만큼 자폐아의 정신은 발전한다. 그러나 100을 기준으로 할 때 10만큼 좋아진 것인지, 30만큼 좋아진 것인지, 50만큼 좋아진 것인지에 대해서 너무 막연하다. 그리고 어떤 방법으로 교육했더니 어떤 분야에서 좋아졌는지에 대해서도 구체적이지 못한 점이 아쉽다.

3이나 5만큼 좋아진 것도 좋아진 것이고, 70만큼 좋아진 것도 좋아진 것인데 그냥 좋아졌다면 너무 추상적인 것 같다. 솔직히 말하자면 자폐아가 상당히 좋아진 정도가지 도달하려면 엄청난 노력과 시간이 필요하지, 짧은 기간내에 상당히 좋아질 수는 없다는 것이 내 생각이다. 이상한 행동이 줄어들었다든지, 불렀을 때 뒤를 바라다 본다든지, 차분해 졌다든지 하는 것들이 바람직한 좋은 현상인 것은 사실이지만 그러한 것들은 이제 시작에 불과하고 본격적인 발달작업은 그것보다 훨씬 더 힘들고 고된 작업이기 때문에 지나치게 마음을 놓아서는 안되며 계속적인 객관적 마음가짐과 노력이 필요하다.

  A. B. C. D…를 읽을 줄 안다는 것은 단지 영어의 시작에 불과할 뿐이지 결코 영어의 완성은 아니기 때문이다.

LOVVAS와 TEACCH

　자폐아를 발전시키기 위한 여러 방법들이 모색되고 있고, 그 중에는 LOVVAS 방법과 TEACCH방법 등이 있다.

　나 자신이 각각의 방법들에 대해서 자세히는 알지 못하고, 관련 서적에서 약간의 부분적인 내용만을 파악한 상태이기 때문에, 각각의 방법에 대해서 이야기할 자격은 없으며, 내가 여기에서 이야기하고 싶은 것은 각각의 방법 자체가 아니라, 각각의 방법이 내포하고 있다고 쓰여진 책 내용의 '개념'에 대해서이다.

　먼저 LOVVAS의 경우에 내 머리에 남아있는 것은 엄격하고 강한 '스파르타식'의 '행동수정' 방법이라는 것인데, 나는 '스파르타식'의 개념에는 찬성하고 '행동 수정'의 개념에 대해서는 반대한다.

　자폐아의 정신상태는 '시각의 세계'에 너무 깊이 빠져 있기 때문에 그 정신 상태를 현실의 세계로 돌려놓기 위해서는 정상아에게 행하는 정도의 강도로서는 불가능하며, 그보다 훨씬 강한 강도의 충격이 필요하다. 자폐에 대해서 잘 모르는 휴머니스트적인 정상인들은 자폐의 상태를 이해할 수 없기 때문에 정상인의 기준에서 판단하려는 경향이 있지만, 이것이 잘못된 생각인 까닭은 자폐아는 기초 느낌과 인지를 획득하기 전까지는 인간적이라거나, 비인간적이라거나 하는 것들에 대해서 전혀 인지를 하지 못하기 때문에 기분이 좋고 나쁘고의 기본 감정조차 없다는 것이다.

이러한 상황에서 가장 필요한 것은 일단 어떤 방법을 취해서라도 기본적인 느낌과 인지를 취득하도록 하는 것이다. 그 방법이 스파르타식이건 아니건 이것은 중요하지 않으며, 인간적인지 비인간적인지는 기본적인 느낌과 인지를 취득하도록 한 후에 논의할 문제이다.

일부 사람들은 자폐아를 심리학적 차원에서 추론해 보려고 하는데, 그것이 잘못된 까닭은 자폐아는 추론할 '심리' 자체가 형성되어 있지 못하다는 것이며, 의학의 정신과에서 다룰 문제도 아닌 이유는, 일반적으로 정신과는 이미 형성된 정신의 '무질서'나 '불균형'을 치료하는 곳인데, 자폐아는 치료하고 말고 할 '정신' 자체가 형성되어 있지 못하다는 것이다.

물론 자폐아가 T.V 광고를 보고 즐거워 하는 등의 반응을 보이기는 하지만, 이것들은 '심리'나 '정신'에 기인한 행동이 아니라

'시각적 쾌감'에 기인한 행동들일 뿐이다.

내가 주장하는 것은 자폐아에게 기본적인 느낌과 인지를 갖게 하기 위한 방법이 꼭 '스파르타식'이여야만 된다는 것은 아니며, 느낌과 인지를 획득하기 위해서는 '어떤 방법'이라도 무방하다는 것이며, 인간적인지 아닌지를 고려해야 할 시점은 이러한 기본 느낌과 인지가 획득된 다음이라는 것이다.

그 다음에 LOVVAS에서 나오는 '행동수정'의 개념에 대해서는 앞에서도 얘기한 것처럼 원칙적으로 반대하는 입장이다.

물론 적절한 기본인지와 느낌의 교육이 주가 되면서, 보조적으로 행동 수정을 함께 병행하는 것에 대해서는 찬성하지만, 행동수정이 주가되는 교육은 자폐아를 왜곡시킬 우려가 있기 때문에 위험한 교육이다.

예를 들어 동물이 죽은 것을 보았을 때 눈물을 흘리도록 계속 훈련시키면 언젠가는 눈물을 흘리는 일이 가능할 것이지만, 만약 자기 집에서 기르던 강아지가 죽었을 때 인간의 본질적인 슬픔의 느낌은 가지지 못하면서 단지 눈물만 흘린다고 가정해 보면 참으로 어처구니 없는 일이고, 오히려 눈물을 흘리지 않는 것 보다도 못한 결과가 될 수도 있다.

지나치게 극단적인 비유라고 생각할 수도 있겠지만, 유영아씨의 인터넷 모음집 2권에 나와 있는 '자폐아인 나의 남편 이야기'를 읽어보면 기초인지와 느낌이 없이 단지 행동수정과 학습만으로 교육했을 때 어떤 결과가 나올지를 짐작할 수 있다. 그 자폐아인 남편은 비록 대학까지 졸업해서 직장에 다니고 있지만, 아내와 자식에 대한 느낌과 감정이 없어서 마치 무생물을 대하듯이 하며, 아이가 아파서 죽어갈 지경에도 반응이 없는 등 '목석 인간형'의 전형인데, 이러한 왜곡된 인간이 되는 것보다는 차라리 원래의 모자란 모습을 가지고 있는 것이 낫다고 생각된다.

다음에는 TEACCH에 대해서 얘기해 보겠는데, 두가지의 찬성하는 측면과 두가지의 반대하는 측면이 있다.

찬성하는 첫째 이유는 TEACCH의 열린 자세이다.

주변에는 자폐를 치료한다면서 특정의 한가지 방법을 추구하는 곳들이 있는데, 치명적인 잘못은 마치 이러한 특정의 방법만이 자폐를 치료할 수 있다는 식으로 생각하는 것인데, 내 생각은 자폐의 본질적인 수정은 생활 자체를 통해서만 가능한 것이고, 나머지 특정의 방법들은 각각의 자폐아에 맞게 보조적으로 수행되어져야 한다는 것이며, 어떻게 보면 자폐아의 발전을 위해서는 인간의 모든 것에서의 전반적인 내부적 능력이 갖추어짐으로서 발전이 가능한 것이고, 어떠한 특정한 방법으로도 자폐아를 근본적으로 발전시킬 수는 없다.

찬성하는 두 번째 이유는 TEACCH가 자폐아의 눈에 보이는 이상행동의 수정보다는 그 이상행동을 보이는 것보다 근본적인 원인을 찾아내서 수정하려는 발전된 자세를 보인다는 것인데, 이러한 점은 내가 가지고 있는 관점과 비슷하다.

다만 '근본적'이라는 관점이 TEACCH에서는 좀 더 깊은 원인을 의미하는 것이지 마음 속 깊은 곳에 있는 느낌과 감정의 정신까지는 연결되어 있지 못한 것 같으며, 내 생각에는 그야말로 가장 근본적인 이러한 정신의 문제가 해결되어야지만 자폐문제가 해결 될 수 있다는 것이다.

자폐아의 이상행동은 우연히 나오는 것이 아니고, 그럴 수밖에 없는 필연적인 원인에 의해서 나오는 까닭에, 그 본질적인 원인을 찾아서 수정해 줌으로서, 자폐아의 이상행동을 '숨기는' 것이 아니라 '제거하는' 효과를 얻을 수 있다.

반대하는 첫번째 이유는 교육방법으로 상황의 '구조화'와 시각우선자의 시각현상을 이용하는 '시각적' 교육이다.

궁극적으로 상황의 구조화와 시각화는 자폐아에게서 극복되어야 할 일종의 '타도의 대상'인데, 물론 단기적 수단으로 이용한다고는 하지만, 오히려 자폐아의 구조화와 시각화를 더욱 공고히 해 줄 수 있다.

다른 어떤 방법으로도 자폐아를 발전시키기가 어렵다면, 어쩔 수 없이 구조화와 시각화의 활용이 불가피 하겠지만, 내가 보기에는 자폐아 역시도 정상아와 똑같은 과정을 겪으면서 발전되어져야 하고, 또 노력 여하에 따라서는 정상인과 같은 과정을 수행할 능력이 있으므로 '특별한' 방법이 아닌 정상인과 같은 일반적인 방법으로 교육되어질 수 있도록 노력해야 한다는 것이다.

그리고 일반적인 방법으로의 교육이 가능하기 위한 전제조건은 기초 감정과 인지의 습득이라는 점은 앞에서도 많이 이야기하였다.

두 번째의 반대하는 점은 반대라기보다는 방향이 다르다는 것인데, TEACCH에서는 어떤 문제에 대한 발전을 보기 위해서는 눈에 보이는 문제보다는, 그 근본적인 원인을 개선시키는 SKILL이 필요하다고 했는데, 내 생각에는 근본적인 SKILL보다 더 중요한 근본적인 SKILL은 '마음의 SKILL'이라고 생각된다.

예를 들어 자폐아에게 자동차 세차를 시키기 위한 근본적인 SKILL은 몸의 각 부분을 적절한 상태로 움직이고, 세제를 수건에 적절히 혼합하며, 순서에 대한 개념을 알아야 한다는 것 등인데 물론 이러한 근본적인 SKILL도 중요하지만, 더욱 중요한 것은 더러운 차를 보았을 때 더럽다고 느끼는 '마음의 SKILL'을 가질 수 있어야 한다.

더럽다는 느낌을 가질 수 있어야만 스스로 자발적으로 차를 닦으려는 의욕이 생기고, 이러한 의욕이 자연스럽게 몸을 조절하거나, 세제를 사용하거나, 차를 닦는 순서를 정하는 과정까지 발전한다는 것이다.

자동차 뿐만 아니라 화장실에서의 용변처리도 마찬가지여서, 억지로 용변처리를 화장지를 사용해서 하도록 하는 일은 무척 어려운 일이지만, 자폐아에게 적절한 냄새맡는 느낌의 인지를 교육시키면 자폐아 스스로 용변의 냄새를 고약하다고 느끼게 될 것이고 이렇게 되면, 용변처리를 하지 말라고 해도, 스스로 적절히 혼자서 휴지를 사용해서 용변처리를 할 것이며, 오히려 지나칠 정도로 팬티에 약간의 용변만 묻어도 옷을 바꿔 달라고 조르게 될 것이다.

즉 내가 경험한 바로는 비록 오랜 시간과 많은 노력이 필요하기는 하지만 궁극적으로 자폐아가 이러한 마음의 SKILL을 획득할 능력이 있기 때문에 보다 근본적인 마음의 SKILL을 획득할 수 있도록 교육방향이 설정되어야 한다는 것이다.

저능아보다 자폐아가 나아요

며칠전 몇몇의 자폐아 부모들과 이야기하는 자리가 있어서 자폐아에 대한 여러 가지 이야기를 하는 도중 내가 '교육을 잘 시켜서 성공하면 저능아보다 자폐아가 더 나아요'라는 이야기를 했는데, 이말에 몇몇의 자폐아 부모들은 고무되었다.

나의 이러한 말에 대하여 자폐아 부모들이 예상외의 민감한 반응을 보이며 희망을 갖게 되자 나로서도 나의 이야기에 대하여 약간은 곤혹스러웠으며, 집에 돌아와서도 많이 생각했는데, 왜냐하면 내가 한 이야기에 대해서는 책임을 져야 하기 때문이다.

여러 가지를 생각한 결과 나의 마음 속 깊은 곳에서는 상협이에 대해서 저능아보다 자폐아가 낫다는 생각을 스스로 무의식중에 하고 있었음을 확인하고 약간은 안도하였다.

사실 에이르나 치매보다 자폐가 더 몹쓸 병이라고 생각하며 삶과 죽음에 대해서 심각히 생각하던 2년 전에 비해서는 '발상의 전환'이나 '발상의 혁명'이라고 생각되어질 정도로 상협이에 대한 나의 생각은 거의 정반대로 바뀌었다.

앞에서 이야기한 세 개의 산 중에서 첫 번째 산을 넘은 결과, 비록 인지된 경험의 부족에서 나오는 사회성의 결함은 있지만 그래도 4-5세 정도의 정상아가 보여주는 예쁜 짓을 자주하여 또 자기의 행동이나 생각에 대해서 어느 정도 말을 할 수가 있어서 대화가 가능하고, 언어에 의한 통제가 가능해졌다.

둘째인 상빈이의 경우에는 아이답지 않게 지나치게 정신이 성숙해서 약삭빠르고 꾀를 부려서 가끔씩은 얄미울 때도 있지만, 상협이의 경우에는 아직 단순해서 상빈이보다는 오히려 상협이하고 노는 것이 사실 더 재미가 있다.

예를 들어 내가 손안에 든 지우개를 사라지게 하는 마술을 한다면서 지우개를 살짝 등 뒤로 숨기면 상빈이의 경우에는 단번에 지우개를 등 뒤에 숨기는 것을 발견하고 시시해 하지만 상협이의 경우에는 처음에는 모르고 나의 양 손에서 지우개를 찾다가 없으면 이상해 하는데, 그래도 상협이의 경우에도 내가 동작을 천천히 하면 지우개를 등 뒤로 숨기는 것을 발견할 정도의 인지능력은 있는데, 상협이의 경우에는 자기도 지우개를 등 뒤로 숨기는 마술을 해 보겠다고 엉성한 자세로 지우개를 등 뒤로 숨기는 동작을 해 보며 재미있어 한다.

학교에서의 학습도 제법 따라가서 비록 단순시험이기는 하지만 받아쓰기나 수학시험을 보통 80점 이상은 받으며 가끔씩은 100점을 받기도 하는데, 이럴 경우에는 자기가 먼저 100점을 받았다고 자랑하기도 한다.
　내가 이런 이야기를 쓰는 이유는 팔불출처럼 자식자랑을 할려는 것이 아니고 자폐의 초기단계를 극복했을 때의 결과를 객관적으로 표현하기 위해서인데, 앞으로 5년이나 10년의 세월이 지난 후에 자폐아의 한계를 절실히 느끼며 옛날에 나의 생각은 착각이었다고 후회할 가능성도 있기 때문에 조심스럽기는 하지만, 현재의 나의 생각은 자폐아가 첫 번째 산을 성공적으로 넘었을 경우 '자폐아가 저능아 보다 낫다'는 생각에 대해서는 거짓이 아니라고 말 할 수 있다.
　이러한 나의 생각이 지나치게 낙관적이라는 비평이 있을 경우에 이를 수용할 의사가 있으나, 반면에 지나치게 비관적으로 보는 주장 역시도 자폐아에 대한 열정적인 노력의 책임을 회피한다는 비평을 받아야 한다.
　또한 자폐아에 대한 이야기를 강조해서 하다 보니 본의 아니게 문맥의 흐름이 저능아를 격하시키는 것 같아서 저능아와 관계되는 분에게는 죄송한 마음이며 단지 여기에서 말하는 저능아라는 의미는 일반적으로 보통의 사람이 느끼는 머리나쁜 사람 정도의 의미일 뿐이다.

같은 반 친구들

 자폐아 교육에 있어서 첫째로 가장 중요한 것은 기초인지, 느낌, 감정을 획득하는 것이며 최종 목표는 자폐아가 현실의 생활에서 이러한 기초 인지와 느낌과 감정을 적용하여 실제의 생활에서의 의식을 갖도록 하는 것인데, 이러한 실제 생활에의 적용을 하기 위해서는 자폐아의 크고 작은 하루하루의 생활의 세세한 부분을 짚어 주어서 의미를 부여하는 작업이 필요하며, 이런 실생활에의 적용에 있어서 상협이와 같은 반 친구들은 현실 인식 교육의 '보고'이자 '황금 어장'이다.
 나는 상협이와의 대화 시간에 거의 매일 상협이의 같은 반 친구들 30-40여명에 대하여 상협이에게 질문을 하는데 예를 들면 같은 반 친구들 중에서 '누가 제일 키가 크니', '누가 제일 뚱뚱하니', '누가 머리가 제일 긴 친구니', '누가 얼굴이 깨끗하니', '누가 옷이 더럽니', '누가 눈이 제일 크니', '상협이는 누구를 제일 좋아 하니', '왜 좋으니', '상협이는 누구를 제일 싫어하니', '왜 싫으니', '누가 제일 밥을 빨리 먹니', '누가 제일 늦게 학교에 오니', '홍길동은 쉬는 시간에 무엇을 하니', '홍길동은 누구랑 친하니', '갑순이는 무슨 놀이를 제일 좋아하니', '갑순이는 놀 때 누구하고 같이 노니' 등 상협이에게 같은 반 친구들에 대하여 인지할 수 있는 질문은 그야말로 무궁무진 한 것 같다.

상협이의 경우 '누가 제일 키가 크니'나 '상협이는 누구를 제일 좋아 하니' 등의 시각적이거나 자기 중심적인 질문에 대해서는 제법 정확히 대답을 잘 하지만, '갑순이는 쉬는 시간에 무엇을 하니', '갑순이는 누구하고 친하니' 등의 상대방 중심적 질문에 대해서는 곧잘 짜증을 내며 대답을 하려 하지 않는데, 그 이유는 아직 상협이의 생각의 중심이 자기 자신에 국한되어 있으며 상대방에 대한 인지까지는 발전되어 있지 못하기 때문이다.

그러나 비록 상협이가 짜증을 내더라도 이러한 질문을 계속해서 인위적으로라도 상대방에 대한 인지를 높여 주는 작업을 계속 실시해야 한다.

12살 CORY

어느 자폐아 관련 책 중에서 '12살 CORY'라는 제목의 글이 나오는데 내용은 대충 이렇다.

'자폐아인 CORY를 여러 가지 훈련을 시켜서 제법 발전된 모습으로 만들어 놓았는데, 12살이 되자 혼자서 울고 웃는 등의 현상이 늘어났고, 의사에게 문의한 결과 사춘기에 접어들면서 내부적인 호르몬 변화 등으로 이런 현상이 나오게 된 것 같다.'는 것이었다.

그러나 나는 이 문제에 대해서 생각을 달리한다.

자폐아가 아주 초기에는 단순히 T.V의 광고 등 단순 영상만으로 충격과 쾌감을 느끼는데, 어느 정도 인지가 발전하게 되면 간단한 줄거리를 이해하게 되어서 그 관심의 폭이 동화나 만화나 신문까지 발전하게 되어서 여러 가지를 복합적으로 생각하게 되며,

때에 따라서는 T.V의 내용과 만화의 내용을 섞어 가면서 생각하게 되는데, 어쩔 때는 현실의 사람들과 T.V의 탤런트와 만화의 주인공들이 뒤섞여서 줄거리를 만들어 가기도 한다.

좋게 말하면 이해와 관심의 폭이 그만큼 넓어진 것이고, 나쁘게 말하면 논리적 이해가 현실의 세계로까지는 연결되지 못하고 단순히 만화나 동화나 T.V연속극 정도만을 맴돈다는 것이다.

상협이도 논리가 없는 '단순 영상'의 시각의 세계에서는 탈출했지만 아직도 동화나 만화의 세계에서는 탈출하지 못하고 있으며, 하루 생활중 20-30%만이 정신이 현실의 세계에 있으며, 나머지 70-80%는 아직도 만화와 동화 등의 '논리적 시각의 세계'에 빠져있는 상태이다.

이렇게 감성이나 느낌이 풍부해진 상황에서 스스로는 시각의 세계에서 현실의 세계로 쉽게 빠져나오지도 못하고, 그렇다고 해서 혼자서 웃으면 어색하니까 웃음을 참아야겠다는 사회적 인식도 없기 때문에 어느 정도 인지가 발달하게 되면 줄거리의 이해에 따르는 즐거움과 슬픔 등이 많아지게 되는데, 이러한 감정을 느끼는 대상이 현실의 세계가 아니고 동화책이나 만화등 비현실의 세계이기 때문에 혼자서 웃고 우는 등의 일등은 계속되어 질 가능성이 많으며, 이러한 현상을 단기간에 억제할 뾰족한 방법도 없다.

다만 정상인 역시도 어렸을 때는 웃음과 울음이 많았지만, 커 가면서 여러 가지 경험이 축적됨으로써 감정이 무디어지는 것처럼 자폐아 역시도 정신의 현실 세계 집중을 강화시켜 '삶의 긴장도'나 '걱정스러운'일 등에 대한 경험을 많이 해 주고, 사회성에 대한 교육을 해 주는 등 현실에 대한 느낌을 강화시켜 줌으로서만이 이러한 현상들을 줄여 갈 수 있을 것 같다.

자폐아의 한계

많은 부모들이 전문가들로부터 들었던 얘기는 '혼자서는 독립적인 생활을 할 수 없다.', '직장 생활이나 결혼 생활은 어렵다' 등의 이야기 등이다.

자폐아가 초기에 보여주는 황당한 행동들을 보면 부모 역시도 그런 얘기에 동감하지 않을 수 없을 정도로 실망이 크다.

나 역시도 1년 전까지만 하더라도 상협이를 적절한 나이에 보호 시설로 보낼 생각을 했었다.

그러나 자폐아에 대해서 확신을 가지게 된 지금은 생각이 많이 바뀌었다. 비록 정상아와 같은 수준까지는 도달할 수 없겠지만 나름대로 독립된 생활이나 직장 생활 등을 소화해 낼 가능성은 충분히 있다는 것이다.

물론 그냥 가만히 앉아서 되는 것은 아니고, 여러 번 이야기 한

바와 같이 부모의 엄청난 노력을 조건으로 하는 것이기는 하지만, 노력 여하에 따라서는 발전 가능성은 무한하다 해도 과언은 아니다라고 말할 수 있다.

엄밀히 말하자면 '자폐아의 한계'는 사실 자폐아의 한계가 아니고, 자폐아를 가리키는 '전문가의 한계'이다.

전문가가 나빠서 그렇다는 것이 아니고 '부모가 아닌 사람의 한계'라는 것인데, 자폐아 교육의 특성상 부모가 아닌 사람이 가리킬 수 있는 부분은 100을 기준으로 하면 30정도인 것 같고 나머지 70정도는 부모만이 할 수 있는 부분인데, 만약에 부모의 교육이 전무하다면, 전문가가 해 주는 30정도의 교육으로는 '독립 생활', '직장 생활', '결혼 생활' 등에 대하여 한계가 있다는 것도 틀린 말은 아니다. 그러나 부모가 어떤 역할을 해 주느냐에 따라서는 자폐아는 상당한 수준까지의 발전 가능성이 있다.

따라서 부모들은 전문가가 해 주는 말에 지나치게 낙담할 필요는 없으며, 대신에 부모로써 해 주어야 할 일에 대해서 좀 더 사려깊게 생각하고 행동에 옮기는 작업이 필요하다.

아무리 부모의 역할 여부에 따라 발전 가능성이 있다 하더라도, 실제로 적절한 교육이 부모에 의해서 이루어지지 않는다면 자폐아는 한계를 결코 벗어나지 못할 것이다.

전문가에게 부탁하고 싶은 이야기는 굳이 자폐아의 한계를 부모에게 이야기할 필요가 있을 경우에는 필히 '내가 해 줄 수 있는 범위 내에서는'이라고 조건을 부친 다음에 자폐아의 한계를 이야기 해주기를 바란다.

사람들은 자폐아를 이해할 수 없는 이상한 아이라거나, 치료 불가능한 뇌의 장애자라거나, 혹은 신비스러운 아이라고 생각을 하는데, 그 이유는 논리우선자인 정상인이 논리적인 관점에서 시각우선자인 자폐아를 보는 오류를 범하기 때문이다.

(만약에 관점을 논리적인 관점이 아닌 시각적 관점에 중심을 둔다면 자폐아의 행동은 정당한 행동들이다.)

또한 시각우선자인 자폐아는 내가 보기에는 치료 불가능한 이상한 아이는 결코 아니며, 뇌의 구조를 '시각우선'의 성향에서 '논리우선'의 성향으로 바꾸어 준다면 논리우선자인 정상인이 될 가능성은 충분히 있다는 것이다.

다만 시각우선자로 살았던 몇 년동안의 잃어버린 세월에서 오는 현재 시점과의 괴리와, 또한 앞으로도 계속 자폐아의 머리속에 잔재로 남아 있을 시각우선성향을 극복하는 것이 문제점으로 남을 것이다.

특수학교

　자폐아가 취학 연령이 되면 일반 학교에 보내야 할지, 혹은 특수학교에 보내야 할 지에 대에서 심각하게 고민하게 된다.
　대다수의 전문가들이 가능하면 일반 학교에 보내는 것에 찬성한다.
　그러나 일반 학교에 취학을 하고 또 일반 학교에서 가치 있는 생활을 하기 위해서는 적어도 5세경 부터는 많은 '준비'를 해야 할 것 같다.
　인지와 감정에 대한 교육을 집중적으로 시켜 줌으로 인해서 비록 취학 때까지 완전하지는 않지만, 그래도 약간은 이상한 행동이 감소하고, 최소한의 규칙을 지키는 정도까지는 만들어 놓아야 할 것 같다.
　그러나 이 정도까지 만들기가 그렇게 쉽지는 않으며, 특히 외부 교육에만 의존할 경우에는 이 정도까지 되기가 거의 어려울 수도 있으니, 부모가 교육의 최소한 50% 이상은 책임지는 교육이 이루어져야 할 것이다.

이렇게 해서 기초인지가 형성된다는 의미는 첫째로는 학습을 따라갈 수 있는 내부적 능력이 생긴다는 것이고 둘째로는 주변의 친구들을 통해서 비록 말은 잘 하지 못하더라도 유, 무형의 영향을 받아들일 수 있는 능력을 가지게 된다는 것이다.

즉 학교생활을 따라갈 수 있는 최소한의 능력은 갖추고서 일반 학교에 취학해야 학교생활과 자폐아의 정신에 연결 고리가 형성되어 발전을 기대할 수 있는 것이고, 만약에 이러한 준비가 안 된 상태에서 무작정 일반 학교에 보내면 학년이 올라갈수록 일반 학교와의 아무런 연결 고리 없이 정상아와의 격차는 갈수록 심해져서 나중에는 아까운 시간만 허비하고 아무런 소득도 얻지 못하는 치명적인 상황이 발생할 수도 있다.

자폐아 교육이라는 것이 단기간에 끝나는 것이 아니기 때문에 비록 초등학교 입학시에 다소 불안한 상태라 하더라도, 취학 후에도 계속적인 교육을 실시하면 상당히 발전적인 상황으로 이끌 수 있는데, 그러기 위해서는 필히 취학시까지는 기초적인 인지와 감정에 대한 느낌을 가질 수 있도록 준비해야 한다.

그러나 만약에 많은 노력을 했음에도 불구하고 객관적으로 봐서 일반 학교 취학이 어렵다고 판단되면, 일반 학교보다는 특수학교에 가서 자기의 수준에 적합하게 교육을 받는 것이 일반학교에서 전혀 적용하지 못하는 것보다 오히려 더 효율적일 수도 있다.

상협이가 7세경에 일반 유치원에 2년여 동안 다녔으나 별다른 효과를 보지 못했는데, 그 이유는 당시에 나이가 어렸음을 감안하더라도, 유치원 교육을 수용할 수 있는 내부적인 능력이 없는 상태에서, 즉 준비가 안된 상태에서 유치원에 보냈기 때문에 상협이로서는 유치원 교육을 전혀 이해할 수도 없고, 따라갈 수도 없었기 때문에 유치원 생활이 그냥 '겉돈' 시간에 불과하게 되었던 것 같다.

우리 나라 부모들이 특수교육에 보내지 않는 가장 큰 이유는 우리 나라의 자폐교육의 실정이 자폐아를 좀 더 발전된 방향으로 이끌어 주기에는 부족한 점이 많아서 단순히 자폐아를 보호하는 수준에서 크게 벗어나지 못한다고 생각하기 때문인데, 나 자신도 자폐아 특수학교에 직접 가 보지는 못했지만, 자폐아 교육의 가장 기본이 자폐아와 교사의 1:1교육임을 감안할 때 그리 사정이 좋은 편은 아닌 것 같다. 내 생각에 자폐아와 교사의 비율이 3:1을 넘으면 어느 정도 한계가 있고, 5:1을 넘을 경우에는 자폐아의 특성을 고려하면 거의 발전을 기대할 수 없을 것 같다.

그렇다고 해서 특수학교 자체를 비난할 수 없는 것이 1:1의 교육이 이루어지기 위해서는 국가에서 상당액의 보조금이 나오거나, 혹은 자폐아 1인당 월 상당액의 교육비를 받아야 하나, 현실은 자폐아를 충실히 교육시키기에는 너무 열악하다는 것을 자폐아 부모인 나 자신도 인정하기 때문이다.

더군다나 자폐아 교육이 다른 교육에 비해서 훨씬 육체적, 정신적으로 힘든 것을 감안한다면, 이렇게 열악한 상황에서 자폐아를 교육하시는 분들께 다시 한번 고개 숙여 감사하고 싶다.

다만 한가지 부탁드리고 싶은 것은 상당수의 자폐아들이 겉으로 보여지는 모습보다는 교육 정도에 따라서 훨씬 좋아질 가능성이 많이 있기 때문에 좀 더 인지와 감정을 키우면서, 계속적으로 정신을 현실의 문제에 작동시키는 방향으로 많은 교육이 이루어진다면 좀 더 낳은 결과가 나오지 않을까 하는 생각이다.

동생

　이번 글은 무거운 주제는 아니고 그냥 가볍게 쓰고 읽는 정도의 글이다.

　상협이에게는 1년 어린 남동생이 하나 있는데, 다른 아이들처럼 나이에 비해 아는 것이 많고 약삭빠른 편이다.

　상협이와 같이 2학년인데 벌써 남녀관계에 대해서 어느 정도 알고 있으며, 부자와 가난한 것에 대해서도 알고, 돈을 밝힐 정도이며, 부모의 눈치를 살피며, 이야기를 할 때는 상황이 자기에게 유리하도록, 때로는 부쳐 가면서 이야기하고, 때로는 빼고 이야기할 정도이다.

　이렇게 영악한 동생이지만, 어린이는 별 수 없는 어린애여서 상협이와 공부할 때는 끼여들어서 아는 체를 하고, 형과 같이 게임 등을 하고 놀으라고 하면 악착같이 형 몰래 반칙을 써서라도 이기고 만다. 아무리 져 주면서 하라고 해도 말을 듣지 않는다. 행여 형이 자기와 비슷한 수준이 되면, 상황을 더욱 어렵게 만들어서 형을 곤란한 지경에 이르게 한다.

그나마 같이 놀아 주면 다행이지만, 아무래도 형하고 같이 노는 것이 답답한 까닭에 별로 놀아 주려 하지도 않는다.

막내인지라 그래서인지 형을 돌봐 주려는 마음이 별로 없는 것 같다. 그렇다고 해서 나이 어린 아들을 혼내 줄 수도 없고 해서 답답하고 화가 날 때도 있다. 동생과의 교류만 잘 되면 또래 집단과의 교류도 쉬워질 텐데, 참 아쉽다.

상협이의 입장에서도 동생은 '원수' 같은 존재이다. 맛있는 것은 동생과 같이 나누어 먹어야 하고, 같이 게임을 하면 항상 자기가 지게 되고, 가끔씩은 약을 올리고 도망가기도 하니, 동생을 미워 할 만도 하다.

가끔씩 게임을 하다가 자기가 지게 되면 얼굴이 붉으락해지며 동생을 주먹으로 때리기도 했는데, 요즘은 아예 동생과는 게임 자체를 하려 하지 않고, 꼭 엄마나 아빠와만 게임을 하려고 한다.

이왕에 자폐아에게 형제가 있을 바에는 동생보다는 형이나 누나가 있어서, 동생을 적절하게 이끌어 주며 함께 놀 수 있는 것이 또래 집단에 접근하기가 쉬울 것 같다.

그러나 아무리 미운 동생이라도 없는 것보다는 있는 것이 더 좋을 것 같다. 좋거나 나쁘거나 간에 여하튼 상협이에게 감정을 느끼게 할 수 있기 때문이다.

　또 가끔씩 동생에게 동전 몇 개를 쥐어 주면 한시간 정도는 그래도 형하고 제법 사이좋게 놀기도 하고, 집안에서 워낙 심심할 경우에도 가끔씩은 형하고 간단한 놀이를 하면서 놀기도 한다.

　어쨌거나 나는 동생에게 형하고 같이 놀도록 유도하려 하고, 동생은 밖에 나가서 친구들과 같이 놀려고 하는 신경전이 계속되고 있다.

국가의 지원

　자폐아가 가정 및 주변 친지들에게 주는 피해는 실로 막대해서, 단순히 신체상의 장애가 있는 사람과는 비교할 수 없을 정도이다. 자폐아를 다루기가 너무 힘들어서 특수 교육기관조차도 자폐아를 받아들이지 않는 곳이 있는데, 부모인 내가 보기에도 이해가 갈 정도이니 얼마나 가정과 사회에 직, 간접적 손실이 큰지 짐작하고도 남는다. 차라리 치매에 걸린 노인이라면 언젠가는 죽을 것이라는 위안과 동정이라도 할 수 있겠지만 자폐아는 나중에 커서 어른이 될 것을 생각하면 너무 막막하고 눈물이 저절로 날 지경이다.
　그렇다고 해서 교육시켜도 아무런 성과가 없으면 차라리 눈물을 머금고 포기하겠지만, 교육을 시키면 시킨 만큼은 좋아지니 그냥 방치해 둘 수도 없는 노릇이다.
　이런 상황에서 어쩔 수 없이 부모들이 온 힘을 다하여 노력해 보지만 여러 가지 특면에서 부모들이 감당해 내기에는 너무도 힘겨울 뿐더러 효과적인 성과를 얻기에도 힘들다.

이런 상황이 계속되다 보면 자폐아 가정뿐만 아니라 사회에 미치는 손실도 너무나 커서, 필히 국가적인 차원에서 대책이 빨리 수립되고 이행되어져야 한다. 미국, 영국, 일본 등지에서는 이미 자폐아에 대해서 국가적으로 많은 연구와 교육이 이루어지고 있을 뿐만 아니라 적절한 사회 봉사 제도를 활용하여 많은 발전을 보고 있으나 우리 나라에서는 아직 자폐아에 대한 아무런 준비도 되어 있지 못하다. 앞으로 국가적 차원에서 해야 할 사항에 대해서 두 가지로 얘기해 보겠다.

첫째는 재정적인 문제인데 적절한 시설과 함께 자폐아에게 최소한 하루 4시간의 1:1교육이 이루어질 정도의 교육 시간과 교사진을 준비해야 한다. 자폐아에게 필요한 최소한의 하루 교육량이 8시간이라고 가정하면, 각각의 가정에서 어머니들이 할 수 있는 교육 시간을 4시간 정도로 계산한다면 나머지 4시간 정도는 국가에서 제공되어야 한다. 이런 정도의 국가적 투자가 이루어질 경우 얼마 정도의 예산이 필요할지는 잘 모르겠지만, 확실한 것은 초기에 집중적으로 투자, 교육하는 것이, 후기에 자폐아가 제대로 발달하지 못하여 비롯되는 사회적 손실에 비교하면 인간으로나 경제적으로나 훨씬 이익이라는 점이다.

만약 이런 정도의 경제적 부담이 가정에서 지출되어야 한다면 특수교육 1시간당 3만원씩 계산하면 하루에 10만원 정도가 소요되고, 한 달에는 300만원 정도가 소요되어 가정 경제는 파탄에 빠지게 되며, 어머니가 교육을 전담하기에는 인간적인 한계가 있을 뿐더러 혹시 적절하고 효과적인 교육 방법이 실시되지 못했을 경우에는 돌이킬 수 없는 실수를 범하고 말 우려가 있다.

둘째는 적절한 자질을 가진 교사 및 봉사자의 육성이다. 자폐아에게 1:1의 교육이 이루어지기 위해서는 수만 명의 교사가 필요하나 국가에서 전부 감당하기에는 너무 무리가 되기 때문에 사회 봉사 활동을 원하시는 분들을 적극 활용하여야 하는데, 이런 분들에게 자폐아에 대한 이해와 교육 방법을 적절히 교육시킬 수 있는 전문가가 필요하다.

이렇게 사회 봉사 활동에 헌신적인 마음을 갖은 분들과, 이들에게 정확하게 교육 지침을 가르칠 전문 교사 집단이 성립해야만 자폐아들이 사회적으로 적절하게 발전되어질 수 있다.

과거 8세와 지금 8세

내가 어렸을 때의 8살 행동들과 지금 8살인 상빈이의 행동을 비교해 보면 '격세지감'을 느낄 정도로 같은 8세지만 행동이나 생각에 큰 차이가 있다.

내가 초등학교에 입학했던 때를 기억해 보면 옷의 앞부분에 크게 명찰을 붙여서 혹시 길을 잃었을 경우를 대비했으며 또 손수건도 옷에 핀으로 고정해 붙여서 콧물이 흐르면 닦던 기억이 난다.

1-2학년 때의 학교생활을 생각해 보면 남자와 여자에 대한 이성적 느낌은 전혀 없었으며, 친구 중에도 별다른 느낌이 없어서 생각나는 친구가 별로 없지만 그나마 생각나는 친구는 싸움을 제일 잘해서 아이들이 무서워하던 친구가 있었는데 그 친구 하나가 생각나는 정도이다.

학교의 운동장은 당시 1-2학년의 옆에 있는 조그마한 소운동장을 사용했는데 어른이 보기에는 그야말로 손바닥만한 운동장이었음에도 불구하고 당시에는 넓어 보여서 그곳에서 뛰어 놀던 기억이 나며, 그 소운동장에는 큰 나무가 두 그루가 있었는데, 당시 1-2학년생 거의 전부가 아이는 그 큰 두 그루의 나무 사이에서 태어난다고 믿고 있었으며, 나 역시도 아이가 과연 다리 밑에서 주워 오는 건지, 아니면 그 나무 사이에서 태어나는 건지 마음속으로 궁금해했었다.

가정 생활도 마찬가지여서 저녁에는 초롱불 밑에서 이를 잡던 기억도 나며, 서너평 정도의 다락방 창고는 여러 가지 물건이 한없이 많은 비밀의 창고 같은 느낌이었으며, 하루 생활이라는 것이 밥 세끼를 먹으면 밖에 나가서 친구들과 노는 것이 주생활이었기 때문에 돈에 대한 개념도 거의 없었고, 아버지와 어머니가 무슨 생각을 하며 어떤 방식으로 생활하지는 지에 대한 개념은 전혀 없었다.

그러나 지금의 둘째아들인 상빈이를 보면 과거의 내 모습과 너무나 차이가 크다는 것을 느낄 수 있다.

초등학교 1학년 때부터 벌써 대부분의 아이들이 남자와 여자의 개념을 알고 있어서 누가 예쁘다든지 누구와 함께 짝하고 싶다든지, 누가 누구를 좋아한다든지 하는 이야기를 하며, 돈에 대한 개념을 잘 알고 있어서 친지들과 같이 식사를 한 후 내가 계산을 하면 화를 내며 왜 우리가 계산을 해야 하느냐고 따지기도 한다. 또

눈치가 빨라서 심지어는 엄마와 아빠의 약간의 마음 상태의 변화까지 포착하며, 가끔씩 엄마와의 말다툼을 하는 것을 보면 누가 어른이고 누가 아이인지 구분이 안 될 정도로 말하는 기술이 뛰어나기도 하다.

단순히 몇 가지의 경우뿐만 아니라 확실히 요즘 아이들은 과거의 우리와는 다르며, 우리는 보통 이런 현상을 '요즘 아이들이 빠르다'고 표현한다.

여기에서 우리가 알 수 있는 것은 세 가지가 있는데 첫째는 육체 연령에 따른 정신연령이 꼭 정해진 것은 아니어서 아이의 교육환경에 따라서는 어느 정도 가변성이 있다는 것이다.

자라나는 아이에게 의미 있는 정보를 많이 교육시키면 어느 정도는 정신적인 성숙이 빨라진다는 것인데 과거에 10세 정도의 정신연령이 요즘에는 7-8세 정도면 이루어져서 아이를 대하는 부모의 자세도 아이에 맞게 바뀌어야 한다는 것이다.

둘째는 아이의 정신연령이 빨리 성숙한다는 의미는 지식을 바탕으로 하는 학습적 수준이 높아진다는 의미가 아니라 감정과 느낌의 인지 수준이 빨리 성숙한다는 의미인데, 즉 빨리 조숙해진다고 해서 이것이 학문적 성취도와는 별로 관계가 없어서 비록 EQ는 높아질 수 있어도 IQ는 별로 높아지지 않는다는 것이다.

자폐아의 경우에 감정이나 경험이 필요 없는 단순 학습의 경우에는 저능아가 아니기 때문에 어느 정도 기초인지가 확립되면 정상아를 쫓아갈 수 있지만, 단순 학습과 정신적 성숙은 별개의 문제이기 때문에 비록 단순 학습이 가능하다고 해서 그것이 정상아가 될 가능성과 연결되는 것은 아니다.

셋째는 자폐아에 대한 일반 과정의 교육이 갈수록 어려워진다는 것인데, 어느 정도 기초 인지와 느낌이 확립된 자폐아의 경우에 만약에 20년전의 아이들과 같이 교육을 받는다면 현재와 비교해서 그래도 상대적으로 차이가 덜 나겠지만 지금과 같이 초등학교 학생들의 인지 수준이 거의 반 어른에 가까운 아이들과 같이 생활해야 하는 현재의 경우에는 과거에 비해 더욱 또래의 어린이들과 어울리거나 학습하기가 차이가 많이 나서 어려워진다는 것이다.

자폐아의 경우에 잘 해야 15세 정도에 6-7세 정도의 인지 수준을 갖게 되는데, 과거에는 이 정도의 수준이면 비록 '바보'소리나 '모자란 아이'의 소리를 들을지언정 그나마 약간은 어울릴 수 있었겠지만 지금과 같이 아이들의 인지 수준이 높아진 경우에는 아예 같이 어울릴 엄두조차 내지 못하고 자폐아로서의 특별한 길을 가야 한다는 것이다.

결론적으로 말하면 자폐아의 교육의 핵심은 지식이 아니고 인간적인 정신의 성숙인데, 자폐아의 경우 정신적 성숙의 근본이 되는 기초 인지나 인지된 경험과 정보가 아예 없거나 정상아에 비해서 현저히 늦기 때문에 갈수록 정상아와의 격차는 더욱 벌어져서 일반 교육은 갈수록 어려울 것 같으며, 따라서 자폐아는 자폐아 나름대로의 길을 정해서 천천히 가야만 하며 만약에 억지로 현재의 정신적 성숙도가 빠른 아이들과 같은 속도로 가려고 하면 언젠가는 실패할 가능성이 높다는 것이다.

마라톤

    상협이와 같이 생활하면서 내가 마라톤을 하고 있다는 생각을 많이 했었다.

    내 나름대로는 상협이의 자폐 원인과 교육 방법에 대해서 확신을 가지게 되었는데, 그 방법이라는 것이 그 누구도 할 수 없고 오직 부모만이 할 수 있고, 또 하여야 한다고 생각했기 때문인데, 솔직히 말하면 외부 교육이 잘 하는 곳도 있었지만 내가 판단하기에는 부족한 곳도 있어서 외부 교육에 대한 신빙성이 약했으며 또한 아무리 외부 교육기관에서 열심히 한다 해도 내가 필요하다고 생각하는 수준의 정신 집중 교육을 특수 교사에게 기대한다는 것이 인간적으로 무리였고, 당시에는 다른 자폐아 부모에게까지 내 생각을 얘기해 줄 자신까지는 없었다.

    이러한 이유로 외부 교육기관이나 다른 자폐아 부모들과의 관계를 거의 두절하다시피 하고 오직 내가 판단한 것에 대한 확신만을 가지고 1년이 넘는 시간을 보냈었는데, 당시에는 집사람까지도 내가 추구하는 방식에 대해서 잘 이해하지 못하고 반신반의하는 상태였기 때문에 상협이에 대한 나의 역할을 누구에게도 대신해 달라고 할 수 없었고 또 대신할 수도 없었다.

축구나 농구같이 여러 명이 함께 하는 경우에는 힘들 때 조금 쉴 수도 있겠지만 나의 경우는 이미 상협이가 취학 연령을 넘은 상태인 데다가 내가 1차로 목표한 10,000시간을 채우기 위해서는 쉴 수도 없는 강행군이었는데, 이러한 당시의 나의 상황이 마라톤과 비슷하게 느껴졌고, 마라톤이라는 경기가 '자기와의 고독한 싸움'이라는 말이 실감나게 느껴졌었다.

지금은 상협이가 어느 정도 상태가 좋아져서 하루에 2-3시간 정도는 자기 스스로 하고 싶은 것을 하면서 직접 느끼는 경험을 쌓기 위해서 자유시간을 주고, 내가 상협이와 같이 하는 시간은 3-4시간 정도인데, 초기에는 상협이에게 아무리 자유시간을 주어도 스스로는 느끼고 인지하는 능력이 없었기 때문에 자유시간에 대한 의미가 없었고 다만 계속적으로 간섭해 주어서 인위적으로라도 느끼고 인지하게 만들어야 했기 때문에 쉬는 시간은 시간의 낭비라고 판단되어서 거의 쉬는 시간은 없었으며, 대신에 운동이나 놀이 등을 함께 하는 것으로 쉬는 시간을 대신했었다.

비단 나 뿐만이 아니고 다른 부모들도 이러한 마라톤 같은 느낌을 가지고 있을 것이고, 만약에 내가 한 방식을 실행해 본다면 더욱 그러한 느낌을 가지게 될 것이며, 심지어는 내가 혹시 미치지 않았나 하는 느낌을 가지게 될 경우도 있을 것이다.

그러나 세상의 이치가 '고진감래'라고 힘든 일을 겪고 나면 좋은 일도 생기기 마련이니 계속해서 꾸준히 목표점을 향해 스스로의 힘으로 달리다 보면 종점이 보이게 될 것이다.

자폐와 IMF

우리 나라가 IMF사태로 인하여 많은 고통을 겪고 있으며, 자폐아를 자식으로 둔 부모의 경우에는 2중의 고통을 겪고 있어서, 세상살이가 힘들다는 것을 가슴 깊이 느끼고 있을 것이다.

그런데 근래에 들어서 외환도 늘어나고 소비도 늘어나는 등 전반적인 분위기가 호전되고 있는데, 이렇게 경제 상황이 나아지고 있는 이유는 첫째로 IMF의 근본적인 원인에 대해서 정부가 '민주주의와 시장경제 원리의 부재'라는 적절한 규명을 하였으며, 또한 정책에 대해서도 수출 촉진, 구조 조정, 재벌개혁등의 IMF 극복을 위한 적절한 정책을 실시하였기 때문에 그나마 경제 상황이 호전되고 있는 것이다.

만약에 정부가 IMF의 원인 및 대처 방안에 대해서 부적절한 판단과 조치를 취하였다면 아마 우리 나라는 아직도 IMF의 깊은 골에서 빠져나오지 못하고 허우적거리고 있을 것이다.

　IMF뿐만 아니라 모든 세상 만사가 비슷해서 어떤 사태가 발생하였을 경우에 그 일을 가장 슬기롭게 해결하는 방법은 우선 먼저 그 일이 발생한 근본적인 이유를 찾는 것이고, 그 다음에는 이를 해결하기 위한 적절한 조치를 취하는 것이다.

　만약에 근본적인 이유를 찾지 못한다면 어떤 조치를 취해도 그 조치는 부적절해서 문제를 해결할 수 없을 것이며, 또한 근본적인 이유를 찾았다 해도 이를 해결하기 위한 적절한 조치가 취해지지 않으면, 역시 문제를 해결할 수 없을 것이다.

　현재 우리 나라의 자폐문제도 마찬가지여서, 자폐아가 적절한 발전을 이룩하지 못하고 있는 이유는 국가, 전문가, 부모의 3개의 그룹이 자폐의 원인 규명에 별다른 노력을 하지 못해서 원인을 찾아내지 못한 이유와, 이로 인해서 자폐의 핵심 문제를 해결할 적절한 방법이 시행되지 못하고 있는 이유 때문이고, 이에 대해서 국가, 전문가, 부모의 각각의 당사자들은 반성할 점이 있는 것 같으며, 앞으로는 근시안적이고 외적인 문제보다는 근본적이고 내적인 문제에 대해서 서로 간에 좀더 진지한 노력을 기울여야 하겠다.

초조기 교육

　며칠 전 T.V시사 프로그램에서 태어난지 1-2년 된 아이들에 대한 초조기 교육에 대한 내용이 소개되는 것을 보았는데, 자폐아 부모인 나로서 제일 크게 느낀 것은 자폐아가 가지고 있다고 주장한 '시각 우선 현상'이 단지 자폐아 뿐만이 아니라 일반 정상아에 있어서도 차이는 있지만 어느 정도는 가지고 있다는 것이었다.

　초조기 교육의 내용은 아이들에게 그림, 글씨 숫자등을 1초정도의 짧은 시간동안씩 수십장을 보여주면 아이들이 자기들이 본 것들을 기억 할 수 있다는 것이었는데, 정상인의 어른들이 보면 마치 뛰어난 능력이나 초능력을 아이들이 가지고 있는 것처럼 착각 할 수도 있을 정도였다.

　자폐아의 '시각 우선현상'이 무엇인지 잘 모르는 사람들에게 적절히 설명한다면 바로 이런 초조기 교육에서 아이들이 보여주는 능력을 다른 보통 아이들보다 훨씬 강하게 가지고 있는 아이들이 자폐아라고 설명해도 무방할 것이며, 자폐아들은 이런 능력이 너무 강화된 까닭에 인간의 기본적인 느낌과 인지를 할 수 없을 정도의 어린이라고 볼 수 있다.

다행히 T.V에 나온 어린이들은 '감정인지'의 능력과 '시각'의 능력을 동시에 가지고 있기 때문에 자폐아가 될 우려는 없으나, 그만큼 '시각'의 능력은 자폐아에 비해서 뒤떨어지고, 또한 성장하면서 인지와 논리의 능력이 강화되면서 '시각'의 능력은 갈수록 소멸된다는 것이다.

상협이 역시도 정상인이 보기에는 희귀할 정도의 이상한 능력을 지금까지도 가지고 있는데, 수천장의 그림의 순서를 완벽히 정확하게 각 부분의 색깔까지도 기억하며, 과거의 어떤 날짜만 말해주면 그날 있었던 모든 일들을 정확히 기억해서 심지어 아침, 점심, 저녁 때 먹은 반찬의 종류까지 기억 할 정도이며, 백화점의 수백개의 가게 이름과 위치를 기억할 정도이다.

그러나 불행히도 상협이에게는 이러한 현상이 '장려'해야 할 사항이 아니라 '퇴치'의 대상이라는 것이다.

나로서 궁금한 것은 일반아이들도 어느 정도는 가지고 있는 '시각 우선 성향'이 나이를 먹으면서 자연스럽게 '소멸'되는 것인지, 아니면 인간의 '논리적 사고'의 발달에 따라 상대적으로 '위축'되는지 인데, 만약에 세월의 흐름에 따라 자연적으로 소멸되는 것이라면 비록 자폐아들일망정 시각 우선성향이 소멸된 시점에서는 어느 정도 인간본연의 느낌과 인지가 나와야 하는데, 그렇지 못하고 나이가 15세를 넘어도 전혀 인간본연의 모습이 나오지 않는 걸로 봐서는 자연적으로 소멸되는 것은 아니고, 기초 느낌과 인지를 기초한 논리의 발달에 따라서 상대적으로 '위축'되는 것으로 판단되는데, 그렇다면 자폐아가 '논리의 발전'을 획득하지 못하는 한에는 자폐상태의 탈출은 영원히 불가능하다는 얘기가 된다.

또한 '시각적'능력과 '논리적'능력이 서로 상대적인 관계라면 정상아 역시도 '시각'능력이 나이를 먹은 후에도 강하게 남아있다는 것은 그만큼 '논리'능력이 발달하지 못하였다는 반응이므로, 결코 '시각' 능력 현상이 신기하다고 해서 장려할 만한 사항은 아닌 것 같다.

공부, 학습, 훈련, 연습

 내가 상협이와 같이 생활한 2년 동안의 일을, 과연 무엇을 했다고 표현할 만한 가장 적절한 단어는 무엇일까?
 이 이야기를 쓰면서 때로는 상협이와 같이 공부를 했다고 표현하기도 하고, 때로는 학습을 했다고 표현하기도 했으며, 때로는 훈련이나 연습을 했다고 표현하기도 했었다.
 그러나 이러한 단어들로서는 내가 상협이와 같이 한 일들을 적절히 표현할 수 없다.
 공부나 학습이라는 단어는 몰랐던 객관적 지식을 알게 한다는 의미이기 때문에 적절하지 않으며, 훈련이나 연습은 자연스러운 상황에서는 획득하기 어려운 것을 인위적인 반복을 거쳐서 습득하도록 하는 의미이기 때문에 적절하지 않다.
 물론 내가 상협이와 같이 한 일들 중에는 객관적 지식을 알려주거나 인위적인 훈련을 한 부분도 없지 않아 있으나, 주된 부분은 그냥 사람으로서 상식적으로 느껴야 하는 것들과, 자연스럽게 행동할 수 있는 것들을 할 수 있도록 해 주는 것이었기 때문에 공부, 학습, 훈련, 혹은 연습이라는 단어들은 적절하지 못한 것 같다.

그에 비해서는 '특수 교육'이라는 말이 적절한 것 같지만 나 자신이 특수 교육에 대해서는 문외한인 관계로 특수 교육이라는 말을 함부로 쓸 자격이 없으며, 또한 '시각 우선 성향'이라는 자폐아의 특수성이 과연 선천적인 육체적이나 정신적인 결함으로 개선의 가능성이 전혀 불가능한 것은 아니라는 생각도 들기 때문에 특수 교육이라는 말이 100% 합당한 것 같지는 않다.

교육의 목적도 별다른 것이 아니고, 보통의 사람들이 자연스럽게 느끼는 기초적인 감정과 인지를 느끼게 해 주는 것이며, 경험의 축적 역시도 별다른 경험이 아니고, 그냥 보통의 어린이가 어린 시기에 자연스럽게 놀면서 느끼는 경험을 느끼도록 해 주는 것이기 때문에 교육자체가 대단한 것은 아니며, 다만 같이 생활하면서 자폐아의 정신을 잡아주는 육체적 노력이 힘들다는 것이다.

그렇다고 해서 자폐아가 일반의 보통 정상아처럼 스스로 현실의 느낌에 대한 자생력을 가지고 있지는 않기 때문에 그냥 '교육'이라고만 말하기에도 적절하지는 않는 것 같다.

내가 상협이와 같이 생활한 것의 성격에 대해서 한마디로 정의할 좋은 단어가 머리에 쉽게 떠오르지 않지만, 분명히 '일반' 교육이 아닌 '특수' 교육인 것은 확실하며, 그 특수 교육의 목적이 자연스러운 생활의 느낌과 인지를 가지도록 하는 것이기 때문에 '특수 생활 교육'이라고 표현하는 것이 어떨까 하는 생각을 해 보았다.

작품

꼭 전부 다 그렇다는 것은 아니지만 그렇다고 볼 수도 있는 이야기 하나를 조심스럽게 해 보겠다.

정신병의 경우에는 이미 획득되어진 느낌, 인지, 감정, 지식, 경험들이 서로 조화롭게 사회적으로 정리되지 못하고 무질서하거나 편향적인 정신 상태를 보이기 때문에 일반인으로서는 쉽게 손을 쓰기가 어려우며 전문적인 의사 등에게 치료를 받도록 하는 것이 타당하다.

그러나 자폐의 경우에는 이미 획득되어진 것은 아무 것도 없는 정신의 '백지상태'이며, 이러한 정신적 백지상태인 자폐아에게 적절한 느낌, 인지, 감정 등의 정보를 교육자가 주입해 줌으로서 하나의 인간을 만들어 가는 과정이기 때문에 '작품'에 비유할 수 있다.

즉 자폐아는 교육자가 열성과 노력으로 만드는 자신의 작품이며 이러한 작품이 얼마나 잘 만들어질지는 전적으로 교육자의 모든 노력과 지식이 투영된 교육자의 모습이기 때문에 교육자에 전적으로 의지한다는 것이다.

물론 자폐의 성격과 정도에 따라서 어느 정도의 차이는 있겠지만 그래도 자폐의 발전 정도와 교육자의 노력은 어느 정도 비례하기 때문에 교육자는 자폐의 발전 정도인 '작품'의 완성도에 대해서 어느 정도 책임을 질 필요가 있다.

여기서 말하는 교육자의 노력이라는 것은 단순히 열심히 노력한다는 의미뿐만 아니라 자폐에 대한 원인 분석, 교육방법등 자폐에 대한 모든 것이 포함된 종합적인 개념인데, 이러한 종합적인 노력이 제대로 시행될 경우에는 필연적으로 자폐아는 비록 정도의 차이는 있겠지만 어느 정도 노력에 비례해서 발전하게 된다.

또 하나는 작품을 만드는 주체 교육자가 누가 되어야 하는 문제인데, 당연히 주체 교육자는 작품의 주인인 부모가 되어야 한다.

예를 들어서 하나의 조각 작품을 만들 경우에 만약 조각품의 주인이 조각에 대한 기술이 부족해서 조각에 대한 기술을 전문가에게 배울 수는 있지만, 조각 자체를 주인이 아닌 다른 사람에게 부탁할 수는 없으며, 만약 조각 자체를 다른 사람이 대신해 주었는데 조각이 실패했을 경우에는 잘못 조각한 타인에게도 어느 정도 책임이 있겠지만, 주된 책임은 자기의 조각을 스스로 만들지 않고 타인에게 의뢰한 주인에게 있기 때문이다.

  내가 이렇게 '작품'의 주인인 부모의 책임을 강조하는 이유는 자폐아에 대한 교육이 부모에 의해서도 이루어 질 수 있으며, 어떤 의미에서는 다른 사람보다 부모가 직접 교육했을 경우가 자폐아의 교육 효과나 발전 정도가 더욱 좋아질 수 있기 때문이다.

교육자료

　상협이와 같이 공부하면서 가장 아쉬웠던 점의 하나는 자폐아에게 적절한 교육 자료가 별로 없었다는 점이다.

　자폐아의 특성이 정신 지체나 발달 장애와는 기본 특성이, 즉 병의 원인이 너무 다르고, 따라서 자폐아에게는 자폐아에게 적절한 교육 자료가 있어야 하는데, 실상은 자폐아에게 적절한 교육 자료는 별로 없으며, 대부분이 자폐, 정신 지체, 언어 장애 등의 여러 가지 목적에 두루 쓰이는 일반적인 기초 자료였는데, 이런 자료들에는 자폐아에게 가장 중요한 핵심적인 부분이 빠져 있어서, 이런 자료들만 가지고 자폐아를 발달시키기에는 한계가 있어 보였다.

　좀더 비판적으로 냉정히 말하면 내가 아는 범위 내에서는 그야말로 자폐아만을 위한 교육 자료는 전혀 없다고 해도 과언이 아니며, 이렇게 적절한 교육 자료가 없다 보니까, 자폐아를 교육시키기도 어려울뿐더러, 설령 교육을 시킨다 해도 중요한 포인트가 어긋나 있기 때문에 별다른 효과를 볼 수 없는 것이다.

자폐아에게 초기에 가장 중요한 것은 학습이나 지식이 아니라 느낌과 감정이며 이러한 느낌, 기초인지, 감정이 획득되면 학습이나 지식은 자연스럽게 획득되지만, 만약에 느낌, 기초인지, 감정에 대한 획득이 없이 학습이나 지식에 치중하게 되면 자폐아의 전형적인 목석 인간형으로 고착하게 되므로 특히 자폐아가 어렸을 때 부모에 의한 느낌, 기초인지, 감정의 교육은 백번을 강조해서 부족할 만큼 중요한 것이다.

그런데 상당수의 자폐아 어머니들은 도대체 왜 이런 현상이 생겼으며, 과연 어떤 방법으로 발전시켜야 할 것이며, 또 자폐아의 어떤 모습이 진실로 발전된 모습인지에 대하여 적절한 사고와 판단이 부족한 경우도 있다.

자폐아에게 가장 필요한 교육은 '시청각' 교육인데, 자폐아가 발전의 기초를 마련하기 위해서는 눈으로 보여진 상황을 귀로 듣고 언어로 이해할 수 있어야 하며(청), 또한 눈으로 보여진 상황의 느낌과 인지를 깨달아야 한다(각)는 것이다.

물론 일반인에게도 '시청각' 교육이 필요하지만, 자폐아에게 필요한 '시청각' 교육은 고차원적 의미의 시청각 교육이 아니라, 인간의 본능적으로 느끼는 기초적인 개념에 대한 시청각 교육이다.

그런데 이렇게 이루어져야 할 교육의 양도 500시간이나 1000시간이 아니고 5000시간이나 10000시간 정도의 아주 많은 양의 노력이 필요한데 집에서 교육 자료가 없어서 어머니들이 제대로 효율적인 교육을 시키지 못하는 경우가 많으며, 혹은 어머니가 자폐아에 대한 정확한 이해가 부족해서 자폐아와는 어긋나는 교육을 시키는 경우도 종종 있다.

그래서 내가 이 책을 쓰면서 생각한 것은 자폐아에게 적절한 교육 자료를 만드는 것이었는데, 내가 앞에서 얘기한 '살아 있는 느낌의 교육'을 집에서 어머니와 함께 시청각의 개념으로 교육 할 수 있도록 하는데 초점을 맞추어서 제작할 것이며, 이를 성공적으로 수행한다면 앞에서 말한 세 개의 산중에서 첫 번째 산을 넘는 데 도움이 되리라고 예상하고 있다.

나는 이 책의 내용에 대한 검증을 자폐아 부모들에게 받아 볼 계획이며, 만약 이 책의 내용에 대해서 타당성을 얻는다면 이 책의 수익금은 자폐아를 위한 교육자료를 만드는 준비금으로 쓸 계획이며, 이럴 경우 나 자신이 자폐아의 발전에 어느 정도는 책임을 공유하는 마음자세로 임하고 싶다.

자폐아와 성격

　상협이와 같이 생활한지 1년 반 정도가 지난 99년부터 자폐아에 대해서 궁금하면서도 아직 확실히 알 수 없는 것이 하나 있는데, 그것은 바로 자폐아의 타고난 성격에 관한 문제였다.
　자폐아는 내 생각에는 스스로는 느낌, 인지, 감정을 획득할 수 없는데, 그렇다면 과연 사람마다 타고 나는 기본 성격조차도 자폐아는 없는 것일까, 아니면 자폐의 깊은 와중에서도 기본적인 성격은 자폐의 이상한 행동들과 함께 섞여서 외부로 표출되는 것일까가 궁금했으나 나로서도 아직 확실한 근거를 가진 이야기를 할 자신이 없다.
　사람의 기본적인 성격을 몇가지로 나누어 보면 '온순'하거나 '행동적'이고, '순응적'이거나 '도전적'이고, '얌전'하거나 '말괄량이적'이고, '학문적'이거나 '상업적'인 경우등으로 나누어 볼 수 있는데, 만약 자폐의 상태에서는 이러한 기본적인 성격조차 형성되지 못한다면 별로 고려할 가치가 없으나, 만일 이러한 기본적인 성격이 자폐아의 깊은 곳에서 작동하여 자폐아의 외부적인 행동 표출에 영향을 준다면 이 점 역시도 자폐아 교육에 있어서 고려해야 할 사항이 된다는 것이다.

즉 비슷한 정도의 자폐아라도 비슷한 상태에서 표출되는 행동이 기본적인 성격의 차이에 따라 다르게 표출될 가능성도 있어서, 표출되는 행동의 차이가 자폐의 정도에 따른 차이점일 수도 있지만, 때에 따라서는 기본적인 성격의 차이에 따른 다른 행동일 수도 있기 때문에 자폐아의 행동을 분석할 때 변수가 될 수 있다는 것이다.

만약 자폐아의 기본 성격이 자폐아에게 영향을 주어서 같은 상황에서 어떤 자폐아는 좀 더 활동적인 반응을 보이고 어떤 자폐아는 좀 더 온순한 반응을 보인다면 교육자로서는 자폐아를 분석할 때 혼란스러울 수밖에 없는데, 왜냐하면 자폐아의 과격한 행동이 자폐의 원인이 강해서인지, 아니면 타고 난 기본성격의 원인이 강해서인지가 구별이 어려워지기 때문이다.

자폐아의 경우에는 기본인지 및 의견교환이 불가능하기 때문에 자폐아가 가지고 있는 생각이나 느낌을 파악하기가 어려워서 그 때 그때의 자폐아의 행동에 대한 추론에 의지할 수밖에 없는데, 그나마도 자폐아의 행동의 근본에 기본성격이라는 변수가 추가 된다면 자폐아를 이해하기가 더욱 어려워진다.

교육자로서는 자폐아의 기본성격을 파악할 수 없기 때문에 기본성격 역시도 추론에 의지할 수밖에 없어서 자칫 실수하면 자폐아에 대한 기본적인 분석이 잘못될 가능성도 있는 것이다.

나 역시도 98년도까지는 상협이에 대한 이러한 부분의 판단이 불가능해서 일단은 시각 우선자인 상협이를 논리 우선자로 바꾸는 것에만 전력을 기울였는데, 99년 이후 상협이가 어느 정도 기본적인 틀이 잡히면서 약간의 성격까지도 느낄 수 있었다.

상협이의 경우는 외모가 아빠를 닮았고 동생인 상빈이의 경우에는 외모가 엄마를 닮았는데 성격 역시도 상협이는 아빠를 닮았고 상빈이는 엄마를 닮았다는 것을 느낄 수 있었는데, 상협이의 경우 온순하고 순응적인 성격의 측면이 나오기 시작했다.

만약에 자폐아의 초기상황과 기본성격이 아무런 관계가 없다면 상협이는 99년에 비로소 자기의 성격을 찾은 셈이 될 것이고, 만약에 자폐아의 초기상황과 기본성격이 서로 관계가 있다면 상협이가 첫 번째 산의 관문을 넘어가는 과정에서 온순하고 순응적인 성격이 도움이 되었다고 볼 수 있는데, 과연 자폐아의 초기상황과 기본성격이 서로 관계가 있는지, 없는지는 아직은 나도 모르겠다.

'우연'과 '필연'

　이 책을 쓰면서 여러 부분에서 조심스러운 마음으로 정말로 책임질 수 있는 내용인지에 대해서 많은 숙고를 했으며, 이 부분 역시도 고민 끝에 단지 나 자신의 개인적인 생각이라는 조건으로 몇 가지를 적어 보겠다.
　과거에 대부분의 자폐아 부모들은 '어느어느 자폐아가 상당히 발전했거나 자폐의 상태에서 탈출했다'라는 소문을 들었을 경우 한편으로는 고무되기도 하고, 한편으로는 발전방법이 궁금하기도 하며, 또 한편으로는 믿기 어려운 과장된 말이라고 생각하는 등 복잡한 마음을 가질 수밖에 없었는데, 그 이유는 바로 자폐의 원인과 해결 방법을 몰랐기 때문이라고 생각된다. 그러나 이 책의 내용을 깊이 읽어보면 과연 자폐아가 어떤 이유로 상당히 발전할 수 있었는지에 대해서 어느 정도는 짐작할 수 있을 것이라고 판단

된다.

즉 앞에서 내가 생각했던 내용들이 충실히 이행될 경우에 자폐아는 '우연히' 발전하는 것이 아니고, '기적'도 아니며, '필연적'으로 발전한다는 것이다.

논리 우선자인 정상인이 논리적 사고를 계속함에 따라 현재의 완성된 인격체가 되는 것처럼, 시각 우선자인 자폐아 역시도 정신의 목표를 시각의 세계가 아닌 현실의 논리적 세계로 돌려 놓으면 그 돌려놓은 시간의 정도와 논리적 교육의 정도에 비례해서 정상적인 논리적 인간에로의 발전은 당연할 수밖에 없는 '필연'이다.

상협이의 경우 복합장애는 아니었고 자폐의 한가지에 대한 단순장애였지만, 비록 복합장애라 하더라도 복합적인 문제들 중에서 일단은 자폐의 문제가 가장 시급한 문제인 까닭에 자폐문제를 먼저 풀어야 하는데, 정도의 차이는 있겠지만 내가 앞에서 이야기한 부분이 충실히 이행된다면 최소한 자폐문제에 대해서는 어느 정도 발전시킬 수 있다고 보여진다.

'뽑기' 등의 게임의 경우에는 '우연'이나 '행운'이라는 단어가 적합할 수도 있겠지만, 적어도 자폐 문제에 있어서는 '우연'이나 '행운'이라는 단어는 의미가 없으며, 오직 '과정의 충실한 이행에 따른 결과'라는 '필연'만이 존재한다. 또한 이러한 필연적인 발달 후에는 자폐아가 스스로 생각할 수 있는 '자생력' 역시도 필연적으로 뒤따르게 된다.

'…인 것 같다'

이 글을 쓰면서 각 문장의 마지막 끝을 쓸 때마다 고민된 부분이 있었는데, 그것은 과연 마지막 어미를 '…이다', '…인 것 같다', '…라고 생각한다.' 중에서 어느 것을 선택해야 할 지에 대한 고민이었다.

'…이다'라고 표현하기에는 아직 객관적 검증의 차원에서 볼 때 너무 직설적인 표현이라고 생각되었으며, 또한 '…인 것 같다'라는 표현은 어떻게 보면 책임 회피성 표현처럼 느껴졌다.

나 자신은 그 동안의 생활을 통하여 어느 정도는 책의 내용에 대하여 자신이 있지만, 그렇다고 현재의 시점에서 지나치게 내 생각이 옳다고 주장하기에는 검증의 차원에서 미흡한 부분이 있다.

사실 그 동안 지폐에 관련된 부분에 대해서는 그 누구도 확실하게 자기의 의견을 주장하기가 힘들었는데, 그 이유는 내 생각으로는 자폐아가 논리 우선 자가 아니고 시각 우선 자인 까닭에 논리적인 시각으로 논리적인 관점에서 관찰할 수가 없었기 때문이라고 생각된다.

즉 논리적인 관점에서 보면 원인에 따른 논리적 결과가 도출되어야 하지만 자폐아의 경우에는 논리가 형성되어 있지 못하기 때문에 아무리 원인을 제공한다 해도, 원인에 따른 논리적 결과가 도출되지 못하기 때문에 논리적 관점에서 보면 자폐아에 대한 그 어떤 연구도 별다른 성과를 거둘 수 없었던 것 같다.

또한 나의 주장을 실제로 검증하기 위해서는 연구자가 한 명의 자폐아를 선택해서 2년여 동안을 그 자폐아와 생활을 같이하며 계속적으로 자폐아의 정신과 연구자의 정신을 일치시키는 힘든 작업을 실시해야 하지만, 현실적으로 이러한 조건의 연구가 그렇게 쉽게 이루어지기는 어려운 측면이 있다.

따라서 '…이다', '…인 것 같다', '…라고 생각된다'는 어미의 변화에 대하여 과연 어느 것이 올바른지 역시도 쉽게 이야기하기는 어려운 까닭에, 내가 표현한 각각의 어미에 대해서 지나치게 큰 의미를 부여할 필요까지는 없을 것 같으며 단지 기법 상의 문제로 가볍게 봐 주었으면 한다.

시각 우선 자인 자폐아를 논리적 연구로 만족할 만한 결과를 얻기 위해서는 일단 시각 우선 자인 자폐아를 논리 우선자로 뇌의 구조를 바꾸어 놓아야지만 논리적 연구가 가능하지만, 사실 시각

우선 자가 논리 우선자로 바뀌면 이미 자폐의 상태에서 탈출한 상태가 되어 자폐아가 아니므로 어떻게 보면 자폐아에 대한 논리적 연구는 그 자체가 모순이 되어 버린다는 것이다.

즉 자폐아에 대한 논리적 연구는 원칙적으로 불가능하기 때문에 자폐아에게 필요한 것은 단지 시각 우선자의 뇌를 논리 우선자의 뇌로 바꾸어 주는 작업이 가장 실질적인 가치를 가지는 것이라고 생각된다.

 맺음말

글 쓰는 재주가 워낙 없다 보니까 저 자신이 써 놓고 보아도 글의 내용을 쉽게 이해할 수 없을 정도의 졸작이어서 부끄럽습니다.

글의 내용중에서 여러 번 겹쳐서 표현된 부분이 많은데, 그 이유는 저 나름대로 중요하다고 생각되는 부분에서 앞뒤를 자세히 설명하려는 마음에서 비롯되었으니 양해를 바라며, 그래도 제 생각에는 간략히 표현하는 것보다 중복된 표현이 '돌다리도 두드려서 건너가는' 마음을 기준으로 한다면 자폐아 부모에게는 더욱 이익이 될 거라고 생각했기 때문입니다.

이 글의 내용 중에서 자폐아에 대한 교육방법등을 강조하다 보니 본의 아니게 다른 사람들을 비판하거나 비교하는 내용이 있어서 이에 관련된 분에게는 죄송한 마음입니다.

그럼에도 불구하고 지난 번 자폐아 부모와의 대화도중 어느 자폐아 어머니로부터 그동안 자기의 가슴속에 있던 마음의 응어리들을 풀어주어서 고맙다는 내용의 이야기를 들었으며, 또 다른 15세 자폐아를 둔 부모로부터 좀 더 빨리 그런 사실을 알려줬으면 좋았을 텐데 자기의 자식은 이미 15세가 되어서 어머니가 노력을 해도 발전할 수 있을지 걱정이라며 기대 반 포기 반의 반응을 보이는 것을 보면서 이러한 종류의 책이 꼭 필요하다고 느꼈습니다.

어차피 대부분의 자폐아들은 본래의 자기 모습을 잃어버리고 자폐아라는 시각우선성향의 침입을 받아서, 행하는 행동들이 서로 비슷한 공통적인 현상을 보이고 있기 때문에 이에 대한 해결방법 역시도 서로간에 크게 다르지는 않을 것 같습니다.

지난 2년의 세월이 저 자신에게는 시련의 기간이었지만 그래도 상협이를 생각해 보면 보람도 있었던 것 같으며, 이러한 저의 경험이 다른 자폐아 부모들에게 조금이라도 도움이 되기를 바랍니다.

또한 원고의 정리 및 P.C작업을 도와 준 '미연'양에게도 감사의 마음을 전합니다.

자폐아와 아빠
희망의 작은 발걸음

2025년 3월 28일 1판 1쇄 발행

저   자 임기원
발 행 인 유재옥

이   사 조병권
출판본부장 박광운
편 집 1 팀 박광운
편 집 2 팀 정영길 조찬희 박치우
편 집 3 팀 오준영 이소의 권진영 정지원
디자인랩팀 김보라
콘텐츠기획팀 박상섭 강선화
디지털사업팀 김경태 김지연 윤희진
라이츠사업팀 김정미 유아현
영업마케팅팀 최원석 윤아림
물 류   팀 허석용 백철기
경영지원팀 최정연
발 행   처 (주)소미미디어
인쇄제작처 코리아피앤피
등   록 제2015-000008호
주   소 서울시 마포구 토정로 222, 502호(신수동, 한국출판콘텐츠센터)
판   매 (주)소미미디어
전   화 편집부 (02)567-3388
판매 및 마케팅 (070)8822-2301, Fax (02)322-7665

ISBN 979-11-384-8586-9 (03510)

*책값은 뒤표지에 있습니다.
*파본은 구입하신 서점에서 교환해드립니다.